Das Führungsverständnis der deutschen Spitzenmanager

T0326493

Andreas Bunz

Das Führungsverständnis der deutschen Spitzenmanager

Eine empirische Studie zur Soziologie der Führung

PETER LANG

Frankfurt am Main · Berlin · Bern · Bruxelles · New York · Oxford · Wien

Bibliografische Information Der Deutschen Bibliothek
Die Deutsche Bibliothek verzeichnet diese Publikation in der
Deutschen Nationalbibliografie; detaillierte bibliografische
Daten sind im Internet über <http://dnb.ddb.de> abrufbar.

Zugl.: Hohenheim, Univ., Diss., 2005

Gedruckt auf alterungsbeständigem,
säurefreiem Papier.

D 100
ISBN 3-631-54459-6

© Peter Lang GmbH
Europäischer Verlag der Wissenschaften
Frankfurt am Main 2005
Alle Rechte vorbehalten.

Printed in Germany 1 2 3 4 5 7

www.peterlang.de

Vorwort

Vielen Personen bin ich zu Dank verpflichtet, die in verschiedenen Etappen meines Lebens aber auch konkret während der Phase der Dissertation durch Prägung und aktiven Austausch dazu beigetragen haben, das Phänomen Führung zu einem gleichermaßen fachlichen wie persönlichen Thema werden zu lassen.

Meinem Doktorvater Herrn Professor Dr. Eugen Buß danke ich für das „Aufschließen" der soziologischen Denkhorizonte und für die Möglichkeit, das Thema Führung vor dem Hintergrund der Studie „Quellen der Identität" eigenständig zu bearbeiten. Insbesondere das spürbare Erleben und die Begleitung seiner Person haben den zugrundeliegenden Gedanken dieser Arbeit entscheidend mitgestaltet und sowohl die Grundhaltung als auch die Voraussetzungen eines *repräsentativen* Verständnisses von Führung erst eröffnet. Dafür danke ich ihm von Herzen.

Dank gilt auch allen Kolleginnen und Kollegen des Lehrstuhls für Soziologie und empirische Sozialforschung für die befruchtenden Tätigkeiten im Team sowie für die besondere Atmosphäre der Zusammenarbeit und der gegenseitigen Wertschätzung.

Herrn Prof. Dr. Michael Schramm danke ich für die wohlwollende Zweitbegutachtung der Arbeit sowie für die spannenden Einblicke in das Feld der Wirtschafts- und Unternehmensethik.

Für das fördernde Eingebundensein in die Gemeinschaft „dienender Institutionen" danke ich dem CVJM Esslingen e.V., insbesondere Herrn Gerhard Proß sowie xpand e.V., Dortmund, insbesondere Herrn Dr. Wolfgang Weidner.

Besonderer Dank gilt meinen Eltern, Johanna und Manfred Bunz, die durch ihr Vorleben und ihre Unterstützung in jeglicher Hinsicht die Idee der Repräsentation in meinem Leben faßbar und greifbar werden ließen. Aus diesem Grund widme ich ihnen diese Arbeit.
Meinem Bruder Christof Bunz danke ich für viele bereichernde Stunden des Gesprächs und verschiedener gemeinsamer Aktivitäten, die immer auch Zeiten des Auftankens sind.

Die Bereicherung, die meine Frau Ulrike Bunz durch ihr begeisterndes Wesen zum Gedeihen dieser Arbeit beigetragen hat, kann nicht hoch genug eingeschätzt werden. Was ich ihr darüber hinaus für die Gestaltung der gemeinsamen Lebensreise zu verdanken habe, entzieht sich einer öffentlichen Dankesformulierung.

Hohenheim, im August 2005   Andreas Bunz

Inhaltsverzeichnis

Abbildungsverzeichnis

Tabellenverzeichnis

> *Immer hat die Wissenschaft ihren Zusammenhang mit*
> *dem Leben am besten bewährt, sofern sie die jeweils*
> *lebenswichtigen Probleme aufgriff und zu klären sich*
> *bemühte. [...] Eine solche Darstellung hat nur Nutz-*
> *wert, sofern sie dem Leser die Augen für Zusammen-*
> *hänge öffnet, die ihm bisher verschleiert blieben.*
> *(Theodor Geiger 1928:6)*

1   Repräsentative Führung – Eine Einleitung

„Für Menschen gilt heute wie früher: Sie wollen jemanden haben, an dem sie sich orientieren können. [...] Das gilt besonders für junge Menschen, die auf der Suche sind. [...] Für Unternehmen ist es wichtig, sich an denen ausrichten zu können, die Führungsaufgaben haben. Das ist heute vielleicht noch wichtiger als früher. [...] Solange alles wie nach der Bibel oder sonstigen Regeln festgelegt war, konnte man sich daran genau orientieren. Heute, wo die Dinge sehr viel mehr im Fluß sind, auch sehr viel mehr Veränderung da ist, wird man sich stärker fragen: was macht der oder was macht die? Und sich dann danach ausrichten. "
Zitat eines deutschen Spitzenmanagers

Menschen sind – genau wie Organisationen – auf Orientierung angewiesen. Soziales Handeln ist am Vorbild anderer Personen ausgerichtet, die eine Idee repräsentieren. Menschen gestalten ihr individuelles Denken und Handeln nicht in erster Linie aufgrund frei zu wählender Alternativen, sondern im Abgleich mit bewährten Lebenskonzepten und Erfahrungen Dritter. Solchen prägenden Personen kommt demnach auch eine besondere Verantwortung zu. Diese Einschätzung eines Vertreters der deutschen Wirtschaftselite lenkt den Blick auf ein Thema, das sowohl für Individuen als auch für Organisationen, Gesellschaften und Kulturen gleichermaßen von zentraler Bedeutung ist: Führung. Das Zitat steht jedoch nicht nur für eine einzelne Stimme. Die Mehrheit der deutschen Spitzenmanager ist der Überzeugung, daß Führung einerseits für den Erfolg der deutschen Wirtschaft, aber nicht zuletzt auch für Fragen der sozialen Ordnung im allgemeinen eine zunehmend bedeutende Rolle zukommt.

Nun handelt es sich bei Führung um ein soziales Phänomen, das in Vergangenheit und Gegenwart sehr breit diskutiert und erforscht wird und mittlerweile verschiedenste Zugangsweisen und Perspektiven umfaßt. Inmitten dieser Fülle von Ideen über die Wirkungsweise und insbesondere über die Gestaltbarkeit von Führungsprozessen scheinen dennoch gerade in der modernen, pluralistischen Gesellschaft nicht alle Fragen geklärt, scheinen noch nicht genügend Navigationsmarken in Sicht zu sein. Auch die deutschen Spitzenmanager erweisen sich einerseits als Kohorte mit durchaus heterogenen Ansichten und Selbstverständnissen. Gleichzeitig geben sie jedoch auch zu erkennen, daß – gewissermaßen

„zwischen den Zeilen" – ein hohes Maß an grundlegender Übereinstimmung und ethischer Verankerung vorhanden ist.

Ein Merkmal tritt immer wieder zutage: Es ist selten nur die momentane Situation einer Führungsbeziehung, die das *Wie* des Verlaufs und die damit einhergehende Befindlichkeit prägen. Vielmehr hat es den Anschein, daß bei den am Führungsgeschehen Beteiligten schon eine Art „Vorwissen" vorhanden ist, das den Kommunikationsprozeß maßgeblich mitgestaltet (Watzlawick 1993:50). Dieses Interaktionswissen gleicht einem verinnerlichten Erfahrungsschatz an Führungserlebnissen. Dabei scheint selbiger Mechanismus nicht nur unter Bekannten zu funktionieren. Auch das Austarieren der Interaktion unter „Fremden" beginnt nicht „bei Null", sondern verweist auf die Bedeutung kulturell geprägter Vorverständnisse. Eine solche Wahrnehmung von Führung beinhaltet demnach einerseits die Summe vorangegangener Führungserfahrungen, verdeutlicht aber überdies grundlegende Vorstellungen über die Akzeptanz und Legitimation von Führung.

Die vorliegende Arbeit befaßt sich mit dem Thema Führung in erster Linie anhand der Assoziationen und Selbstbilder der deutschen Spitzenmanager, die in einem verstehenden Prozeß soziologisch verdichtet und interpretiert werden. Dabei werden sich die unterschiedlichsten Begriffspaare oder Kategorien bilden lassen, die darüber Auskunft geben, was Führung für die Befragten bedeutet. Unter Berücksichtigung des deutschen Sprachverständnisses – insbesondere mit der Hinwendung zur ursprünglichen Wortbedeutung von „Führen und Folgen bzw. Nachfolgen" – erfolgt eine Arbeitsdefinition des soziologischen Führungsbegriffes sowie dessen konzeptionell-theoretische Verortung.

Im Zuge der Befragung der deutschen Spitzenmanager als Personengruppe, die quasi kraft Amtes mit Führung beauftragt ist, kristallisiert sich ein Aspekt heraus, der in der soziologischen Führungsforschung bislang unterrepräsentiert erscheint: die Bedeutung der kulturell verankerten, spezifischen Selbstverständnisse einer gesellschaftlichen Elite. Was sind die Überzeugungen und Glaubenssätze der deutschen Spitzenmanager? Welches Ethos liegt ihren Handlungen zugrunde? Gibt es unter den Führungskräften der ersten Ebene einen gemeinsamen „Geist der Führung"?
Zur Beantwortung dieser Fragen wurde eigens eine Studie konzipiert und durchgeführt, um tiefere Einsichten in das Selbstverständnis, in das Ethos der deutschen Spitzenmanager zu bekommen.

Die empirische Basis – Zur Studie „Quellen der Identität"

Im Laufe des ersten Halbjahres 2000 wurde im Auftrag der Identity ≡ Foundation, Düsseldorf eine wissenschaftliche Untersuchung zum Selbstverständnis deutscher Spitzenmanager der Wirtschaft durchgeführt. Die Ziele der Studie

„Quellen der Identität" wurden wie folgt beschrieben und auch vorab den Ge-
sprächspartnern in Informationsmaterialien übermittelt:

„Angesichts der Tendenz zunehmender Personalisierung, nicht nur in der Politik, sondern insbesondere auch in der Wirtschaft, werden die Führungspersönlichkeiten der Unternehmen immer mehr zu den wichtigsten Einflußgrößen.
Das gilt für die unternehmensinterne Identitätsbildung und die Imagewahrneh-
mung von außen. Damit einher geht ein wachsender Einfluß der Top-Manager
der großen Unternehmen auf die gesellschaftliche Meinungsbildung insgesamt.
Während über Unternehmenskulturen und Führungsstile viele Forschungsergebnisse vorliegen, sind wissenschaftliche Erkenntnisse über die Quellen der
Identität von Führungspersönlichkeiten und über ihr Selbstverständnis, ihre
Wertehorizonte und normativen Leitbilder, kurzum die Fundierung ihrer Identi-
tätskonzepte ein Desiderat, das die Studie ausfüllen möchte. Die wissenschaftliche Untersuchung richtet sich an die deutsche Wirtschaftselite."
(Identity ≡ Foundation 2000:1).[1]

Die Führungskräfte dieser Studie sind als Vorstände bzw. Geschäftsführer der
größten deutschen Unternehmen diejenigen Mitarbeiter, die sowohl hinsichtlich
Personal- als auch Sachfragen die letzte Entscheidungsverantwortung tragen. In
diesem Sinne sind sie Vertreter einer Elite der deutschen Gesellschaft und als
solche mit spezifischen Kompetenzen ausgestattet. Sie sind gleichzeitig aber
auch Führungskräfte im Sinne der Kernidee dieser Arbeit: Repräsentanten ihrer
persönlichen wie ihrer sozialen und kulturellen Wertidentitäten – sei es in ihrem
Arbeitsgebiet „deutsche Wirtschaft" wie in ihrer Rolle als Staatsbürger, Ehe-
männer oder Väter, Kirchenmitglieder oder Ehrenamtliche (Grabenstein
1998:359).
Vor diesem Hintergrund zeichnet sich eine Zusammenstellung von Führungs-
bausteinen ab, wie sie in dieser Form noch nicht erhoben wurde und die in ihrer
Aussagekraft über die vorab gesteckten Erwartungen hinausragt. Zum einen liefert die soziale Realität Einblicke in die Führungswelt der momentan etablierten
Wirtschaftselite, ihre Eigenwahrnehmung und Binnensicht. Zum anderen lassen
sich daraus in einem zweiten Schritt Lernfelder zum Thema Führung ableiten,
die für die zukünftige Führungsarbeit relevant werden bzw. schon heute sind,
und die für die nachfolgende Generation zumindest beachtenswert wären.

Mit den Spitzenmanagern wurden anhand eines qualitativen Leitfadens Tiefeninterviews geführt, die jeweils eine Dauer von 60 bis 120 Minuten hatten. Den
Wirtschaftsführern wurden dabei bis auf wenige Ausnahmen keine festen Frage-
formulierungen vorgelegt, sondern vielmehr ein weiter Rahmen gelassen, um
auf die spezifischen, vielfach von den Befragten selbst angesprochenen The-
menkreise eingehen zu können. Die Gespräche wurden als Audiodateien aufgezeichnet und anschließend transkribiert. Das als Textdatei vorliegende Datenma-

---

[1] Aus dem Abschlußbericht der Studie.

terial wurde systematisch analysiert und interpretiert; immer unter Beachtung des spezifischen Gesprächskontextes. Erst in einer weiteren Auswertungsphase wurden die ausgewählten Aussagen – soweit dies vertretbar erschien – quantitativ aufbereitet. Die Präsentation der Aussagen zu den Selbstverständnissen und Führungsideen der deutschen Wirtschaftselite markiert den zentralen Aspekt dieser Arbeit: das Herauspräparieren eines gemeinsamen Ethos bzw. Führungsverständnisses unter den deutschen Spitzenmanagern.

Eine Soziologie der Führung

In der Tradition soziologischer Forschung wurden immer wieder Konzepte entwickelt, denen es gelingt, von der Einzelfallbetrachtung zu abstrahieren und den Blick auf eine generelle, übergreifende Erklärungsmodalität zu lenken. Webers Typologien der Herrschaftsformen oder seine Rationalitätsbegriffe gehören dabei zu den Klassikern soziologischer Idealtypen. Sie erlauben eine verdichtete Darstellung von komplexen Phänomenen, die sowohl für die wissenschaftliche Disziplin als auch für das Klären von Alltagsproblemen hilfreich sind.

Mit der Repräsentationstheorie von Geiger wird eine Führungskonzeption vorgestellt, die der qualitativen Studie als Interpretations- und Analyserahmen dient. Die Konzeptionen Geigers tragen dazu bei, die empirischen Erkenntnisse zur Führung auf einer höheren Abstraktionsebene in Worte, in Begriffe und Idealtypen zu fassen. Die Repräsentative Führung fungiert daher nicht als einengendes, analytisches Gesetz, nach dessen Betrachtung die mit Führung zusammenhängenden Kriterien nur noch auf diese Weise zu interpretieren wären.
Erst im Anschluß an die Auswertungsphase soll die Frage gestellt werden, ob sich Aspekte und Dimensionen der repräsentativen Idealtypologie im empirischen Material – in den Relevanzsystemen der Befragten – finden lassen. Als Kategorien soziologischer Führungstheorie bieten sich zu diesem Zwecke die Funktionstypen des Veranstaltenden und Hirtlichen Führers an.
Die Idee der Repräsentation verbindet dabei die personale und kulturelle Dimension von Führung und erlaubt auch eine entsprechend große Bandbreite zur verstehenden Erklärung „empirisch vorhandener" Sinnzusammenhänge. Repräsentative Führung wird als eine begriffliche Idealtypologie vorgeschlagen, deren integrierende Kraft eine Scharnierfunktion erzeugt. Repräsentation umfaßt dabei gerade auch jene Perspektive, die das eingangs vorgestellte Zitat eines deutschen Spitzenmanagers aufgreift: glaubwürdiges Handeln, nachvollziehbare Entscheidungen, Vorbild- und Orientierungsfunktion.

Die Selbstverständnisse der deutschen Spitzenmanager belegen etwa, daß es für Vertreter der untersuchten Kohorte kein Widerspruch sein muß, sowohl sachrational entscheidender, am Effizienzziel orientierter DAX-Vorstand und gleichzeitig gläubiger, praktizierender Christ zu sein. Also mitunter Merkmale eines modernen, aufgeklärten Verstandes gepaart mit einer metaphysischen Absicherung. Wie lassen sich solche Phänomene erklären?

Die aus den erhobenen Führungsverständnissen extrahierten Erkenntnisse werden abschließend im Sinne eines Ausblicks weiterentwickelt. Dabei soll insbesondere jenen Aspekten Raum gegeben werden, die bislang in der soziologischen Führungsdiskussion wenig Beachtung erfahren haben. Eine nähere Betrachtung findet vor dem Hintergrund der empirischen Daten der Zusammenhang von Führung und deren grundlegende, ethisch-religiöse Verortung in den Selbstverständnissen der deutschen Spitzenmanager sowie eine daraus ganz generell abzuleitende Bedeutung von Religion und Ethik für das Führungsgeschehen und für die Funktionsweise nicht-profit-orientierter Organisationen und Institutionen.

Initiiert durch die Befunde der Studie werden folgende Aspekte erarbeitet oder für weitergehende Untersuchungen skizziert:

- eine Weiterentwicklung der Repräsentativen Führungskonzeption Theodor Geigers zu einem modellhaften Analyseinstrument von Führungskulturen,
- eine vertiefende Betrachtung der makrodimensionalen Bedeutung von Führung im Hinblick auf gesellschaftliche Institutionen, basierend auf dem Ansatz Dienender Führung – Servant Leadership (Greenleaf, Blanchard),
- ein Vorschlag zur vertiefenden Betrachtung eines christlich gewendeten Führungskonzeptes – am Vorbild der dienenden Repräsentation Jesu Christi – als Basiskategorie religiöser Organisationen und Institutionen.

Somit erhält Führung im Kontext dieser Ausführungen eine Rahmung, die nicht nur für die wissenschaftliche Diskussion im Sinne einer „Soziologie der Führung", sondern auch für die praxisorientierte Anwendung und Gestaltung der Führungskulturen in deutschen Unternehmen und Institutionen einen Mehrwert bieten kann. Dabei läßt sich die Idee einer repräsentativ verstandenen Führung als das zentrale Merkmal dieser Arbeit charakterisieren.

Bezugnehmend auf das Zitat Geigers, das über diesem Werk steht, ist es quasi die Bewährungsprobe wissenschaftlichen Arbeitens, lebenswichtige Probleme und Phänomene aufzugreifen und sich um deren Klärung zu bemühen. Vor diesem Hintergrund will diese Arbeit einige der mit Führung verbundenen Zusammenhänge erschließen und, wo möglich, dabei auch die Augen für bislang verschleierte, wohl aber implizit erspürte Aspekte des Phänomens Führung öffnen.

Echte Gesinnung erkennt man an ihren
Früchten, an ihrer Bewährung also.
(Max Weber 1956a:380)

2   Status Quo der soziologischen Führungsforschung

2.1   Führung in der deutschen Soziologie

Für den Bereich der Forschung im besonderen kennzeichnet Führung ein Phänomen, das sich nicht auf eine einzelne wissenschaftliche Disziplin reduzieren läßt. Die Interdisziplinarität von Führung zeigt sich dabei nicht nur im Rahmen der Wirtschafts-, Geistes- und Sozialwissenschaften, sondern reicht auch darüber hinaus – so werden mittlerweile auch Erkenntnisse systemtheoretischer und kybernetischer Ansätze aus den Natur- bzw. Ingenieurswissenschaften zur Bewältigung der Komplexität von Führung fruchtbar gemacht.

Zwar weiß jeder, der Mitarbeiter führt, was Führung ist. Allerdings wird das Selbstverständliche häufig wenig reflektiert, da Selbstverständliches meist wenig Bedachtes ist (Rosenstiel u.a. 2003:4). Eine nicht mehr überschaubare Fülle an Blickwinkeln rund um die Führungsforschung liegt vor – und viele Arbeiten wurden bereits geschrieben, um Klarheit und Licht in die manchmal eher diffus erscheinende Thematik zu bringen.[2]

Unter all diesen Punkten scheint jedoch ein Aspekt in der fachwissenschaftlichen Diskussion unterrepräsentiert zu sein: eine Untersuchung zum Selbstverständnis und Ethos der führenden deutschen Spitzenkräfte sowie dessen theoretische Klassifizierung.

Für die konkrete Aufgabenstellung dieser Arbeit, das Führungsverständnis der deutschen Spitzenmanager zu skizzieren, spielen bei der Betrachtung der bisherigen Forschungsarbeiten und Modelle insbesondere die beiden folgenden Kerndimensionen eine Rolle:

1. Wie läßt sich die zentrale Fragestellung *theoretisch* verorten? Welche Denkschulen bzw. soziologischen Konzeptionen beschäftigen sich explizit mit den grundlegenden Wirkungsweisen von Führung und dienen zur Deutung der empirischen Befunde?
2. Welche *empirischen* Studien zum Führungsverständnis deutscher Spitzenmanager gibt es bislang und inwieweit werden dabei Hinweise auf ein gemeinsames Ethos einer Führungselite erkennbar? Gibt es generell vergleichbare

---

[2] Vgl. dazu die verschiedenen, über viele Jahre immer wieder aktualisierten sozialwissenschaftlichen Standardwerke von Kieser (1995), Neuberger (2002) oder v. Rosenstiel u.a. (2003).

Untersuchungen unter Eliten in Deutschland und wenn ja, wo liegen Ähnlichkeiten bzw. Differenzen?

Wissenschaftliche Paradigmen der Führungsforschung

Die großen Denkschulen der Sozialwissenschaften haben alle ein eigenes Weltbild zum Thema Führung, weil sie mit ihrer individuellen Herangehensweise und Methodik daran arbeiten, Führung in ihrer Wesensart zu beschreiben, zu definieren sowie ihre Funktionen und Voraussetzungen herauszulösen und handhabbar zu machen (Schanz 1995:2194). Im „Handwörterbuch Führung" (Kieser 1995) ist dazu der wissenschaftstheoretischen Fundierung ein eigenes Kapitel gewidmet, das die verschiedenen Arbeitsweisen und Forschungsergebnisse darstellt.

„Auf den ersten Blick erweckt die Führungsforschung den Eindruck eines desolaten Zustands." (Schanz 1995:2195). Dem schließen sich auch andere Autoren an. So argumentiert etwa Wiswede, daß „die Führungsthematik bisher zu eng an kaum hinterfragten Effizienzkriterien festgemacht" und damit auf die Erlangung von „Beeinflussungswissen" reduziert worden sei (Wiswede 1988:106). Auch v. Rosenstiel fordert eine sich weitende Perspektive innerhalb des wissenschaftlichen Diskurses, in dem „ [...] Theorien, die nicht nur Führungserfolg thematisieren, sondern auch die Legitimation und Akzeptanz von Führung, die Sozialisation von Führenden und Geführten." zur Sprache kommen (v. Rosenstiel 2002:235). Weitere Kritikpunkte beziehen sich auf eine Einseitigkeit von Forschungsbemühungen. Die Kernidee sei zwar jeweils, Führung nicht nur an der Oberfläche zu beschreiben, sondern gewisse Facetten in der Tiefe zu durchdringen. Jedoch würden – aus Sicht der Einzelwissenschaften wie aufgrund eines latenten Forschungsinteresses – immer Defizite bleiben.

Ulrich sieht etwa einige *zeittypische Probleme*, wie beispielsweise die der *Akzeptanz, Motivation, Effizienz* oder auch der *Legitimation* von Führung, in einer nicht hinreichenden Forschungsarbeit – und damit unvollständigen Führungstheorie – begründet (Ulrich 1995: 2202).

Nicht hinreichend meint hier im Sinne des Blickwinkels und der Herangehensweise, mit denen bislang in Sachen Führung operiert wurde. Dabei ist es wohl weniger der Mangel an funktionsrationalen Führungstechniken, sondern vielmehr gerade deren Folgen, die trotz der Vielzahl an Theoriekonzepten und Handlungsempfehlungen eine bislang unzureichende Ergebnissicherung verursacht haben (a.a.O.). Neben die Dimension sozialtechnischer Führungsmethoden tritt gleich- oder sogar vorrangig die *kommunikative* Dimension von Führung (a.a.O.:2203).

Die Perspektive des radikalen Konstruktivismus geht in ihrer Analyse des Phänomens Führung soweit zu sagen, daß jegliche Einsicht in die Wirklichkeit immer eine „Erfindung" oder „Konstruktion" derjenigen sei, die diese Wirklichkeit entdecken und erklären (Biedermann 1989:15).

Vor dem Hintergrund der Arbeiten zur Verstehenden Soziologie von Schütz, Garfinkel und Cicourel interessiert deshalb weniger der Ursache-Wirkungs-Zusammenhang zwischen Führung und Erfolg, sondern vielmehr der Stellenwert der Interpretationsleistungen von Führern und Geführten, insbesondere aber auch die *Bedingungen der Möglichkeiten von Führung* (Schauenberg/Föhr 1995:2209). Welche personalen, charakterlichen, situativen oder auch institutionellen Rahmendaten müssen gegeben sein, damit sich Führung *ereignen* kann? Was sind die Vorbedingungen, Prägungen und grundlegenden Identitätsmerkmale, woraus speist sich ein *Nährboden* für Führung?

Diese Fragen verweisen darauf, daß die Betrachtung des Phänomens Führung einen größeren Rahmen umfaßt als oftmals angenommen. Führungsforschung greift die grundlegende Analyse gesellschaftlicher Ordnungsmerkmale wie u.a. Gruppenprozesse, Sozialisation, Elitenbildung sowie ethisch-religiös zu verortende Selbstverständnisse auf.

Eine historische Betrachtung der soziologischen Führungsforschung
Die frühen soziologischen Abhandlungen und Studien beschäftigen sich bereits ausführlich mit Fragen des Gesellschaftsaufbaus, für den in besonderer Weise die höheren Klassen und Schichten – die gesellschaftlichen *Eliten* – als herrschende und führende Gruppierung von Interesse sind. Prominente Vertreter der ersten Stunde sind auf dem Gebiet der Elitentheoretiker Pareto und Mosca (Mikl-Horke 1994:64). Grundlegende Arbeiten zur Soziologie der Führung finden sich etwa bei Michels (1876-1936), der – basierend auf den Erkenntnissen der Massenpsychologie – zu der Überzeugung kommt, daß sich eine Masse nicht selbst führen könne, sondern ein Bedürfnis nach Führung habe und ohne Führer ohnmächtig sei (Michels 1925:33). Michels identifiziert ein Führertum, das auf der ehrlichen und eindeutigen Übertragung des Willens Vieler auf den Einen basiert (Mikl-Horke 1994:65).
Er verwendet dazu den Weberschen Idealtyp des *charismatischen Führers*. Dieser Führer-Begriff ist bei Weber zentral an die charismatische Form der Herrschaft gebunden, d.h., das Verhältnis von Führer und Gefolgschaft ist definiert als außeralltäglich und irrational. Darin sieht Weber auch die Abgrenzung zu den anderen Formen sozialer Herrschaft, die aus seiner Sicht alle die *rationale* Dimension beinhalten. Die charismatische Herrschaft hingegen legt die eher psychologische Fortführung nahe. Dieser Aspekt der Geistbegabung kann vor Webers Hintergrund nicht soziologisch rational verstanden werden. „Alle drei Herrschaftsformen sind jeweils „gebunden" – die *rationale* Herrschaft an diskursiv analysierbare Regeln, die *traditionale* Herrschaft an Präzedenzien der Vergangenheit. Die *charismatische* Herrschaft ist nur soweit und solange legitim, als das persönliche Charisma kraft Bewährung gilt, d.h. Anerkennung findet. [...] Die charismatische Herrschaft ist, als das Außeralltägliche, sowohl der rationalen, insbesondere der bürokratischen, als der traditionalen, schroff entge-

gengesetzt. Beide sind spezifische Alltagsformen der Herrschaft – die (genuin) charismatische ist spezifisch das Gegenteil." (Weber 1956a:141).

Für Weber gilt es, aus Sicht der von ihm begründeten „Verstehenden Soziologie", die Konstruktion eines streng zweckrationalen Verhaltens als begrifflichen Idealtypus herbeizuführen, um wissenschaftlich das reale, durch Irrationalitäten aller Art (Affekte, Irrtümer) beeinflußte Handeln als „Abweichung" von dem bei rein rationalem Verhalten zu gewärtigendem Verlaufe zu verstehen. Letztlich verwendet Weber den Begriff der Führung jedoch nur in dem einen, oben beschriebenen Zusammenhang. Die von ihm geprägten soziologischen Analysetypen der Herrschaft oder der Rationalität arbeiten ansonsten nicht in der unmittelbaren Diagnose der sozialen Gruppe bzw. der sozialen Massen. Insofern liegt in den von Weber erarbeiteten Konzeptionen zwar eine Vielfalt an Kriterien, die für bestimmte Analysebereiche hilfreich sein können, die letztlich jedoch nicht für die Beantwortung der Frage nach einem „Geist der Führung" geeignet sind. Dennoch war gerade jener charismatische Führer die integrierende Rolle einer Soziologie, die sich in den Anfängen des Nationalsozialismus um eine „Volkswerdung" bemühte. Dabei legten nicht alle Soziologen eine entsprechende politische Gesinnung bzw. Aktivität an den Tag.

Mit dem Neustart der Soziologie nach Kriegsende endete auch jene Phase des soziologischen Arbeitens, die von vielen Vertretern des Fachs bereits schon viel früher im wahrsten Sinne des Wortes „zu den Akten gelegt" und hernach nicht wieder beachtet wurde. Vielmehr begegnet man sogar dem Phänomen, daß innerhalb der soziologischen Zeitdiagnostik die „Angst vor den Massen" – und ihren Führern – ein für die weitere wissenschaftliche Entwicklung und für die Etablierung eines Selbstverständnisses gleichsam zentrales wie prägendes Muster darstellt (Meyer 2001:39). Daß mit den spezifisch deutschen – sowie soziologischen – Erfahrungen eines „Führers" dann eine entsprechende Distanzierung von gerade diesen Inhalten und Begriffen innerhalb der soziologischen Disziplin einherging, kann, historisch betrachtet, als nachvollziehbar festgehalten werden. Die dadurch entstandene wissenschaftliche Lücke bleibt jedoch.

Somit schränkt sich das Bild der Führungsforschung neben den oben angeführten Merkmalen nochmals stärker ein. Es finden sich nur wenige Buchveröffentlichungen oder Aufsätze, die sich explizit mit einer *Führungssoziologie* auseinandersetzen. Ausnahmen sind hier die Werke von Wiswede (1988/1990) oder von Morel u.a. (1980).
Die in der Tradition von Luhmann verankerten Arbeiten Türks thematisieren eine soziologisch fundierte Theorie der *Personalführung* (Neuberger 2002:437). Dabei identifiziert Türk jedoch den Charakter von Führung als grundlegend institutioneller Natur – in dem Sinne, daß die moderne Organisation die personale Dimension sozialer Kontrolle quasi obsolet erscheinen läßt. Führung sei deshalb immer „Residualfaktor", eine Lückengröße. In der modernen Organisation gäbe

es ein immer besser ausgereiftes System funktionaler Kontrolle, das – je nach Ausgestaltung und Situation – die Aufgaben der Führung übernimmt (Türk 1981:65). Nur wo das jeweilige sozio-technische System bewußte oder unbewußte Lücken aufweist, kann personale Führung funktional sein. Führung wird damit zum „Lückenbüßer" der Organisation, da sie sukzessive durch Führungssubstitute ersetzt wird (Neuberger 2002:442). Wo jedoch personale Führung als obsolet gewordene Größe anzunehmen ist, entbehrt ihr das konstruktive Potential einer eingehenden Betrachtung.

Führung markiert somit innerhalb der soziologischen Forschungslandschaft weitestgehend einen „weißen Fleck", einen „blind spot".[3]
Wiswede zieht in zwei Veröffentlichungen zum Stand der Führungsforschung Bilanz, wenn er schreibt: „Auch zeigt ein Blick auf die soziologische Forschung, daß die Führungssoziologie nach vielversprechenden Anfängen bei Geiger (und später bei Homans) in Sackgassen endete, was damit zusammenhängen mag, daß die Soziologie die gesamte Kleingruppenforschung in den Zuständigkeitsbereich der Sozialpsychologie verwiesen hat." (Wiswede 1988:106 und Wiswede 1990:2).
Diese Anfänge stammen mitunter noch aus den Jahren vor dem Zweiten Weltkrieg, weshalb insbesondere die klassische Soziologie des frühen 20. Jahrhunderts zur Erklärung herangezogen wird. So weist Homans nach der Analyse verschiedener gruppenbezogener Führungsprozesse eindringlich darauf hin, daß der Führer den Normen der Gruppe – und zwar allen Normen – besser als jeder Anhänger nachkommen muß. Gleichzeitig ist der Führer aber auch das Gruppenmitglied, das am meisten in der Gefahr steht, die Normen zu verletzen. „Und es ist gerade der Führer, der manchmal im Sinne des Gruppenwohls handeln wird und dabei doch nicht völlig annehmbar handelt." (Homans 1978:396). Geiger formuliert sein Verständnis von Führung in derselben Intention – bereits Jahre vor Homans – geht dabei jedoch inhaltlich einige Schritte weiter.
Führung ist bei Geiger nicht allein die Verkörperung der Gruppennormen. Führung ist ganz generell die Repräsentation einer bzw. jeglicher Wertidentitäten, die eine soziale Gruppe, welcher Form und Dimension auch immer, ihr Eigen nennt. Des weiteren klassifiziert Geiger verschiedene Funktionstypen von Führung und liefert damit einen größeren gedanklichen Rahmen, als dies bei Homans der Fall ist.

---

[3] Eine offene, weltweite Recherche im Internet mit der Suchmaschine „google" erbrachte zu den Stichworten „Führungssoziologie" und „Soziologie der Führung" fünf bzw. acht Treffer. Davon jeweils zwei auf den Seiten des Lehrstuhls für Soziologie und empirische Sozialforschung an der Universität Hohenheim, Prof. Dr. E. Buß. Andere Schlagworte wie „soziologische Führungsforschung" o.ä. erbrachten keinerlei Suchtreffer. Auch die strukturierte Suche innerhalb der deutschen soziologischen Zeitschriften sowie in der inhaltlich-thematischen Struktur der Deutschen Gesellschaft für Soziologie (DGS) als zentrales Organ zeigen, daß der Führungsforschung innerhalb deutscher Soziologie eine organisatorische wie institutionelle Anbindung zu fehlen scheint.

Aus Sicht der konzeptionell-theoretischen Verortung soziologischer Führungs-fragen kommt für die Rahmenbedingungen eines Führungsethos am ehesten das Modell Repräsentativer Führung von Geiger in Frage.

2.2 Empirische Studien zum Selbstverständnis der deutschen Spitzen-manager

Hinsichtlich Führung lassen sich aus empirischer Sicht prinzipiell zwei For-schungsstränge identifizieren. Einerseits wird der Blick auf die mikrosoziologi-sche Analyse der *unmittelbaren Interaktion* der am Führungsgeschehen beteilig-ten Personen gerichtet. Dazu gehören die mittlerweile klassischen Arbeiten und Untersuchungen zu personalen Eigenschaften und Führungsstilen, zu Konzep-tionen idealtypischen Führungsverhaltens, die situativen Ansätze sowie die Ein-ordnung des Führungsgeschehens in einen organisatorisch-strukturellen Rahmen (Reinhold 1988:106-120). Diese an der Interaktionsanalyse orientierten Studien weisen zu weiten Teilen die Gemeinsamkeit auf, daß sie aus der – zunächst mili-tärischen – dann aber insbesondere aus der betrieblichen bzw. wirtschaftlichen Perspektive heraus entstanden sind und auch heute noch entstehen. Andererseits findet sich eine ganze Tradition von Arbeiten, die den *gesellschaftlichen Aspekt* der Führung – und damit den makrosoziologischen Teil – zum Gegenstand hat: die Untersuchung der die Gesellschaft prägenden und gestaltenden Milieus und Schichten bzw. ausgewählter Gruppen und Kreise – die Elitenforschung.

Die Forschungsschwerpunkte sind dabei verständlicherweise sehr heterogen. Dabei finden sich durchaus Studien, die Führungskräfte der Wirtschaft oder aber Eliten im allgemeinen zum Gegenstand ihrer Betrachtung haben. Von besonde-rem Interesse wären jedoch auch solche Forschungsarbeiten, die sich explizit mit der Frage nach einem gemeinsamen Ethos – im Sinne einer deskriptiven Ethik – bzw. nach einem spirituell verankerten Führungsverständnis beschäfti-gen.

Bei den meisten Studien zu gesellschaftlichen Eliten werden religiöse und ethi-sche Orientierungen – wenn überhaupt – nur am Rande behandelt. Andererseits wendet sich die Mehrheit der empirischen religionssoziologischen Untersuchun-gen von ihrem Ansatz her stark an die von den Kirchen definierten religiösen Auffassungen und nicht an die Wahrnehmungen der potentiellen Probanden (Kaufmann 1986:16). Eine zwischen diesen beiden Polen integrierende Position fehlt bislang. Dazu gehören neben allgemeinen Prägungen und Sozialisations-merkmalen auch die im weiteren Sinne „spirituellen" Facetten der Selbstbin-dung bzw. Selbstverpflichtung. Dabei ist es ein wichtiger Baustein der Befra-gung der Spitzenmanager, neben den durch die „traditionelle Kirchlichkeit be-stimmten Komplexen religiösen Bewußtseins" (a.a.O.:17) andere Bewußtseins-formen und Einstellungen zu ermitteln, die in einem weiteren Sinne als „religiös" – als identitätsstiftend – zu bezeichnen sind und die ein tieferliegendes Führungsverständnis mit prägen.

Für einen Vergleichsmaßstab wurden die Veröffentlichungen von Kaufmann u.a. (1986, „Ethos und Religion bei Managern"), von Eberwein/Tholen (1990, „Managermentalität"), Hein (1990, „Organisationskommunikation und Organisationskultur"), Krause-Burger (1995, „Die neue Elite"), Bürklin/Rebenstorf u.a. (1995, „Eliten in Deutschland"), Farkas/De Backer (1996, „Spitzenmanager und ihre Führungsstrategien"), von Lohmann/Schmidt (1996, „Werte und Entscheidungen im Management") und von Hartmann (2002, „Der Mythos von den Leistungseliten") herangezogen.

• Die Studie von Farkas/De Backer („Spitzenmanager und ihre Führungsstrategien") wurde im Auftrag der Beratungsfirma Bain & Company durchgeführt. Im Laufe des zweijährigen Untersuchungszeitraums konnten weltweit 160 Spitzenmanager befragt werden. Das Ziel war dabei, die individuellen Führungsansätze der CEOs, Presidents und Geschäftsführer in Erfahrung zu bringen, „in deren Mittelpunkt immer die Erzielung nachhaltiger Wertsteigerungen des Unternehmens steht" (Farkas/De Backer 1996:Vorwort). Bei aller Vielfalt der erhaltenen Antworten sind gewisse Erfolgsmuster identifizierbar, die sich ansatzweise verallgemeinern und gruppieren lassen (a.a.O.). Auch wird eine Definition *optimaler Führung* wie folgt formuliert: *„ [...] die Fähigkeit, beständig außerordentliche Resultate zu erzielen."* (a.a.O.:302).[4]
Die Studie fragt damit weniger nach dem Zustandekommen eines Selbstverständnisses von Führung bzw. nach dessen Repräsentationswahrnehmung, sondern betont die zielgerichtete, strategische Komponente des Phänomens Führung. Sie unterstreicht als Untersuchung den Tenor vieler anderer Veröffentlichungen in diesem Feld, sei es die wissenschaftlich-theoretische Betrachtungsebene oder die eher aus der Praxis abgeleitete Aussage der sogenannten „Management-Gurus" (Kennedy 1998:10), daß Führung in erster Linie als zielgerichtete Beeinflussung von Menschen zu verstehen sei.

• Auf andere Art beachtenswert ist die Arbeit von Krause-Burger („Die neue Elite"), die einen eher journalistischen Zugang wählt, um Top-Manager und Spitzenpolitiker aus der Nähe zu betrachten. Wenngleich sie nicht im wissenschaftstheoretischen Sinne methodisch arbeitet, so findet sie doch sehr metaphorische Charakterisierungen der von ihr untersuchten Elite-Mitglieder. In bildhafter Darstellung nimmt sie die individuellen Lebensetappen und Markenzeichen auf und wählt damit eine Art der Illustration, die für die hier verwendeten Auswertungsdimensionen einige Anregungen bietet. So sieht sie beispielsweise die Summe der von ihr betrachteten Eli-

---

[4] Hervorhebungen im Original.

temitglieder (wie Jürgen Schrempp oder Gerhard Schröder) als Repräsentanten einer „Generation ohne Schicksal" (Krause-Burger 1996:7), als Aus-
erlesene, denen man nicht übelnehmen darf, „daß sie nicht im Krieg gewesen sind." (a.a.O.:11). Interessant ist dabei, daß einige der Beobachtungen
von Krause-Burger in den Selbstbildern der hier untersuchten deutschen
Spitzenmanager ebenso ihren Platz haben.

• Die soziologische Untersuchung von Eberwein/Tholen („Managermentalität") ermittelt die sachlichen und sozialen Voraussetzungen der Bewältigung der Berufssituation in der oberen Managementebene sowie deren Folgen für das intellektuelle Selbstverständnis ihrer Mitglieder (Eber-
  wein/Tholen 1990:19). Zwar geht es einerseits um die funktionalen und
  überfunktionalen Qualifikationen, um Führungsaufgaben erfüllen zu können und damit um eher externe Führungsvoraussetzungen. Andererseits
  wird aber auch das *Selbstverständnis* von Managern zu den im weiteren
  Sinn politischen Rahmenbedingungen, also das Bewußtsein für den Umgang mit Teilöffentlichkeiten, das Eigenbild in der Rolle einer öffentlichen
  Person, untersucht. Kern der Studie war die Auswertung von 111 qualitativen Interviews mit Mitgliedern der beiden obersten Managementebenen,
  die, wie auch in der vorliegenden Studie, auf Tonband aufgezeichnet wurden.

• Aus kommunikationswissenschaftlicher Sicht betrachtet Hein („Organisationskommunikation und Organisationskultur") die Eignung von Führungskräften als *Kommunikatoren* zur Verbreitung kulturspezifischer normativer
  Grundsätze (Hein 1990:2). Sie faßt darin die schon von Carl Friedrich von
  Siemens formulierte Kunst des Leiters eines größeren Unternehmens wie
  folgt auf: „ [...] in seinen Mitarbeitern einen gemeinsamen Geist zu erzielen, so daß außerhalb Stehende dem juristischen Gebilde [der Unterneh-
  mung] Charaktereigenschaften zusprechen" (a.a.O.). Wenn früher noch der
  Unternehmer, als Eigentümer, selbst die „Kultur" in der Firma prägte, so
  sind es heute die Führungskräfte, die Manager der ersten Ebene, die diese
  Aufgabe übernehmen sollen. Ein besonderes Augenmerk legt Hein auf die
  Kommunikationsarbeit der Führungskräfte, denn diese habe sowohl nach
  innen wie nach außen zu erfolgen.
  In diesen Führungsprozessen sehen sich die Vorgesetzten mit der Rolle des
  Vorbilds konfrontiert, das in seinem Verhalten die angestrebten Werte,
  Normen und Grundannahmen der Organisationskultur authentisch repräsen-
  tieren muß (a.a.O.:86).

• Die Arbeit von Lohmann/Schmidt war für die hier zu erarbeitende Analy-
  semethode insoweit interessant, da sie als Untersuchungsschwerpunkt ebenfalls die Interpretation leitfadengestützter Tiefeninterviews zum Gegenstand hat (Wegner 1996:88). Bei der Befragung von Vertretern des mittle-

ren und oberen Managements wurde eine Erfassung der *Reflexion* über Werte, Entscheidungen und Handlungen angestrebt. Also eine Untersuchung, die gleichfalls nach tieferliegenden Identitätsfaktoren fragt und die managerialen Entscheidungen nicht nur im rationalen Sachkalkül beheimatet sieht. Dabei liegt ein besonderer Schwerpunkt in der Beleuchtung *ethischer* Aspekte. Dies findet durch ein Hinterfragen der sogenannten „Zwei-Welten-Theorie" und ihrer Konsequenzen statt. Die Unterscheidung in einerseits *Hard Facts* der Ökonomie (Preise, Kosten, Gewinne etc.) und andererseits *Soft Facts* (Werte, Motivationen, Erwartungen, Emotionen etc.) geht davon aus, daß den Managern „ [...] zwei Seelen in der Brust wohnen" (Priddat 1996:11). Dort, wo Werte für das Unternehmen postuliert werden, setzt man Maßstäbe, an denen derjenige, der dieselben repräsentiert (die Führungsperson), gemessen wird. Dabei kann der Repräsentant nur dann seine Reputation und Führungslegitimation behalten, wenn er nicht gegen die Wertsetzungen des Unternehmens, dem er vorsteht, verstößt (a.a.O.:12).

• Ein besonderer Fokus kommt den Arbeiten des Eliteforschers Hartmann zu. Denn aus der Erfahrung seiner Studien sind gerade Aspekte der Autorität sowie das Bekleiden von Führungspositionen mit Gestaltungsmacht nicht im klassischen Sinne erwerb- oder erlernbar, sondern das Ergebnis eines Habitus, einer „natürlichen" Souveränität, die zuforderst durch das Elternhaus „mitgegeben" wird (Hartmann 2001:19). Im Zuge einer inhaltsanalytischen Auswertung der Lebensläufe zeichnet Hartmann die soziale Herkunft sowie die Bildungswege der Vertreter gesellschaftlicher Eliten nach. Diese Erkenntnisse finden in den Arbeiten Bourdieus ihre theoretische Fundierung. Dabei ist es weniger die durch formale Bildungswege und persönlichen Einsatz erarbeitete Position, sondern vielmehr das von Haus aus mitgebrachte „Kapital" eines Menschen, das ihm in seiner kulturellen, ökonomischen, sozialen und zunehmend auch symbolischen Ausgestaltung gleichsam Türen öffnet.[5] Hartmann kommt zu dem Ergebnis, daß es sich zwar bei dem Thema Elite um ein mittlerweile mit viel öffentlicher Aufmerksamkeit ausgestattetes Phänomen handelt, sich jedoch die gleichzeitig damit assoziierte funktionale Perspektive einer Leistungselite als Mythos entpuppt. „Die Erwartungen der funktionalistischen Elitetheorie, die soziale Öffnung der deutschen Hochschulen werde zu einer sozialen Öffnung des Zugangs zu den Eliten führen, haben sich dementsprechend ebenfalls nicht erfüllt." (Hartmann 2002:151). Vielmehr wächst die Kluft zwischen den Lebenschancen der breiten Masse der Bevölkerung und denen der „privilegierten Kreise" weiter (a.a.O.:181).
Insofern ist auch die in dieser Arbeit angestellte Betrachtung der verschiedenen äußeren und inneren Identitätsquellen und Führungsselbstverständnisse – vor allem auch die Frage nach ihrer Herkunft und Ausgestaltung – eine interessante, wenngleich etwas anders gelagerte Variante, um Führung

---

[5] Vgl. dazu Bourdieu (1997:49-79) und Buß/Fink-Heuberger (2000:217).

empirisch zu erforschen. Hartmann fragt jedoch nicht nach der expliziten Verankerung eines Führungsverständnisses.

• Die Potsdamer Elitestudie von Bürklin/Rebenstorf u.a. knüpft an die Tradition der umfragegestützten westdeutschen Eliteforschung an, die mit der Untersuchung der nationalen Führungsschicht von 1968 ihren Anfang nahm. Der Begriff Elite, Führungsgruppe oder Führungsschicht wird hier synonym verwendet. Die quantitativ geführten Interviews unter Vertreterinnen und Vertretern aller gesellschaftlicher Führungsbereiche legen den Schwerpunkt auf Fragen, wie die *Rekrutierung* in Elitepositionen erfolgt, welche Wertorientierungen und politischen Einstellungen sowie Problemwahrnehmungen unter den Elitemitgliedern bestehen, wie es um das Kooperations- und Konfliktpotential bzw. die Konsens- oder Kompromißfähigkeit der deutschen Führungsschicht bestellt ist sowie die Veränderung demokratischer Einstellungen in der Führungsschicht als Ergebnis des Generationenwechsels und des damit verbundenen Wertewandels. Die deutsche Wirtschaft stellt dabei einen Sektor der Betrachtung dar. Die Auswahl der Probanden erfolgt anhand vorab festgelegter Strukturdaten. Allerdings gibt es keine Auswertungen zum zugrundeliegenden Führungsverständnis der Eliten.

• Bereits 1986 gingen Kaufmann u.a. wert-ethischen Fragestellungen nach und kamen zu dem zusammenfassenden Ergebnis ihrer Wirtschaftselite-Studie, daß „die eine Kultur stabilisierenden Kräfte wie Kirche, Religion, selbstverständliche Anerkennung unbedingt geltender ethischer Normen" bei der untersuchten Bevölkerungsgruppe „in bedenklichem Umfang an Einfluß verloren" haben (Kaufmann 1986:7). Daß sich diese Entwicklung auch als eine Sache von praktischer Bedeutung erweisen kann, die nicht nur bestenfalls die Kirchen etwas anginge und beunruhige, sondern auch das Funktionieren der wettbewerblichen Ordnungen der deutschen Wirtschaft tangiert, verstärkt die empirische Beobachtung eines neuen Orientierungsmusters. Die Wissenschaftler stellten fest, daß die von ihnen untersuchten Führungskräfte der Wirtschaft zunehmend einen „Opportunismus" zeigten, der mit religiöser Indifferenz gekoppelt sei (a.a.O.:8). Das heißt, die Spitzenmanager weisen ein Selbstverständnis auf, in dem einerseits die religiöse, spirituelle Komponente lediglich eine nachgeordnete Rolle spielt und in dem sich andererseits noch kein „neuer Ethos" anstelle des „christlichen Ethos" etabliert hat.

Nachdem auch in der vorliegenden Studie ähnliche Muster und Lebensentwürfe zur Sprache kommen, ergeben sich eine Reihe von Fragen mit führungs- und religionssoziologischer Relevanz. Aus soziologischer Sicht könnte man sie, mit den Worten Kaufmanns, vielleicht in der folgenden Kurzformel bündeln:

„Was geschieht mit einer Gesellschaft, deren traditionelles, stark vom kirchlich verfaßten Christentum verkörpertes Ethos immer weniger trägt, die aber offensichtlich kaum imstande zu sein scheint, neue kollektive ethische Verbindlichkeit in einer allgemein akzeptierten Weise zu formulieren?" (Kaufmann 1986:120).

Die zentrale Fragestellung dieser Arbeit wird in keiner anderen empirischen Elitestudie bzw. Untersuchung zum Selbstverständnis einer spezifischen Führungsgruppe in ähnlicher Weise gestellt. Keine der skizzierten Studien betrachtet den ganzheitlichen Aspekt der Führungsverständnisse, ebenso wenig findet sich zu Selbstbildern und zu Eigenbetrachtungen von Eliten.

„Die vorliegende Literatur zu diesem Thema ist überaus vielfältig, aber durchweg einseitig in der Abgrenzung des Untersuchungsfeldes. Die zahlreichen Studien, die in der Vergangenheit erstellt worden sind, schließen in der Regel Führungsgruppen ein, die einen eng verstandenen Begriff der Wirtschaftselite nicht mehr erlauben; zudem befassen sie sich eher mit sozialstrukturellen Daten als mit Wertfragen oder sie beziehen sich auf eng umgrenzte Teilthemen wie etwa auf Führungskonzepte und weniger auf die Identität der verantwortlichen Top-Manager. Interessant ist, daß es bislang keine qualitative Erhebung und keine Untersuchung gibt, die das Selbstbild der deutschen Wirtschaftselite behandelt." (Buß 2001:7)

Die Forschungslücke soll mit dieser Arbeit um eine zentrale Facette ausgefüllt werden: Einerseits wird mit der empirischen Analyse der deutschen Wirtschaftselite aus soziologischer Sicht interessante Bereich aufgegriffen, ein in der Zielvorstellung umfassendes Bild von den Identitätsbausteinen bestimmter (Führungs-) Eliten zu zeichnen. Andererseits findet in der Verknüpfung mit soziologischer Führungstheorie die Hinwendung zur sozialen Gruppe als grundlegende Analyseeinheit ihren Niederschlag.

2.3 Begriffe der Führung

Der Anspruch an die soziologisch-konzeptionelle Betrachtung von Führung liegt in der unterstützenden Funktion zur Einordnung der empirischen Befunde aus der Studie. Dabei ist der Bezug zur sozialen Gruppe eine grundlegende Fokussierung der Blickrichtung, ohne dabei die sonstigen vielfältigen Einflußgrößen auf Führungsprozesse wie situative Rahmenbedingungen, Ressourcen, Strukturen, personale Eigenschaften etc. außer acht zu lassen (Wiswede 1988:106). Selbstverständlich sind die am Führungsprozeß Beteiligten nach wie vor als Individuen mit ihren eben einzigartigen Intentionen, Werthaltungen und Prägungen gegenwärtig. Das Phänomen Führung stellt eines der grundlegenden Ereignisse sozialer Interaktion dar und wird in diesem Sinne auch ganz allgemein als

„ [...] soziale Fähigkeit einer Person im Umgang mit Menschen." bezeichnet
(Gabler 1988:1927). Gerade dieser grundlegenden Sichtweise wird eine besondere Beachtung geschenkt: Es geht vor allem darum, Führung nicht nur im Kontext betrieblicher Zielerreichung zu verstehen, sondern als generelles, zentrales
Prinzip sozialer Interaktion zu begreifen. Die Interviews mit den Wirtschaftsführern der ersten Ebene wurden daher nicht nur im Hinblick auf ihre Rolle als
Spitzenmanager, sondern gerade auch bezüglich ihrer gesamtgesellschaftlichen
Wahrnehmung als Führungsgruppe ausgewertet. Für das Zustandekommen füh-
rungsrelevanter Interaktion ist sowohl das manifeste wie latente Austauschen
von Werten als auch die Ausgestaltung eines Organisations- bzw. eines Grup-
penklimas maßgeblich. Aus soziologischer Sicht ist Führung demnach immer
das Führen einer Gruppe, auch in ihrer kleinsten Erscheinungsform, der Dyade.
Vor dem Hintergrund dieser Grundlagen gilt für den weiteren Verlauf folgende
Arbeitsdefinition:

> Führung meint gleichermaßen die zielorientierte und soziale Einfluß-
> nahme zur Erfüllung von Aufgaben sowie zur Bindung von Personen
> an eine soziale Gruppe. Diese ‚Gruppe' kann sowohl die Familie als
> auch eine Organisation sein. Wichtig ist die Beachtung beider Aspek-
> te – die Balance aus instrumenteller und integrativer Komponente.

Legitimation und Autorität als Vorbedingungen von Führung
Bereits in frühen Fundstücken menschlicher Kultur ist die Suche nach leistungs-
starken Führungsprinzipien dokumentiert. So stellen beispielsweise Shafritz/Ott
eine Chronologie auf, die ihren Startpunkt im Jahre 1491 v. Chr. hat, zur Zeit, in
der das Volk Israel unter Leitung Moses den Auszug aus Ägypten unternahm.
Bis hinein in die Neuzeit identifizieren sie die verschiedenen Etappen und
Schwerpunkte, die bei der Betrachtung von *Führung* der jeweiligen Zeit „am
Herzen lagen" (Shafritz/Ott 1996:11-28).

Der „Führungserfolg" hängt – nach Ansicht von Sozialwissenschaftlern unter-
schiedlichster Herkunft – von der *Legitimation* des Führers und damit von den
Quellen seiner Autorität ab (Kehr 2000:17). Dabei wird Legitimation in der
Weise erreicht, daß das eigene Reden und Handeln sowie die damit verbundenen
Ansprüche für andere nachvollziehbar sind. Man legitimiert (sich), indem man
erklärt, was man tut. Nach Parsons werden vorgegebene Ziele oder Werte dann
nicht hinreichend akzeptiert – und folglich auch nicht erreicht – wenn sie nicht
ausreichend legitimiert sind (vgl. Parsons 1975).

Ein dem Begriff Führung eng verwandter Terminus ist der der *Autorität*. Dabei
ist es hilfreich, Führung als: „ [...] universelle Form der Ausübung von Autorität" zu verstehen (Gukenbiehl 1998:30), denn ohne diese „Absicherung" – die
legitimierte Autorität – findet nicht Führung, sondern Macht, Herrschaft oder

Leitung statt (a.a.O.:29). Gleichsam ist Autorität eine *Vorbedingung* von Führung.
Zuschreibung, Anerkennung und Anspruch der Autorität folgen dabei bestimmten Merkmalen und Maßstäben. Ihrer Orientierung gemäß lassen sich zwei Arten von Autoritäten mit je zwei Unterformen festhalten (a.a.O.):

1. Die pragmatische/technische/strategische Orientierung,
   vertreten durch die *Positionsautorität* und die *Funktionsautorität*.

2. Die kommunikative/bindende/identitätssuchende Orientierung,
   vertreten durch die *Personale Autorität* und die *Wertautorität*.

Mit einem Wandel des Verständnisses von Autorität betritt auch Führung quasi Neuland. Aus Sicht der Öffentlichkeit werden vermehrt Werte eingefordert und Personen (Prominenz) gesucht. Mehr noch, die vormals hochgeschätzte Expertenmeinung (Funktionsautorität) hat an Relevanz eingebüßt und auch die Träger institutioneller Ämter (Positionsautorität) haben an Legitimation verloren, denn „die Anforderungen haben sich geändert." (Hartmann 2001:19).
Der Wandel wirkt sich auf eine Neubewertung der personalen und der wertmäßigen Autoritäten aus. Um Führung wahrzunehmen, sollte „man" gesellschaftliche Kompetenz haben, für gewisse Prinzipien einstehen und sich durch einen glaubwürdigen Charakter auszeichnen. Den deutschen Spitzenmanagern wurde daher u.a. auch die Frage gestellt, wie sie die Voraussetzungen einer legitimen Autorität beurteilen.

Führung als soziale Einflußnahme: strukturelle und personale Sichtweise
Neben den bereits ausgeführten Basiskategorien der Führung sind auch die folgenden zwei Begriffspaare grundlegende Dimensionen einer soziologischen Führungsanalyse. So entscheidet nämlich die Art und Weise, wie die soziale Interaktion erfolgt, darüber, ob tatsächlich Führung oder doch eher Management stattfindet. Diese beiden Perspektiven sind die *personale* sowie die *strukturelle* Sichtweise.

Die *strukturelle* Sichtweise erfolgt im Lichte sekundärer Gruppen – wie etwa die DAX 30-notierten Unternehmen – also im Sinne jener sozialen Gebilde, die über einen formalen Aufbau verfügen. Kennzeichen solcher Interaktionsprozesse sind eine formale Kontrolle, hierarchische Strukturen sowie Sanktionsmacht aufgrund der Position. In diesem Zusammenhang wird als Fachterminus von „*headship*" bzw. *Leitung* gesprochen; Begriffe, die heute weitgehend durch *Management* ersetzt wurden. Das strukturelle Moment unterstützt bzw. ersetzt die personale Funktion durch ein feinjustiertes sozio-technisches System (etwa Zielvereinbarungen), in dem oftmals die rein symbolische Präsenz von „Rahmenfakten" für die Beteiligten genügen, um sich über erwartete Verhaltensweisen ein eindeutiges Bild machen zu können. Vertreter dieser strukturorientierten Sichtweise sind u.a. Luhmann, Blau und Türk. Demgegenüber steht die *personale* Sichtweise, in der es um die direkte soziale Kontrolle, soziale Macht sowie informelle Interaktionen geht. Führung ist hier nicht durch einen Organisationsplan abgesichert, sondern funktioniert im Sinne primärer Gruppen. Die Legitimierung für Führungspositionen geht in diesem Falle von der Gruppe aus und nicht von einer externen Quelle (z.B. die Geschäftsleitung eines Unternehmens). Dem personalen Aspekt wird der Begriff *leadership* bzw. *Führung* im eigentlichen Sinne zugewiesen. Vertreter dieses Ansatzes sind u.a. Homans und Geiger (Wiswede 1988:111).

Hinsichtlich der empirischen Studie interessiert dabei insbesondere, ob sich die befragten Spitzenmanager in ihrem Selbstverständnis eher als *Manager* oder als *Führer* begreifen.

Führung in der deutschen Sprache
Führung ist insbesondere aus deutscher Sicht eine Thematik, die selten wertefrei gehandelt wird. Zu sehr schwingen die Assoziationen und Erinnerungen an die spezifisch deutsche Geschichte und „ihren" Führer mit. „Vielleicht gab es in der Menschheitsgeschichte nie eine Epoche mit so vielen Führersymbolen." (Trappe 1978:263). Heute dagegen zeigt sich ein gänzlich anderes Bild. Gerade dem Aspekt der personalen Führung – und die folglich damit zusammenhängende Frage nach dem Führer bzw. der Führerin – wird in der deutschsprachigen Führungsforschung verhältnismäßig wenig Rechnung getragen (Schieffer 1998:1). Steyrer formuliert dazu eher provokant „ [...] , daß die deutschsprachige Führungsforschung ohne ‚Führer' ist." (Steyrer 1991:346). Auch Wunderer argumentiert, daß personalisierende Führungstheorien auf eine ausgesprochene „Führerphobie" stoßen (Wunderer 1985:252). Zwar finden sich durchaus Bewegungen, die das personen- und eigenschaftsorientierte Führungsmodell – inspiriert durch die Forschungsansätze aus dem amerikanischen Umfeld – auch im deutschsprachigen Raum wieder in die Diskussion einführen und verankern wollen. Eine genauere Analyse der sprachlichen Entwicklungsgeschichte und ihres Bedeutungshintergrundes findet in diesen Ausführungen bislang jedoch nicht statt.
Daher wird im folgenden dazu eingeladen, die sachlich-inhaltliche Dimension des diskreditierten Begriffs *Führung* als soziologische Erkenntnisperspektive mit dem Ziel eines Erkenntnisgewinns einzunehmen.

Die inhaltliche Dynamik im Begriffspaar „Führen und Folgen"
Schon die semantische Analyse der in dieser Form von Geiger in die Soziologie eingeführten Begriffe macht deutlich, daß seine Arbeiten „zu einer anderen Zeit" als der heutigen geschrieben wurden. Es war dies die Zeit unmittelbar vor den Jahren der Machtergreifung durch Hitler und die darauf folgenden Prägun-

gen im Zusammenhang mit „dem Führer". Diese Zeit und die Ereignisse des
Zweiten Weltkrieges hatten nicht zuletzt nachhaltigen Einfluß auf die deutsche
Sprachkultur. War in den zwanziger Jahren mit den Begriffen *Führen und Folgen* keinerlei Animosität verknüpft, so ist der Begriff des Führers bis heute
„verbrannt".[6] Auch der Terminus *Folgen* bekam den Beigeschmack einer willenlos nachfolgenden Masse, wie sich manche Personen große Teile des deutschen Volkes während der Jahre der NS-Herrschaft vorstellten.

Daraus ergab sich ein begrifflicher Wandel, der mit Hilfe von Substituten das zu
erklärende Phänomen zu beschreiben suchte. *Führung* an sich liegt heute meistens innerhalb der wahrgenommenen „Toleranzgrenzen", hinsichtlich der Personalisierung wird dann jedoch von *Führungskräften, Führungspersonen, Führungsverantwortlichen* oder von *Leadern* gesprochen. Die *Geführten* werden
innerhalb der Führungsbeziehung ergänzend den Führungsverantwortlichen gegenübergestellt und nehmen den Platz der vormals *Folgenden* ein.

Ein Blick in die englische Sprache macht deutlich, daß sich dort (verständlicherweise) nichts geändert hat. Auch heute noch stehen sich *Leader* und *Follower* als für *Leadership* konstitutiv gegenüber. Ohne das nötige Gespür für den
geschichtlichen Zusammenhang vermissen zu lassen, soll für das gegenwärtige
Verständnis von Führung in Deutschland dieser Sprachentwicklung Aufmerksamkeit geschenkt werden. Es ist insbesondere die Frage, *wie* man in Deutschland bzw. in den deutschen Wissenschaftsdisziplinen mit dem Phänomen der
Führung im Verlauf der vergangenen Jahrzehnte umgegangen ist, die in der historisch-sprachlichen Betrachtung eine Erklärung findet. Aufgrund der sprachlich-geschichtlichen Prägungen fand ein Perspektivenwandel statt, der *mehr* beinhaltet als die bloße Substitution einer Begrifflichkeit. „Jede Sprache ist wie ein
Sieb, durch das bestimmte Eigenheiten durchgehen, von dem aber andere zurückgehalten werden." (König 1981:141).

Insofern brachte die historisch nachvollziehbare Abwendung vom Begriffspaar
Führen und Folgen eine inhaltliche *Bedeutungsverschiebung* mit sich, die das
Verstehen einer Führungsbeziehung zu einer einseitig verschobenen Aktiv-Passiv-Interaktion verlagerte. Die Geführten sind dabei der passive Teil, der –
wie der Begriff deutlich macht – von der führenden Person abhängig ist und
durch verschiedene Sozialtechniken zu motivierter und engagierter Mitarbeit
bzw. gar zu Identifikation mit Weltanschauung, Produkt oder Organisation „bewegt" werden soll. So ist es nicht verwunderlich, daß sich auf diesem Wege eine
schon von Geiger als mangelhaft bezeichnete und für das Verständnis von Führung *dysfunktionale Verlagerung* ergibt. „Aber die Ungenauigkeit der mir bekannten Erörterungen des Führungsproblems liegt gerade darin, daß sie irgendwie sich Individuen als „geführt" vorstellen." (Geiger 1927:233).

---

[6] Eine Illustration, die so auch im Rahmen der empirischen Erhebung von einem der deutschen Spitzenmanager explizit, von anderen eher implizit genannt wurde.

Diese Ungenauigkeit ist nach gegenwärtigem Kenntnisstand bis heute nicht aufgehoben bzw. geklärt, da in keiner der bekannten Veröffentlichungen – auch nicht innerhalb der umfassenden Standardwerke – auf diese begriffliche Feinheit bzw. auf ihre inhaltlichen Folgewirkungen eingegangen wird.

Sämtliche Anstrengungen, um dem Phänomen Führung inhaltlich „auf Augenhöhe" zu begegnen, ereignen sich auf Basis der zugrundeliegenden kulturellsprachlichen Wortbedeutung. Diese semantische – und nicht zuletzt auch moralisch-emotionale – Grundlage beeinflußt damit jede fundamentale Erkenntnis, die sich im Zusammenhang mit gedanklich-theoretischer, aber auch empirischer Führungsforschung ergibt.

Zur Aktualität der Führungsbegriffe bei Geiger
Nichts scheint schwieriger zu sein, als sich hinsichtlich Führung auf eine begriffliche Fassung oder auf eine allgemein akzeptierte Definition zu einigen. „Immer wieder wird der desolate Zustand beklagt und immer wieder mit frischem Schwung weiter gemacht (oder das Alte aufgewärmt)." (Neuberger 2002:6). Letztlich handelt es sich bei Führung um ein soziales Phänomen, das nicht im Sinne eines „Naturgesetzes" unabhängig existiert und auf seine endgültige und vollständige Entdeckung wartet.

Vielmehr befindet sich Führung in einem fortwährenden Prozeß des Nachdenkens, Redens und Schreibens, der aus den vielfältigen und doch recht unterschiedlichen, zum Teil sogar widersprüchlichen Ansichten immer wieder bereichert wird (a.a.O.). Was für die grundlegende Gegenüberstellung von Führer und Gefolgschaft festgehalten wurde, findet seine Fortsetzung in den von Geiger formulierten *Funktionstypen* sozialer Führung – dem *Veranstaltenden* und dem *Hirtlichen* Führungstypus. Es handelt sich auch hier um Worte, die eine vergangene Zeit repräsentieren und die heute weder Teil des alltäglichen noch des wissenschaftlichen (Führungs-) Wortschatzes sind. Es sind zum einen die (Führungs-) Begriffe selbst, aber auch die von Geiger formulierte Anspruchshaltung, mit ihnen das Wesen sozialer Gebilde zu erfassen, die uns heute fremd sind (Pöttker 1989:287). Eine begriffliche Vermischung der „Epochen" stellt sich dabei generell als schwierig heraus, da die „alte" und „neue" Zeit hinsichtlich ihrer Bedeutungszuweisung nicht hinreichend kompatibel zu sein scheinen. Insofern stellt sich für diese Arbeit eine grundlegende Entscheidungsfrage:

• Werden zeitgemäße Begriffe aus der bestehenden Führungsliteratur oder thematisch angrenzenden Gebieten als Substitute eingeführt, oder
• wird im weiteren Verlauf der Arbeit mit den Originalbegriffen Geigers gearbeitet?

Unabhängig von der letztendlichen Entscheidung ist es ganz generell ein Anspruch dieser Arbeit, die verwendete Terminologie inhaltlich so mit „Leben" zu
füllen, daß sie zum Verständnis der beabsichtigten Erkenntnis beiträgt.

Der erste Begriff ist auch aus heutiger Sicht noch vergleichsweise „nahe" mit
der Thematik verknüpft, wenngleich er in dieser Weise nicht gebräuchlich ist.
Der *Veranstaltende* Führungsbegriff verkörpert den in erster Linie zielorientierten Aspekt von Führung, wie er im Zusammenhang mit Unternehmenserfolg
und Wirtschaften verwendet wird. Veranstaltende Führung kommt dem modernen Verständnis von Führung im Sinne von Leadership am nächsten und betont
die faktische Aufgabenerfüllung, es wird etwas im Hinblick auf ein Sachziel initiiert, bewegt, erreicht.

Der zweite Begriff bedarf durchaus einer weitergehenden Erläuterung. Die Figur
des *Hirten* ergibt im Zusammenhang mit Führung eine gedankliche Konstellati-
on bzw. Assoziation, die für manchen Leser – wertend oder wertneutral – eine
Vorgeschichte auszulösen vermag, da sie die Verknüpfung zur christlichen Religion nahelegt. In dieser Form ist die Hirtliche Führung nur aus der Perspektive
einer christlichen Tradition heraus zu verstehen. Aus Sicht des Neuen Testamen-
tes symbolisiert der „gute" Hirte das Engagement für die Menschen und deren
Einheit. Als Synonym dafür steht die Person Jesus von Nazareth, in ihrer Funktion als Christus, der Sohn Gottes, ein Religionsstifter, dessen Leben und Wirken eine religiöse Gruppierung bzw. Gemeinschaft hervorgebracht hat, die über
2000 Jahre hinweg bis heute Bestand hat.
Dabei geht es der Hirtlichen Führung bei Geiger um die Beachtung und Reali-
sierung des integrativen Moments in der Führungsbeziehung, also um die Frage,
wie es gelingen kann, die verschiedenen und durchaus unterschiedlichen Charaktere und Persönlichkeiten innerhalb eines sozialen Verbandes so „abzuholen"
und zu integrieren, daß trotz zwangsläufig bestehender Wertdifferenzen und Ansichten eine gemeinsame Mitte gefunden werden und die Gruppe eine eigene
Atmosphäre des Vertrauens aufbauen kann. Insofern beinhaltet das hirtliche
Moment einerseits sehr wohl den assoziativ angeregten Bezug der christlichen
Lehre, andererseits verkörpert es dadurch auch auf anschauliche Weise den Gegenpol zur Veranstaltenden Führung.

Die inhaltliche Qualität beider Begriffe, des Veranstaltenden wie des Hirtlichen
Führungstypus, verspricht trotz ihrer antiquierten Anmutung bzw. der dadurch
ausgelösten Bezüge eine Bereicherung. Insofern wurden bewußt keine „neuzeitlichen" – da vertrauter klingenden – Übersetzungen gewählt, die etwa den „Veranstalter" durch „Leader" oder den „Hirtlichen Führer" durch „Mentor" ersetzen
würden. Beide Begriffe könnten vor diesem Hintergrund den Versuch aushalten,
im Zusammenhang einer *modernen* Führungssoziologie „wiederbelebt" zu werden. Daher wird der Vorschlag unterbreitet, die originalen Begriffe Geigers zu

verwenden, um nicht Gefahr zu laufen, Erkenntnisgewinn durch den Einsatz von Substitution quasi „aufs Spiel zu setzen". In Geigers soziologischer Terminologie ist der gleichwertige, aktive Aspekt innerhalb des Führungsgeschehens wichtig. Die *Folgenden* sind letztlich im Rahmen ihrer Interpretation und Bewertung der sie führenden Person diejenigen, die darüber befinden, ob Führung stattfindet oder nicht. *Die Nachfolge ist bei Geiger eine bewußte Entscheidung und erfolgt nur dann, wenn sich die Folgenden vom Führenden repräsentiert sehen.* Anders gesprochen: Führung ist grundsätzlich ein zweiseitig aktiver Prozeß von Interpretationsleistungen.

2.4   Repräsentative Führung bei Geiger

Veröffentlichungen von Geiger zu „Führung"

Zum Thema Führung finden sich drei explizite Veröffentlichungen Geigers. Die grundlegenden Gedanken dazu wurden in den Arbeiten zur „Soziologie der Masse" (Geiger 1926) gelegt. Darin geht Geiger auf die besondere Struktur und auf die Führungsbedingungen von Massen ein. Losgelöst davon schrieb Geiger die unten aufgeführten führungsspezifischen Arbeiten. Es handelt sich dabei um zwei Beiträge – Führer und Genie (1927), Führung (1959) – und eine Monographie – Führen und Folgen (1928).

Die Monographie „Führen und Folgen" (1928) stellt dabei die umfangreichste und ausführlichste Erarbeitung des Themas dar. Die jüngste der drei Veröffentlichungen ist – ganz im Sinne eines Beitrags zum Handwörterbuch der Soziologie – vielleicht die „dichteste" bzw. reifste Arbeit zu Führung. Wenngleich Geiger innerhalb dieser drei Arbeiten eine jeweils eigene Schwerpunktsetzung und auch hinsichtlich der Begrifflichkeiten kleine Modifikationen vornimmt, so sind der Grundtenor und das Grundverständnis seiner Führungstheorie stringent erkennbar. Mit der Emigration Geigers nach Dänemark endete auch seine Arbeit an der Führungssoziologie.

Zur Rezeption Geigers

Arbeiten über Geiger finden sich einige, so wurde insbesondere von Paul Trappe (1962), Fazis/Nett (1993), Siegfried Bachmann (1995) und jüngst von Thomas Meyer (2001) der Beitrag Geigers zur Soziologie und sein Rang als soziologischer Klassiker in umfassenden Arbeiten zusammengestellt. Trappe, der sich als erster grundlegend um die Würdigung Geigers verdient gemacht hatte, bezeichnet ihn als „einen der vielseitigsten und schaffensfreudigsten deutschen Soziologen" (Trappe 1978:254) und auch die Habilitationsschrift Meyers bilanziert das Gesamtwerk Geigers insofern, daß er ihm den Status eines soziologischen Klassikers einräumt. Verglichen mit anderen großen Soziologen fallen Ausmaß und Umfang der Rezeptionen jedoch deutlich geringer aus.

Die mit Geiger verknüpfte soziologische Leistung – und in diesem Zusammenhang werden auch die Meriten seines Schaffens gesehen – liege insbesondere im Bereich der Gruppensoziologie, in seinen Arbeiten zu Schichtung und Mobilität, der Rechtssoziologie und dem Formulieren und Ausüben einer ideologiefreien, empirisch arbeitenden Soziologie im Sinne eines „intellektuellen Humanismus" (Trappe 1978:255). Innerhalb dieser Listungen und Würdigungen finden die Arbeiten Geigers zur Führung bislang keinen expliziten Widerhall. So zählt etwa Trappe Geigers Beiträge zur Betriebs- und Arbeitssoziologie nicht zu den Bereichen, in denen Geiger „hochbeachtliche Fortschritte erzielt oder eine Reihe origineller Perspektiven eröffnet" habe, sondern eher die „für das Gesamtwerk Geigers zweifellos nicht von zentraler Bedeutung sind." (Trappe 1962:13). Im Gegensatz dazu streicht Bosetzky gerade diesen Aspekt als Verdienst heraus und betont die besondere Bedeutung Geigers für die moderne Betriebssoziologie – in Anerkennung seiner Verknüpfung der Binnenproblematik des Betriebs mit den gesamtgesellschaftlichen Rahmenbedingungen – und mit Hinblick auf den Fokus, daß sich unter dem Begriff „Betrieb" Beziehungsverhältnisse zwischen Menschen zusammenfassen lassen (Bosetzky 1972:319).

Stölting weist in seiner historischen Betrachtung der deutschen Soziologie um 1933 in einer Fußnote darauf hin, daß Geiger mit seiner Veröffentlichung „Führer und Genie" (1927) zwar ein zur damaligen Zeit im Kurs des Interesse stehendes Thema auf den begrifflichen Punkt brachte. Allerdings schien diese soziologische Erfassung der politisch-sozialen Figur des Führers nicht die sozialdemokratische Biographie Geigers zu kompensieren, weshalb seitens der etablierten Machthaber nicht von Geigers Führungsforschung aktiv Gebrauch gemacht wurde (Stölting 1984:54).
Geiger soll hier bei aller Wertschätzung und Identifizierung vorbildhafter Einstellungen und Leistungen keine Glorifizierung erfahren. Denn er war selbst bereit, sich gerade jener Zeit zu erinnern, in der er sich zumindest zeitweilig versuchte – um seiner Existenz willen – „mit den neuen Machtverhältnissen zu akkommodieren", was einen gewissen Opportunismus nahelegt (Meyer 2001:236). Die soziologische Qualität und der Verständnisgehalt seiner Führungskonzeption bleibt davon unbenommen hoch. „Geiger hat zur frühen Zeit – bis zur Machtübernahme – Präzises, doch im wissenschaftlichen Schrifttum noch nicht Rezipiertes beigetragen und zahllose Fragen zwar gestellt, aber offen gelassen." (Trappe 1978:271).

König sieht in Geiger einen der bedeutendsten Vertreter einer „neuen Soziologie", der zwar gegenüber den etablierten Namen seiner Zeit als „energischer Außenseiter" auftrat, dem jedoch eine „erstaunlich große Bedeutung" eingeräumt wurde und dies, obwohl Geiger eine gute Generation jünger war und – wie bereits oben vermerkt – politisch eher einem links orientierten Lager zuzuordnen war (König 1984:27).

Geigers Werk zeichne sich insbesondere dadurch aus, daß er als Soziologe „un-
bestechlich" und damit für viele Dogmatiker und Ideologen seiner Zeit und danach (gerade auch unter den Soziologen) ein „unangenehmer und lästiger Gesel-
le" war (a.a.O.:29).[7] König beklagt geradezu die „beschämende" und gleichzeitig „zutiefst beunruhigende" Tatsache, daß ein „echter sokratischer Geist" wie
Geiger so wenig rezipiert und diskutiert wurde und wird und zeigt in diesem Zusammenhang an, daß innerhalb der Soziologie immer noch die Ideologen die
Oberhand hätten (a.a.O.). Alles in allem müsse man bedauern, daß – wie Trappe
es ausdrückt – Geiger ein „Geheimtip" geblieben sei, „wo doch ganze Heerscha-
ren von Studenten und Forschern in seinem Werk Stoff und Anregungen für
weiterführende Arbeiten hätten finden können." (Trappe 1978:277).

Wie die letzten Ausführungen zeigen, gehört zu einer gesamthaften Würdigung
eines „Klassikers" zwar einerseits die Betrachtung des wissenschaftlichen Oeu-
vres, andererseits aber auch die Einbeziehung seiner generellen Haltung wie etwa die „geistige, moralische und politische Verantwortung des Handelnden", da
nur auf diese Weise ein angemessenes Urteil über das Format – in diesem Falle
Geigers – zu beurteilen sei (Meyer 2001:235-236). So repräsentiere Geiger zwar
eine Soziologie ersten Ranges, gleichzeitig aber auch eine vergessene, verdräng-
te und vernachlässigte Tradition der sozialen Demokratie in Deutschland
(a.a.O.:236).

Die Durchsicht der zur Verfügung stehenden Literatur zeigt vielmehr auf, daß
keiner der Rezipienten explizit auf die Arbeiten Geigers zur Soziologie der Führung Bezug nimmt.[8] Auch im Zusammenhang mit den Arbeiten zur Soziologie
der Masse – die für Geiger für die Formulierung der Führungstypologie grundlegend waren – werden die Aspekte des Spannungsverhältnisses von Führer und
Masse nur internal behandelt. Bedingt durch die Besonderheiten der „eigenarti-
gen Struktur der Masse" (Geiger 1926:147) hat in diesem Kontext auch nur ein
bestimmter Ausschnitt der verschiedenen Dimensionen soziologischer Führung
Geltung.

---

[7] Geiger durchlief (wie viele andere Soziologen mit ähnlicher Biographie) mit der Emigration
nach Skandinavien einerseits einen Prozeß der Abwendung von Deutschland, wohin er bis
zu seinem Tod nicht mehr zurückkehrte. Andererseits wird besonders deutlich, daß Geiger
auch eine wissenschaftstheoretische Wandlung durchlief, in dem er „in der Emigration den
Weg von der Phänomenologie zum Empirismus durchschritt", infolge dessen sich seine
theoretische wie empirische Arbeitsweise grundlegend änderte. So nahm er nach der Emigration die Gedanken zur Führung in seinen weiteren Arbeiten nicht mehr auf, die ihrerseits
eben noch in das vormalige Paradigma einer – schon immer empirisch begründeten – phänomenologischen Soziologie fielen (König 1981:137).
[8] Vgl. auch die Ausführungen zur Person und zur Soziologie Geigers von König (1961), Cunis (1963), Friedrichs (1973), Stölting (1984), Geißler (1985), Geißler/Pöttker (1987) und
Pöttker (1989).

Wiswede ist der Überzeugung, daß einer der Mängel der Führungsforschung darin liegt, daß „das Verhalten der Geführten im Sinne eines Interaktionsgeschehens zwischen Führer und Gefolgschaft vernachlässigt wurde" und trifft damit den Ansatzpunkt von Geigers Führungsverständnis. Aber auch Wiswede geht inhaltlich nicht weiter auf eine eigenständige Bedeutung des Phänomens Führung im Gesamtwerk Geigers bzw. auf deren Beitrag zu einer Soziologie der Führung ein.

Geiger selbst war gegen Ende seines Lebens der Meinung, daß die von ihm – bereits lange vor der Machtübernahme – formulierten und soziologisch erarbeiteten Mechanismen der Führung letztlich eine Bedrohung darstellten, da sie eine Gesellschaft eher zersetzten als für eine innere Bindung sorgten. Vor dem Hintergrund seiner persönlichen Erfahrungen ergeben für Geiger jene Einsichten in die Funktionsweise der Führung „typischerweise Ideologien" (Trappe 1978: 278).

„Wo Menschen im Zeichen des Wertpathos vereint sind, führt nicht Einigkeit nach innen, sondern Haß nach außen das Wort. Wertpathos, verdichtet in geschiedenen Fronten, wird zu einem furchtbaren Sprengstoff, zur gesellschaftszerstörenden Kraft" (Geiger 1964:201). Insofern sieht Geiger in der Propaganda der NSDAP die *Verführung* von Teilen einer Massengesellschaft. Das Bild jener „auf Vordermann gebrachten" Masse, die einmütig hinter ihrem Führer stand, war für Geiger Anlaß, sich für die Entideologisierung der öffentlichen Lebenssphäre einzusetzen. „Die Gesellschaft bedarf zum Überleben der Nüchternheit, am Pathos wird sie zerbrechen." (Trappe 1978:282). Diese kurze Charakterisierung zeigt einmal mehr auf, welche fundamentale Einwirkung diese Epoche auf das Selbstverständnis der deutschen Soziologie und insbesondere auf ihr Verhältnis zu Führung als einem ihrer originären Themenkomplexe bis heute hat.

Fazit:
Vor dem heutigen Stand der Recherche findet sich in der Literatur keine explizite Aufnahme der führungssoziologischen Arbeiten von Geiger. Auch im Rahmen der bereits genannten Veröffentlichungen zu Leben und Werk Geigers, die sich um eine gesamthafte Darstellung und Würdigung seines Schaffens bemühen, finden sich die Texte zu Führung lediglich als Verweis in den Bibliographien.

Käsler formuliert einige kritische Argumente, weshalb es Geiger allen Bemühungen seiner „Fan-Gemeinde" zum Trotz wohl doch nicht geschafft habe bzw. schaffen würde, als soziologischer Klassiker in die Analen einzugehen. „Es gibt nicht einen Begriff und keine Methode, die untrennbar mit seinem Namen verbunden wären, nicht ein einziger Titel seiner zahlreichen Publikationen hat es zum innersoziologischen Markenzeichen gebracht." (Käsler 1997:32). Mit dieser Darstellung charakterisiert Käsler vielleicht den gegenwärtigen Status Quo einer gewissen Strömung unter den Soziologen.

Wahrscheinlich fehlt der breiten Soziologengemeinschaft in der Assoziationsarbeit mit Geiger ein zentraler und schillernder Begriff wie etwa Webers „Protestantische Ethik" oder Durkheims „Solidaritäten".[9] Andererseits finden sich manche zentrale Kategorien und Typologien, die in der Soziologie quasi in aller Munde sind und gerne Anwendung finden, ohne daß dies unter Berufung auf ihren Begründer oder ersten Vertreter geschieht. Geiger selbst hatte eine solche Haltung und eine daraus resultierende Nichtbeachtung unter „Kollegen" stets als „dogmatische Borniertheit" bloßgestellt (Trappe 1978:255).

Vielleicht liegt auch darin ein gewisses Erklärungspotential, daß die Geigersche *Führungssoziologie* bislang keine entsprechende Würdigung erfahren hat.

Die Kernidee – Führung als das Führen einer sozialen Gruppe
Als Soziologe war Geiger ein Kenner und Kritiker seiner Zeit und seiner Gesellschaft. Das Phänomen Führung hat er dabei als einen zentralen Aspekt gesellschaftlichen Lebens erkannt, der insbesondere für den gesellschaftlichen Wandel von immens wichtiger Bedeutung war und noch immer ist. „Alle Zeiten geistigen und sozialen Umbruchs sind zugleich Zeiten der Führungskrisen gewesen." (Geiger 1928:5).
Geiger umschreibt den Erkenntnisgegenstand der Soziologie einerseits mit der „Kollektivität des Daseinsmodus des Menschen", andererseits unter Verweis auf den sozialen Grundtatbestand der Prozessualität: „Gesellschaft ist nicht, sondern sie geschieht." (Meyer 2001:48). Im Hinblick auf Führung ist es für Geiger daher zentral, die Fragen des „Wie" von Führung zu beantworten. Mit seinen Arbeiten zur Soziologie der Führung war er ein Vorreiter, der dem Phänomen Führung ein für seine Zeit gänzlich neues Bild gab. Nämlich nicht nur den Blick „starr auf die Erscheinung des Führers" zu richten, sondern auch die andere Seite des Führungsverhältnisses „in ihrer besonderen Wesenheit" ins Auge zu fassen (Geiger 1927:233).

Kernidee seiner Führungskonzeption ist ein Aspekt, der auch aus heutiger Sicht grundlegend soziologisches Arbeiten repräsentiert: ein Perspektivenwechsel hin zur sozialen Gruppe.[10]

---

9   Kenner der gegenwärtigen – vor allem deutschsprachigen – Soziologie wissen andererseits um die grundlegenden Begrifflichkeiten, die auf Geiger zurückgehen bzw. durch ihn geprägt wurden. Im Rahmen der Schichtungssoziologie ist es etwa das Verdienst Geigers, über Mentalitäten und Stile, statt über Klassen zu reden.

10   Einige der gegenwärtigen Führungsmodelle propagieren einen sogenannten „bottom-up"-Ansatz", die „Führung von unten", in dem gerade den „Geführten" die am demokratischen Ideal orientierte Aufgabe zukommt, durch einen umfassenden Meinungsbildungs- und aktiven Kommunikationsprozeß ihre Interessen und Kompetenzen nach „oben" durchzusetzen und quasi „den Chef zu führen" (Wunderer 1992, 1995, 2002). Geigers Ansatz weist jedoch ein grundlegend anderes Verständnis hinsichtlich der „Gruppenperspektive" auf.

Führung hat für Geiger nur Gültigkeit im Hinblick auf die *soziale Gruppe*, da sie die wichtigste Form geselliger Verbindung darstellt (ders. 1928:9). Er abstrahiert somit von der individual-personalen Betrachtungsebene, die im Zusammenhang mit Führung üblicherweise angewandt wurde und wird. Es handelt sich bei Führung vielmehr um einen dynamischen Prozeß des „Vorangehens der einen und des Nachfolgens anderer" (ders. 1927:232). Führung ist dabei „eine Funktion, die in allen gesellschaftlichen Gruppen auftritt." (ders. 1959:137). Die Gruppe an sich ist dabei ein „körperloses Beziehungsgebilde, das aber in der körperlichen Welt zu erscheinen und wirksam zu werden bestimmt ist. Sie muß daher, obgleich selbst körperlos, in der Körperwelt wahrnehmbar und aktionsfähig repräsentiert werden. Dies ist die allgemeine, essentielle Grundfunktion des Führertums." (a.a.O..:137).

Mit dieser Feststellung distanziert sich Geiger von der Sichtweise, den Führer als aktive Einzelpersönlichkeit herauszuheben und ihm eine passive Vielzahl von Geführten – „die Masse" – gegenüberzustellen (Geiger 1927:233). Es ist sein erklärtes Ziel, diesen Gegensatz als „unrichtig zu erweisen und an seiner Stelle die schöpferische Spannung zwischen Führerpersönlichkeit und Gruppe zu begründen." (ders. 1928:7). Führung ist damit für Geiger das Führen einer Gruppe, nicht einer ‚Herde' einzelner Menschen. Es bedeutet die „Repräsentation von Kollektiven durch Organe" (ders. 1959:137). Führung ist die bewußte und aktive Nachfolge eines Wir gegenüber *seinem* Organ.

Das Phänomen Führung kann als eine *soziale Funktion* im soziologischen Sinne verstanden werden – und zwar die Funktion des Vorangehens und der Nachfolge. „Führung wird dadurch in die überpersönliche Sphäre entrückt, der Führer wird zur sozialen Objektivation. [...] Die eigentlichen Partner des Führungsverhältnisses sind demnach der Führer in seiner Rolle also solcher auf der einen und das Kollektiv als Totalität (die als Führer fungierende Person mit eingeschlossen) auf der anderen Seite." (a.a.O.:138).

Die Idealtypen der Führung

Geiger formuliert eine Typologie der Führung, in der es insbesondere darum geht, zwischen den *Typen der Führung* und den *Gruppentypen* eine sinnvolle Beziehung zu finden. Nach einer ausführlichen Darstellung der drei Idealtypen der sozialen Führung ordnet Geiger diese beispielhaften Gruppen zu, etwa der Nation oder der Gefolgschaftsgruppe. Von diesen drei Typenreihen (der Funktion, Geltung und Auslese) sind insbesondere die *Funktionstypen* hilfreich, um das moderne Spitzenmanagement in seiner geistigen Haltung zu verstehen.

Auch für Geiger selbst stellt das besondere Aufgabenspektrum des Führers –
seine Funktionen – die wichtigste der drei Typenreihen dar, wobei es sich dabei
nicht um eine „sterile Etikettierungsleistung" handeln soll, sondern um eine
Charakterisierung des realen Vorkommens dieser Typen (Geiger 1927:233).
Damit formuliert Geiger ganz im Sinne Webers begriffliche Idealtypen der Führung, die in ihrer „Reinheit" zwar (bewußt) nicht mehr der Realität entsprechen,
zum Verstehen derselben jedoch als Maßstab einen zentralen Beitrag leisten.

Die Funktionstypen der Führung
Vier bildhafte Funktionen von Führung stellen den Kern von Geigers Führungsverständnis dar, da sie „der besonderen Aufgabe des Führers entsprechen."
(Geiger 1959:139). Sie beleuchten die Wesensart von Führung aus verschiedenen Blickwinkeln, sind aber nicht als isolierte Aspekte zu sehen, die gar unabhängig voneinander „eingesetzt" werden könnten. Geiger will mit der Formulierung dieser Funktionsbegriffe keine Distanzierung von den Arbeiten anderer Soziologen seiner Zeit vornehmen, sondern sieht seine Ausführungen ergänzend zu
den Erkenntnissen Webers, Vierkandts oder Bäumers (a.a.O.).[11] Vielmehr bilden
die Funktionstypen zusammengenommen eine gelungene Charakterisierung des
Wie von Führung.

1. Der Repräsentant
Der Repräsentative Führer „vertritt die Gruppeneinheit in der konkreten Welt,
nach innen und nach außen." (Geiger 1928:16). Im internen Sinne kommt dem
Repräsentativen Führer eine symbolische Rolle zu, er ist quasi ein lebendiges
Symbol der Gemeinschaft und verkörpert so den Vorstellungszusammenhang
gerade auch in den Zeiten, in denen sich das Kollektiv nicht aktiv erlebt.

In der Außenbeziehung wird diese Funktion noch spürbarer, da Außenstehende
nicht über das gemeinsame Wir-Erleben der Gruppenmitglieder verfügen, sondern nur indirekt deren Akte erfahren können. Die Reichweite dieser Außenwirkung hängt von der Stellung und Öffentlichkeit, mit anderen Worten von der
Prominenz des Führers, ab.

Mit der Funktion der *Repräsentation* grenzt Geiger den Begriff der Führung gegenüber Macht, Herrschaft, Autorität oder Einfluß, die oftmals im selben Atemzug genannt werden, ab. Führung ist weder das Überragen durch Leistung, noch
die Mengenbeeinflussung durch Propaganda oder Agitation (Geiger 1959:137).
Führung ist damit quasi ein Urereignis zwischenmenschlicher Interaktion, wird
aber auch in eine „überpersönliche Sphäre" (a.a.O.:138) entrückt. Die per se als

---

[11] Wobei die genannten Autoren keine Führungsterminologie im engeren Sinne formuliert
      haben, sondern sich dem phänomenologischen Sachverhalt rund um das Führungsgesche-
      hen auf jeweils eigene Weise genähert haben. So etwa Webers Arbeiten zum Herrschafts-
      begriff (Weber 1956a:122-124).

körperlos agierende Gruppe von Menschen braucht, um wahrgenommen zu werden und interagieren zu können, eine sowohl nach innen als auch nach außen gerichtete Repräsentanz (a.a.O.:137).

Der Führer wird zum Sprachrohr einer bereits vorhandenen Strömung und formuliert diese auf eigene Art und Weise neu.

Führung muß, um repräsentativ zu sein, *den gemeinen Willen erspüren und interpretieren.* Es geht darum, den Nerv zu treffen, den Folgenden entgegenzugehen, sie quasi abzuholen, um dann ein Stück Weg gemeinsam zu gehen. „Gemeinschaft sei nicht Einklang, sondern Zusammenklang." (Trappe 1978:269). Dabei ist jedes „Gruppenmitglied" in gleicher Weise in der Lage selbst zu interpretieren und die beiden Auslegungen (die des Führers und die eigene) zur aktuellen Stimmung zu vergleichen (Geiger 1959:140).

Ein Führungskonflikt entsteht dann, wenn der Führer dem Kollektiv seine persönlichen (nicht deckungsgleichen) Absichten suggeriert und die Gruppe ihm daraufhin die Legitimation abspricht. „Der Einfluß der Führer auf Willensrichtung und Aktion ihrer Scharen ist begrenzt. Der Führer findet die Grundstimmung im Kollektiv vor und kann *nur mit ihr und in ihr*, nicht gegen sie als Führer bestehen." (a.a.O.:138).[12]

Die bereits diskutierte Ungleichgewichtung, die den Geführten im Führungsprozeß eine besondere Rolle zuweist, findet sich hier bei Geiger wieder. Er führt allerdings nicht weiter aus, *wie* die natürliche Sanktionierung durch die Gruppenmitglieder erfolgen soll.

Die Repräsentationsfunktion, hier als erster Typus dargestellt, nimmt innerhalb Geigers Typologie eine Sonderstellung ein. Sie bildet quasi die *große inhaltliche Klammer* seiner Führungstheorie und umfaßt damit auch das Wesen der anderen Funktionstypen. „Beinahe in allen Gestalten der Führung ist das repräsentative Moment enthalten." (Geiger 1928:16).

Die nachstehende Graphik faßt die Repräsentationstheorie von Führung bildhaft zusammen. Der Führer ist Repräsentant der Gruppe sowohl nach außen, gegenüber den verschiedenen Interessengruppen und Teilöffentlichkeiten, wie auch nach innen, gegenüber den folgenden Gruppenmitgliedern.

---

[12] Hervorhebungen vom Verfasser.

Abbildung 1: Führung und Repräsentation

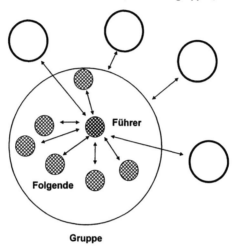

Quelle: vgl. Geiger (1959), eigene Darstellung.

2. Der Symbolische Führer

Aus Sicht der Repräsentation ist die Symbolische Führung die unmittelbarste Funktion, die die Projektion der Gruppe in der Welt darstellt (Geiger 1959:139). Über „Prunk oder Insignien" wird das zu Vermittelnde kommuniziert, in Form von Symbolen findet eine Reduktion von Komplexität einer werteverkörpernden Botschaft statt. Die Person des Führers kann dabei „lebendige Figur" oder aber „drapierte, inszenierte Ikone" sein (a.a.O.:139).

In seinen früheren Arbeiten nennt Geiger diesen Typus den *Führer im Erlebnis- und Ausdrucksvollzug*, den er – in der internen Dimension – insbesondere für Stimmungsgruppen und weniger für Zweckorganisationen funktional sieht (Geiger 1928:30). Bei wertebasierten Gruppen wie etwa religiösen Gemeinden ist diese Form der Führung besonders ausgeprägt, grundsätzlich aber von vorübergehender Natur. Sie basiert nicht auf einer gesetzten Ordnung, sondern auf der unmittelbaren Wesensverbundenheit der Interagierenden.

Daher nennt Geiger den „Vorbeter", die „Reigenkönigin" oder den „Vorsänger" als Beispiele Symbolischer Führer. Es können aber auch die Gruppenfremden als Adressaten der Selbstdarstellung der Gruppe sein. Dies sei um so nötiger, „je mehr die Gruppe nach außen ein bestimmtes Ziel propagiert oder einen Geltungsanspruch erhebt" (ders. 1959:139).

3. Der Veranstaltende Führer

Hinter diesem Bild steht die Funktion von Führung, die auch nach Ansicht und zur Zeit Geigers am ehesten dem heute gebräuchlichen Verständnis der funktionalen Zielerreichung entsprechen mag. Dabei ist die Person des Führers im Hintergrund, die „Verwirklichung von Absichten", gemeinsamer Anliegen „an und in der Welt" im Vordergrund (a.a.O.).

„Dieser Typus ist so recht der Ausgangspunkt beinahe aller zeitgenössischen Erörterungen über die Führung; das ist begreiflich, weil er in unserer Epoche der Versachlichung und Verzweckung des sozialen Lebens der weitverbreitetste ist. Insbesondere herrscht er in den zielhaft betonten Gruppen vor." (ders. 1928:22). Gleichzeitig bietet der Veranstaltende Führer die „weitläufigsten und schwierigsten Fragen", weshalb Geiger drei weitere Untertypen formuliert.

3.1 Der Schöpferisch-veranstaltende Führer

Dieser Führungsfunktion bedarf jede Gruppe, „die irgend in ihrer sozialen oder natürlichen Umwelt planvoll wirken will. Die Gemeinschaft als solche ist ja von rein gefühlhafter Art; ihre Bestrebungen werden zwar vom einzelnen Menschen rational gedacht und überlegt, von der Gemeinschaft als solcher aber irrational getragen und gehegt. Die gefühlhafte Irrationalität der Gemeinschaft, der dennoch ein durchaus rationales Zweckhandeln der Gruppe in ihrer Umwelt gegenübersteht, hat vermutlich dazu geführt, daß die meisten Forscher den (oder die) Führer als die Quelle des Gemeinwillens überhaupt ansehen.

Bei genauerer Betrachtung zeigt sich das Verhältnis aber in ganz anderem Licht". Geiger zitiert an dieser Stelle Simmel mit den Worten: „Ich bin ihr Führer, also muß ich ihnen folgen" – und trifft in aphoristischer Zuspitzung den Nagel auf den Kopf (a.a.O.:23).

„Der Führer ist der Interpret der Gesamtheit und ihr selbst gegenüber" (Geiger 1959:139). Die Interpretationsleistung besteht darin, die aufgefangene Gemeinstimmung ins Rational-Realisierbare und damit auch Meßbare zu übersetzen. Geiger kennzeichnet diesen Typus der Gemeinwillensbildung als „Schöpferisch-veranstaltend", in den früheren Arbeiten als „Für-denkend". „Der Führer ist zwar Entstehungsquelle der rationalen Formulierung des gemeinen Willens, aber stimmungsmäßig ist ihm der gemeine Willen vorgegeben" und seine Interpretationsformel hat nicht deshalb Geltung, „weil sie vom Führer verkündet, sondern weil und sofern sie von der Gemeinde als zutreffende Interpretation ihrer Stimmung anerkannt und aufgegriffen wird." (a.a.O.:139-140).

Die beiden weiteren Untertypen haben gegenüber dem Schöpferisch-veranstaltenden Führer zwar eine untergeordnete Rolle, lassen sich aber in der sozialen Welt immer wieder entdecken.

3.2 Der Organisatorische Führer

Hier ist der Führer Erster unter Gleichen – primus inter pares – und hat lediglich die Aufgabe, die eigentliche geistig-schöpferische Tätigkeit z.b. eines Kollegiums durch Regelung des Gedankenaustausches technisch zu ermöglichen. Dieser *„Für-ordnende"* Typus ist etwa im Amt des Vorstands- oder des Vereinsvorsitzenden zu beobachten und findet sich nach Geiger oftmals in Kombination mit dem Schöpferisch-veranstaltenden Element der Führung.

3.3 Der Technische Führer

Dieser dritte Untertypus fällt nach Geigers eigenem Bekunden eigentlich nicht mehr in den engen Begriffsbereich seines Führungskonzepts. Hier geht es in erster Linie um die ausführenden Funktionen, die den Handelnden als lebendes Werkzeug der Gruppe erscheinen lassen. Wer solche Aufgaben erfüllt heißt „Funktionär" (Geiger 1928:30).

4. Der Hirtliche Führer

Der Begriff des vierten Funktionstypus steht für die unmittelbar personalen Bedürfnisse einer Führungskonstellation. Nicht nur die Gruppe als Ganzes ist zu betreuen, sondern jedem Mitglied gegenüber gilt es „persönliche Fürsorge" zu üben (Geiger 1959:139). Das ist insbesondere intimen oder intim gewollten Gruppen eigen, die den Charakter einer „Schicksalsgemeinschaft" haben. Hirtliche Führer bedienen die emotionalen Bedürfnisse der Geführten, indem sie die innersten Überzeugungen und Grundwerte repräsentieren, aber auch durch vorbildhaftes Beispiel ihrerseits prägend sein können.

Hirtliche Idealtypen sind aus Sicht Geigers dabei gerade in Eltern, Pastoren, Expeditionsleitern oder auch Religionsstiftern zu finden. Er charakterisiert diesen „fürsorglichen" Typus als „wesentlich anders" im Vergleich zu den bisher genannten, jedoch in selbem Maße mit dem repräsentativen Moment ausgestattet. Fast in allen Fällen, wo wenige Menschen in einer Gruppe leben, erwartet man vom Führer ein gewisses Interesse auch am persönlichen Wohl eines jeden seiner „Schäflein" (Geiger 1928:21).

„Die Betonung des persönlichen Momentes in diesem Führungstyp widerspricht nicht unserer früher mit so viel Nachdruck betonten Feststellung. Der Widerspruch ist nur scheinbar. Und auch diese Fürsorge gilt der Person nicht um ihrer selbst, sondern um ihrer Bedeutung für die Gruppe willen." (a.a.O.:21). Die Funktionstypen der Führung ergeben in der Gesamtschau ein facettenreiches Mosaik soziologischer Wirkungsanalyse.

Abbildung 2: Die Funktionstypen der Führung

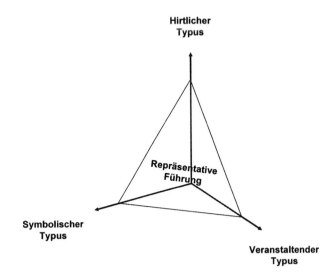

Quelle: vgl. Geiger (1959), eigene Darstellung.

Konkretisierung der idealtypischen Führungsbegriffe
Bei eingehender Betrachtung weisen die drei Funktionstypen der Führung eine inhaltliche Differenzierung auf, die für eine andere Darstellungsweise bzw. ergänzende Gewichtung spricht.
So ist der Typus des *Symbolischen* Führers in seiner Wesensart sehr nahe an der Grundidee der Repräsentation angesiedelt, näher als die anderen beiden Typen. Der Symbolische Führer repräsentiert die Gruppe nach innen und außen – er visualisiert damit quasi den an sich *inneren* Übersetzungsprozeß, den die Führerperson zu leisten hat. Somit kommt diesem Typus eigentlich keine eigenständige Funktion zu, denn eng betrachtet wäre ohne das symbolische Element die Führungsleistung für die Außenstehenden, für die „Welt" gar nicht wahrnehmbar.

Dies bedeutet, daß der symbolische Akt die endgültige, sichtbare Ausdrucksform Repräsentativer Führung darstellt. Führung wird in verbaler und nonverbaler Kommunikation, aktivem wie passivem Alltagshandeln faßbar. Symbolische Führung und das repräsentative Moment sind also ursächlich miteinander verknüpft. *Repräsentation kennzeichnet die Basis und den Gehalt, Symbolik den Ausdruck von Führung.* An der jeweiligen Symbolik orientieren die Folgenden ihre eigene Überprüfung der Interpretation des Führenden und entscheiden über Zustimmung oder Ablehnung.

Die proaktive Komponente Repräsentativer Führung
Wenngleich die Kernidee Repräsentativer Führung darin besteht, eine bereits
vorhandene Wertidee innerhalb einer sozialen Einheit zu erspüren, um darauf
aufbauend das Führungshandeln auszurichten, so klingt in dieser Formulierung
zunächst die passiv anmutende *Re*-Aktion auf etwas an, es wird *re*-präsentiert.
Gleichzeitig erfordert jedoch die prinzipielle Haltung Repräsentativer Führung
eine proaktive Herangehensweise. Denn andernfalls würde ohne vorherige „Prüfung", ohne Monitoring, ein führungsorientierter Kommunikationsprozeß im
klassischen top-down Verfahren eingeleitet werden – ohne die zugrundeliegenden Rahmendaten zu erörtern.

Die verschiedenen Arbeiten zur symbolischen Kommunikation haben diesen
Aspekt der Interaktionsanalyse in der Weise berücksichtigt, daß wir heute sagen
können: Repräsentative Führung beinhaltet immer auch ein proaktives Antizi-
pieren. Repräsentation kennzeichnet dabei die Inhaltsebene (das WAS), Symbolik die Vermittlungsebene (das WIE) von Führung (vgl. Fink-Heuberger
2000:198).

Symbolische Führung betrifft die Inszenierungsebene, sorgt sozusagen für eine
tiefere Verständigung zwischen Führung und Gefolgschaft. Repräsentation und
Symbolik sind also die zwei Seiten einer Medaille.

Abbildung 3: Inhalts- und Vermittlungsebene von Führung

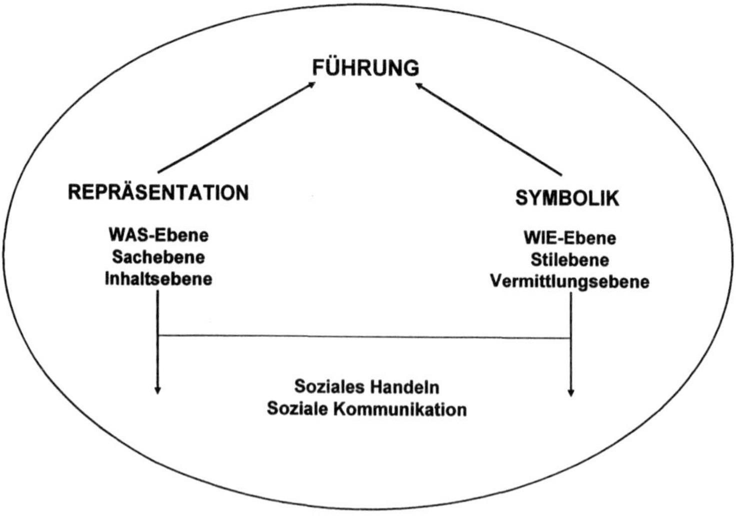

Quelle: in Anlehnung an Fink-Heuberger 2000:198.

Gegenüber der Symbolischen Führung sind die beiden verbleibenden Typen in ihrem Grundcharakter gänzlich verschiedener Natur. Der Veranstaltende Führer ist soziologisch gesehen das instrumentelle Element, verkörpert die Zweck- bzw. Zielorientierung. Auf der anderen Seite bedient der Hirtentypus die bindungsorientierte integrative Seite des Führungsgeschehens. Somit handelt es sich dabei um zwei tatsächlich eigenständige, sich diametral gegenüberstehende Führungsfunktionen.

Beide Dimensionen, die veranstaltende und die hirtliche, werden nur dann ihrem Anspruch an Führungsrelevanz gerecht, wenn sie im Sinne der Repräsentation verstanden werden. Diese Sichtweise ist bereits in Geigers Beschreibungen der Veranstaltenden Führung angedacht, jedoch nicht in dieser Konkretisierung ausgeführt worden: fehlt das repräsentative Moment, findet nicht Veranstaltende Führung, sondern organisatorisches Funktionärstum statt. Dasselbe gilt für die hirtliche Dimension. Ohne Repräsentativität handelt es sich lediglich um die Beachtung individueller Ansprüche und Bedürfnisse, im Sinne einer Versorgerfunktion.

Fazit:
Geigers Repräsentationstheorie ist von ungebrochener Aktualität. Sie vermag ein beinahe 80-jähriges Vakuum zu füllen und bietet ein vielversprechendes Instrumentarium, das der theoretischen und empirischen Führungsforschung einen konzeptionellen Rahmen zu geben vermag.
Schließlich verkörpert das Modell der Repräsentation unter den bislang in der Soziologie verankerten Führungskonzeptionen den plausibelsten Interpretationsrahmen für die Selbstbeschreibungen der deutschen Spitzenmanager.

Führung erfährt bislang keine institutionelle Verankerung bzw. erhält nicht den Status einer eigenständigen Bindestrich-Soziologie, also eines Forschungsbereiches, der durch Eigenprofilierung der „Mutterdisziplin" zur Vervollständigung ihrer wissenschaftlichen Identität verhilft. Auch hat es sich bislang keine der etablierten soziologischen Denkschulen zur Aufgabe gemacht, sich Führung aus ihrem spezifischen Blickwinkel heraus und mit Hilfe des entsprechenden Instrumentariums zu eigen zu machen.

Noch pointierter könnte man formulieren: Führung ist gegenwärtig nicht Bestandteil des Selbstverständnisses der (institutionellen) deutschen Soziologie. Führung besitzt kein explizites Image im Sinne eines soziologischen Identitätsbausteines. Auf der impliziten Ebene findet sich am ehesten eine indifferente bis ablehnende Haltung gegenüber diesem sozialen Phänomen, das in der Geschichte der Soziologie bereits (s)einen Platz gefunden hatte.

> *Die Aufgabe wissenschaftlicher Forschung ist es, die*
> *Schleier zu lüften, die den Lebensbereich verdecken, den*
> *zu untersuchen man vorhat. Die Schleier werden nicht*
> *dadurch gelüftet, daß man die direkte Kenntnis, in wel-*
> *chem Ausmaß auch immer, durch vorgeformte Vorstel-*
> *lungen ersetzt. Die Schleier werden vielmehr dadurch*
> *gelüftet, daß man nahe an diesen Bereich herankommt*
> *und durch sorgfältige Forschung tief in ihn eindringt.*
> *(Blumer 1973:121)*

3 Methodologie der soziologischen Führungsforschung

3.1 Das Konzept der Verstehenden Soziologie

Um die Führungsverständnisse und Grunddispositionen der deutschen Spitzenmanager zu erfassen, wird eine primär hermeneutische Verfahrensweise gewählt. Die Verstehende Soziologie ist der Zweig soziologischer Forschung, der sich aus der Tradition Webers heraus entwickelt hat und der bis heute in verschiedenen „Varianten" – v.a. in der phänomenologischen Soziologie, in der Ethnomethodologie und im symbolischen Interaktionismus – weitergeführt wurde. Die dabei entstandenen Herangehensweisen unterscheiden sich zwar in unterschiedlichen Stadien, Begriffen und einzelnen Methoden, sie eint aber die grundsätzliche Zielsetzung, *den subjektiven Sinn menschlichen Handelns durch deutende Interpretation faßbar zu machen.*
So beruht denn auch die besondere Anziehungskraft der Verstehenden Soziologie auf ihrer Eignung, über soziale Sachverhalte so Auskunft zu geben, daß der Leser seine Erfahrungen mit dem jeweiligen Phänomen wiederzuerkennen vermag (Scheuch 2001:4). Vor diesem Hintergrund greifen die Arbeiten von Weber, Geiger, Blumer, Mead, Schütz, Goffman, Cicourel u.a. konstruktiv ineinander. Die Verstehende Soziologie bildet quasi den übergeordneten Rahmen, die Leitmethode, anhand derer sich diejenigen Ansätze zu bewähren haben, die dem Phänomen Führung dienlich sind.

Die theoretische Methode der Verstehenden Soziologie

Wie ist Verstehen möglich? Wie können wir uns mit dem Tun anderer Menschen, etwa den Selbstverständnissen deutscher Wirtschaftslenker, vertraut machen? Welche Mittel und Wege bzw. Methoden gibt es, um die vielfältigen Arten und Weisen sozialer Interaktion objektiv, im Sinne von nachvollziehbar, abzubilden?

Die wissenschaftlichen Ursprünge zur Herangehensweise an dieses Grundproblem reichen zurück bis in die Zeit Platons (ca. 428-348 v. Chr.), nach dessen Erkenntnis sich „dem um Verstehen bemühten Subjekt zwei Bereiche eröffnen: ein der Sinneserfahrung zugänglicher Bereich der Objekte und ein dem Bemühen des Geistes zugänglicher Bereich der ‚Ideen'." (Helle 2001:8).

Grundlegend für nahezu alle Sozialwissenschaften, ist die gedankliche Hinwendung zu den Arbeiten Immanuel Kants (1724-1804). Kant behandelt die Frage, wie verstehende, über die Sinneswahrnehmung hinausgehende Erkenntnis möglich sei und unterscheidet in diesem Zusammenhang Verstand von Vernunft als zentrale Kategorien (a.a.o.:10). Übersetzt in die Terminologie Kants läßt sich das Platonische Problem wie folgt darstellen: Verstand steht für die Auseinandersetzung mit den durch Sinneswahrnehmung erfahrbaren Objekten, Vernunft für das Vordringen in die Welt der ‚Ideen', die letztlich jedem Einzelnen vorbehalten bleibt und die demnach nicht „von außen" zu messen ist.

Beide Aspekte sind jedoch vor dem Hintergrund des Erkenntnisgewinns notwendig, ergänzen sich. Für Kant setzt die Leistung der Vernunft nunmehr dort ein, wo die verstandesmäßige Erklärung an ihre Grenzen reicht. Der Inhalt ist dabei identisch, wenngleich andere – gedankliche – Mittel eingesetzt werden. Dieses grundlegende Modell war später bei Max Weber ausschlaggebend für jene soziologische Methode, die die Konstruktion von Idealtypen – wie in Geigers Konzeption Repräsentativer Führung – beinhaltet (a.a.O.:11).

Die Soziologie ist demnach nach Weber „eine Wissenschaft, welche soziales Handeln deutend verstehen und dadurch in seinem Ablauf und seinen Wirkungen ursächlich erklären will. Handeln soll dabei ein menschliches Verhalten heißen, wenn und insofern als der oder die Handelnden mit ihm einen subjektiven Sinn verbinden. „Soziales" Handeln aber soll ein solches Handeln heißen, welches seinem von dem oder den Handelnden gemeinten Sinn nach auf das Verhalten anderer bezogen wird und daran in seinem Ablauf orientiert ist." (Weber 1956a:1).

Verstehen heißt deutende Erfassung:

- des im Einzelfall real gemeinten Sinnes (bei historischer Betrachtung) oder
- des durchschnittlich und annäherungsweise gemeinten Sinnes (bei soziologischer Massenbetrachtung) oder
- des für den reinen Typus (Idealtypus) einer häufigen Erscheinung wissenschaftlich zu konstruierenden Sinnes oder Sinnzusammenhangs (a.a.O.:4).

Zu diesem Zweck bildet die Soziologie *Typen-Begriffe* und sucht generelle Regeln des Geschehens. Das soziologische Verstehensinstrument des *Idealtypus* ist daher niemals der Endpunkt empirischer Erkenntnis, sondern nur Mittel zum Zweck der Erkenntnis der unter individuellen Gesichtspunkten bedeutsamen Zusammenhänge. Es ist ein heuristisches Hilfsmittel zur Erfassung gesellschaftlicher bzw. historischer Phänomene. Somit gelingt es idealtypischen Begriffen, bzw. ganzen Systemen dieser Begriffe, soziales Handeln zu veranschaulichen, zu klassifizieren sowie zu vergleichen.[13]

Der Idealtypus soll die Wirklichkeit erkennen helfen, er bildet aber keinen Begriff von wirklichem Geschehen, sondern quasi eine „Utopie". Diese wird durch Steigerung bestimmter Elemente und durch Weglassen anderer Aspekte der Wirklichkeit gewonnen. Die zu steigernden Aspekte sind nichts anderes als die Wertbestimmungen und Sinndeutungen, die an der Wirklichkeit haften. Mit anderen Worten: Man hat unwirkliche Zusammenhänge zu konstruieren, um die wirklichen zu erkennen.

„Die Konstruktion eines streng zweckrationalen Verhaltens dient der Soziologie, [...], als Idealtypus, um das reale, durch Irrationalitäten aller Art (Affekte, Irrtümer) beeinflußte Handeln als „Abweichung" von dem bei rein rationalem Verhalten zu gewärtigendem Verlaufe zu verstehen. Insofern, [...], ist die Methode der „verstehenden" Soziologie „rationalistisch". Dies Verfahren darf aber natürlich nicht als ein rationalistisches Vorurteil der Soziologie, sondern nur als methodisches Mittel verstanden und also nicht etwa zu dem Glauben an die tatsächliche Vorherrschaft des Rationalen über das Leben umgedeutet werden." (Weber 1956a:3)

Hinsichtlich Führung wird in dieser Arbeit auf die von Geiger entworfene ideale Begriffstypologie der Repräsentativität und ihrer Funktionen fokussiert, die in kompakter Form wesentliche Aspekte des zu untersuchenden Phänomens zu veranschaulichen weiß.

Die empirische Methode der Verstehenden Soziologie

Weber selbst hat zwar Grundlegendes zur Verstehenden Soziologie geschrieben, ohne dabei jedoch ein explizites „Methodenkapitel" zu verfassen. Die konkrete Umsetzung in ein empirisches Forschungsprojekt wurde von anderen Vertretern beigetragen.

Nachdem aus konzeptioneller Sicht ein veränderter Anspruch an die Aussagekraft der Verstehenden Soziologie gestellt wird, leuchtet ein, daß auch das empirische Methodeninstrumentarium nicht der analytisch-nomologischen Struktur von vorab festzulegenden Hypothesensystemen folgen kann. Vertreter der Verstehenden Soziologie kritisieren die Vorstellung einer logischen Struktur der alltäglichen Lebenswelt, die individuelle Sinnkategorien – hier die Bedeutung von Identitätsfacetten für die Herausbildung eines Führungsverständnisses – au-

---

[13] Webers Idealtypen der Rationalität oder der Herrschaft sind beispielhaft für die gedanklich konstruierende Abbildung sozialen Handelns.

ßer acht läßt. In Anlehnung an Schütz postulieren Vertreter des interpretativen Paradigmas, die alltägliche Lebenswelt zeichne sich durch einen sinnhaft konstruierten Aufbau aus, der ihr von den Handelnden individuell gegeben wird (Wegner 1996:84).

Die Verstehende Soziologie orientiert sich in ihrer empirischen Forschung an den geisteswissenschaftlichen Ansätzen der *Hermeneutik* sowie der daraus weiterentwickelten Methoden und bedient sich dabei dem Vorgang von Auslegung und Entschlüsselung von Zeichen auf der Grundlage von Gemeinsamkeiten. Dies ist das klassische Verfahren zur Analyse qualitativen Datenmaterials. Der verstehende Prozeß erfolgt über einen *hermeneutischen Zirkel*, einer schrittweisen Annäherung an den gemeinten Sinn durch wechselseitige Deutung und Korrektur des erfaßten Sinnes. „Bei der Entschlüsselung eines Textes etwa beginnt der Prozeß der Bedeutungserschließung mit der Betrachtung eines Wortes. Die Bedeutung dieses Wortes erschließt sich unter Umständen jedoch erst aus dem gesamten Satz." (Erzberger 1998:60). Abbildung 4 zeigt diesen Prozeß, wobei T = Teil (z.B. Wort); G = Ganzes (z.B. Satz); T1 = vom Ganzen her interpretierter Teil; G1 = vom Teil her interpretiertes Ganzes usw., bedeutet.

Abbildung 4: Der hermeneutische Zirkel

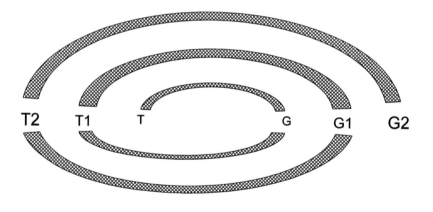

Quelle: Erzberger 1998:61, eigene Darstellung.

Für die Analyse der Führungsverständnisse deutscher Spitzenmanager bedeutet dies, soziale Interaktion als einen Prozeß zu verstehen, der menschliches Verhalten formt. Menschen, die miteinander interagieren, müssen darauf achtgeben, was der jeweils andere tut oder tun will – eine wesentliche Eigenschaft im Hinblick auf den konkreten Interaktionsprozeß – in unserem Fall der der Führung (Blumer 1973:87). Es geht in der soziologisch-empirischen Analyse in einem ersten Schritt um das spontane individuelle Bewußtsein des Handelnden zu einem Sachverhalt. Dies läßt sich in der klassischen, direkten Befragung erarbeiten. Zum Beispiel: Was assoziiert ein deutscher Spitzenmanager mit dem Begriff Führung? In welcher Form des alltäglichen Handelns bringt er oder sie Führung zum Ausdruck? Aus welchen Quellen schöpft er oder sie die grundlegenden Überzeugungen, um zu führen?

Die Verstehende Soziologie sucht in ihrer empirischen Herangehensweise einen Zugang, um gerade jene Unterschiede zu identifizieren, die Aufschluß über den generellen Lebensplan, das grundlegende Konzept von Sinn geben. Zu unterscheiden sind bei Vertretern der Ethnomethodologie, wie Garfinkel und Cicourel, die Wahrnehmungen auf der *oberflächlichen* Ebene und die *tiefenstrukturellen* Regelannahmen. Demnach werden von den Individuen nicht nur Dinge wahrgenommen, die sprachlich – also erfahrungsmäßig-rational – beschrieben werden können, sondern auch Dinge, über die zunächst nichts ausgesagt werden kann, wie zum Beispiel Geschmacks- oder Farbempfindungen – also subjektiver Sinn. Dazu gehören auch die Sinnzusammenhänge des Glaubens oder der moralischen Werte, die aus Sicht des Wissenschaftlers in einem schrittweisen Interpretationsprozeß zu erarbeiten sind (Fink-Heuberger 1997:159).

In solchen Sinnaufweisungs- und Sinndeutungsmechanismen sind damit quasi auf einer *tieferliegenden Ebene sozialen Handelns* neben den spontanen begrifflich-rationalen Assoziationen weitere Anhaltspunkte zu vermuten, die die Vorbedingungen sowie die Herausbildung eines Führungsverständnisses nachhaltig mitgestalten.

Mit der empirischen Analyse der Selbstverständnisse deutscher Spitzenmanager wird daher insbesondere die soziologische Fundierung der *Tiefenstrukturen* des Phänomens Führung zum Gegenstand. Diese Tiefenstrukturelemente steuern die Verwirklichung einer sinngeleiteten Oberflächenstruktur sozialen Handelns. Zu interpretieren ist daher der darunterliegende „Input", das Fundament, auf dem das Führungsdenken und -handeln aufbaut. Im vorliegenden Fall kommen daher auch indirekte Aspekte zur Auswertung, die auf den ersten Blick nicht unmittelbar mit Führung verknüpft erscheinen – etwa Fragen der Prägung durch die Eltern, Glaubenssätze und Religiosität, Gesellschaftsverantwortung oder Sehnsüchte sowie moralisch-ethische Maximen. Diese Kernerfahrungen speisen den „Wissensvorrat" und begründen auf vielfältige Weise das generelle sowie das aktuelle Führungsverständnis und Führungshandeln der Menschen.

Fink-Heuberger verdeutlicht die Notwendigkeit der Beachtung *beider* Dimensionen. Denn die Oberflächenstruktur sozialen Handelns, also auch die sichtbaren und vordergründig erfaßbaren Facetten von Führung, drohen immer dann zu „zerbrechen", je stärker die archetypische Tiefenstruktur des sozialen Handelns ‚zugeschüttet' ist, und je weniger die Chance besteht, daß die am Führungspro-

zeß Beteiligten die ungeheure Leistung erbringen, diese Tiefenstruktur freizulegen (a.a.O.:165).

Die Interpretation der Studienergebnisse hat somit zum Ziel, das *alltägliche*
Wissen über Führung aus den Relevanzsystemen der deutschen Spitzenmanager
herauszulösen und für eine weitergehende Verwertung nutzbar zu machen. Auf
den großen Erfahrungsschatz der Befragten kann dann wirksam „zugegriffen"
werden, wenn die Gesprächsführung innerhalb der Interviews möglichst wenig
„theorievorbelastet" ist. Dieses induktive sowie explorative Vorgehen ist das
zentrale Merkmal des empirischen Teils dieser Arbeit.

Abbildung 5 illustriert diese Dualität in der Weise, daß zum Verstehen der ober-
flächlich sichtbaren Führungshandlungen die darunter liegenden Identitätsbausteine eine Berücksichtigung erfahren.

Abbildung 5: Aufbau der Oberflächen- und Tiefenstruktur von Führung

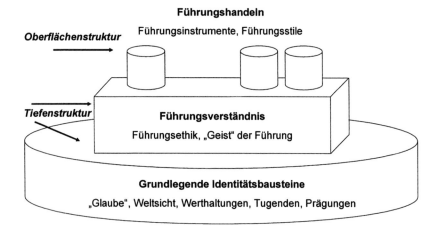

Quelle: eigene Darstellung.

Einerseits gilt es, die Inhalte der auf empirischem Wege erhaltenen Selbstkonzeptionen einer deutschen Elitegruppe zur Sprache kommen zu lassen. Andererseits soll mit der Geigerschen Führungskonzeption ein möglicher Rahmen zur
Verfügung gestellt werden, der die Aggregation und die Verdichtung mit dem
Ziel des Erkenntnisgewinns unterstützt.

Abbildung 6 veranschaulicht das induktive Vorgehen und die Bildung von Idealtypen. Zunächst werden auf der Ebene der empirischen Einzelbeobachtung die

für den relevanten Themenbereich wichtigen Aspekte identifiziert und als eigenständige Analyseeinheit ausgewertet. In einer zweiten „Runde" werden dann Aggregate sinnzusammenhängender Aspekte vorgenommen. Dies erfolgt zunächst allein inspiriert durch das vorliegende Material. Blumer nennt diesen Abschnitt induktiver Forschung „Inspektion", die intensive und konzentrierte, dabei gleichzeitig flexible und schöpferisch-phantasievolle Prüfung der empirischen Merkmale (Blumer 1973:126-127). Erst in einem dritten Schritt wird die mögliche inhaltliche Nähe zu theoretisch-konzeptionellen Konstrukten – in diesem Fall die Repräsentationstheorie von Geiger – angesprochen.

Das heißt, es besteht nicht von vornherein der Anspruch, das empirische Datenmaterial unter der Prämisse einer zugrundeliegenden Theorie zu überprüfen. Die idealtypischen Begriffe dienen vielmehr als ergänzende thematische Kategorie, die gegebenenfalls grundlegende Strukturen zur Erkenntnis des untersuchten Phänomens erlauben.

Abbildung 6: Induktion und Bildung von Idealtypen

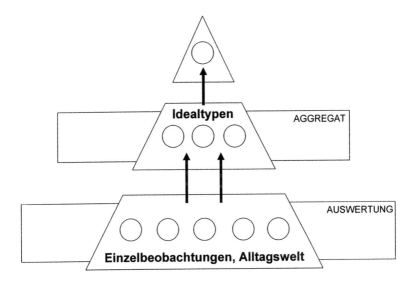

Quelle: eigene Darstellung.

Durch den Ansatz, sowohl die Auswertungs- wie Interpretationsarbeit *regelgeleitet* zu gestalten, besteht für andere die Möglichkeit, die Analyse zu verstehen, nachzuvollziehen und überprüfen zu können (Mayring 1997:12). Dafür spricht unter anderem, daß die über Tonband mitgeschnittenen Gespräche „unverzerrt authentisch sind, intersubjektiv nachvollzogen und beliebig reproduziert werden können." (Lamnek 1989:35). Um ein wirklich authentisches Bild zu erhalten, kommt es beim Forschungsdesign nicht so sehr auf die Breite der erhaltenen Informationen, sondern eher auf die individuelle Tiefe und die subjektive Betroffenheit der Probanden an (a.a.O.:8).

Dies führt – durch alle Befragten hindurch – zu einer Vielfalt an verschiedenen Perspektiven und Sichtweisen, an Bedeutungen und Sinnzusammenhängen. Daher gilt es in Schritt eins der Auswertung, jene Erkenntnisse so gut wie möglich zu klassifizieren und mit soziologischen Kategorien zu interpretieren. Das systematische Vorgehen zeigt sich aber auch darin, daß die konzipierte Analyse in einem zweiten Schritt *theoriegeleitet* vorgeht (Mayring 1997:8). Die inhaltsanalytisch erhaltenen Dimensionen werden nicht nur präsentiert, sondern vor dem Hintergrund der Geiger'schen Führungstheorie interpretiert.

Zusammenfassend läßt sich daher folgender Dreischritt formulieren:

Verstehen – Interpretieren – Typenbildung

„*Verstehen* bedeutet, jenen Erlebnisprozeß bzw. jene erlebnismäßig dargestellten Interaktionsprozesse nachzuvollziehen, in dem das zu verstehende Handeln bzw. die ihm zugrundeliegende Orientierung entstanden ist. *Interpretation* meint die begrifflich theoretische Explikation des derart Verstandenen." (Bohnsack 1999:183).
Die Verstehensleistung als solche ist also immer komplexer als ihre begriffliche Abstraktion, die Interpretation. Im Zuge der *Typenbildung* werden letztlich Bezüge zwischen spezifischen Orientierungen einerseits und dem jeweiligen Erlebnishintergrund andererseits herausgearbeitet. Dies setzt voraus, daß unterschiedliche Dimensionen, genauer: unterschiedliche Erfahrungsräume, voneinander differenziert werden (a.a.O.:159).

3.2 Die Methodik der Auswertung

Die vorliegende Untersuchung hat sich zum Ziel gesetzt, die Quellen der Identität der deutschen Wirtschaftselite zu untersuchen. Dazu wurden bisher nicht verknüpfte Forschungsgebiete der Eliteforschung, Identitätsforschung und Lebenslaufanalyse integriert. 61 Spitzenmanager, die in den wirtschaftlich bedeutendsten Unternehmen Deutschlands entscheiden, haben an der Studie mitgewirkt. Ein knappes Drittel der Gesprächspartner waren Vorstandsvorsitzende, stellvertretende Vorstandsvorsitzende und Aufsichtsräte, etwa 38 % weitere Vorstandsmitglieder und ein Drittel persönlich haftende Gesellschafter, Inhaber oder Geschäftsführer.

Alle Gesprächsteilnehmer sind männlich, sie sind zu gut 90 % verheiratet, etwa 85 % haben Kinder. Im Durchschnitt beträgt das Alter der Befragten 56,6 Jahre, wobei knapp zwei Drittel der Spitzenmanager älter als 55 Jahre sind, also zur Kriegs- bzw. Nachkriegsgeneration gezählt werden können. Über 80 % der Befragten haben ein Studium absolviert und knapp 40 % zusätzlich einen Doktortitel im Rahmen einer Promotion erworben.

Aufbau des Leitfadens
Der eigens für diese Studie konzipierte Leitfaden umfaßt 48 Fragen und ist in thematische Abschnitte gegliedert.[14] Dies ist hervorzuheben, da die Verschiedenartigkeit der Fragen für die Ausarbeitung des Auswertungsrasters relevant ist. Drei Typen von Fragen sind in ihrem Charakter zu unterscheiden:

1. *„Allgemeine" Fragen*

Hierbei werden die individuellen Einstellungen der Befragten erkundet. Z.B. Frage 11: Welche Mentalitäts- bzw. Führungseigenschaften werden angesichts des gesellschaftlichen Wertewandels in Zukunft stärker gefordert sein?

2. *„Biographische" Fragen*

Anhand der Schilderung real erlebter Situationen werden Rückschlüsse auf das Handeln der Person gezogen. Z.B. Frage 18: Wenn Sie sich gedanklich in die Rolle eines Mentors hineinversetzen: Was würden Sie vor dem Hintergrund Ihrer eigenen Erfahrung angehenden Führungskräften an Grundsätzen/Werten mit auf den Weg geben?

3. *Fragen zu „Sollvorstellungen"*

Dabei soll das verbale Urteil der Befragten zu konkreten Aspekten Dritter in real erlebten Situationen erfaßt werden. Z.B. Frage 46: Was schätzen Sie am Führungsnachwuchs besonders, was fehlt Ihnen manchmal?

Diese drei Fragetypen ergänzen sich in der Weise, daß sie dem Interviewten die Möglichkeit geben, im Laufe des Gesprächs aus verschiedenen Perspektiven die Quellen seiner Identität zu betrachten. Außerdem bietet diese Variante des Erfassens von Elementen eines Selbstverständnisses den Vorzug, daß der Befragte tatsächlich diejenigen Prägungen benennen kann, die seinen „gedanklichen Assoziationsspielraum" und seine Relevanzsysteme markieren (Wegner 1996:94).

---

[14]   Der Leitfaden ist im Anhang (ab S. 197) abgebildet.

Vorarbeiten zur Auswertung

Ein Grundproblem zur Herstellung „verstehender" sozialwissenschaftlicher Daten besteht nun darin, die Berichte von Beobachtungen oder Interviews in sogenannte nachvollziehbare Dokumente zu überführen.

Der Auswertung liegen die transkribierten Interviews in ausgedruckter Form zugrunde. Die Aufnahmen der Interviews werden dabei in ihrer ursprünglichen Fassung wiedergegeben, um den Charakter der offenen Gesprächsverläufe zu erhalten. Zur besseren Übersichtlichkeit werden dennoch, in Anlehnung an die thematischen Einheiten des Leitfadens, Überschriften eingeführt. Unabhängig davon müssen – im Sinne des hermeneutischen Zirkels – sämtliche Textdokumente im Ganzen gelesen werden, um tatsächlich ein vollständiges Bild der jeweiligen Identitätsbeschreibung zu erhalten.

Nach Erstellung eines Auswertungsrasters werden die einzelnen Interviews vor dem Hintergrund der Auswertungsebenen gelesen und zutreffende Inhalte, Stichworte und Aussagen im Text markiert. Dabei wird in der Reihenfolge der laufenden Nummern von vorne begonnen, diese entspricht dem zeitlichen Eingang der Transkripte. Für die Phase der Ergebnissicherung und Interpretation werden die relevanten Daten in eine jeweils separate Word-Tabelle überführt und dort wiederum gemäß den Kategorien in Spalten sortiert.

Es werden 61 (zwischen 14 und 45 Textseiten umfassende) Gespräche ausgewertet. Das unten dargestellte *Auswertungsraster* wird in der konzeptionellen Phase aus Sicht der Kategorienbildung bewußt umfangreich angelegt, um den vielschichtigen Antworten und somit auch vielfältigen Möglichkeiten gerecht zu werden. Insofern werden bei der Durchsicht der Interviews Aussagen erfaßt, die zwar von der Themenstellung her passend, für den gegebenen Rahmen allerdings zu weitreichend sind und eine eigene Schwerpunktarbeit verdient hätten. Um so erfreulicher ist es, daß für die Engführung des Themas „Führung" eine reiche Auswahl an verwertbarem Material vorliegt und für die Interpretationsarbeit zur Verfügung steht.

Die folgende Darstellung skizziert die Phasen der Untersuchung von der ersten (und immer wieder begleitenden) Lektüre bis zur Interpretation der Ergebnisse.

Abbildung 7: Phasen der Auswertung

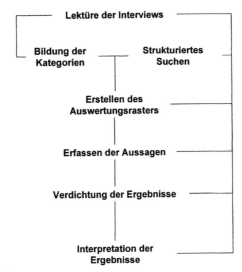

Quelle: eigene Darstellung.

Dualität der qualitativen Auswertung und Interpretation
Einerseits erfolgt zunächst eine quantifizierende Auszählung der zentralen Begriffe und Inhalte, um so ein erstes „Gespür" für die Relevanzbereiche zu bekommen. Diese Ergebnisse lassen sich aufgrund ihrer numerischen Struktur auch in Form von Graphiken oder Rankings auswerten. Auf diese Weise kann die inhaltliche Breite der thematisch relevanten Aussagen dargestellt und können quasi die gesamten Aspekte zur Führung erfaßt werden.

Andererseits – aber letztlich gleichzeitig – findet eine qualitative Bewertung der Aussagen und Bedeutungen statt. Auch wenn manche Begriffe nicht zahlreich genannt wurden, so kann dennoch ihr Bedeutungsgehalt und ihre Relevanz für das Führungsverständnis der Spitzenmanager weit über den anderen liegen. Dies gilt es in der Gesamtbetrachtung einzelner Interviews, aber auch über alle Probanden hinweg, zu erfassen.

Um das Datenmaterial so vollständig wie möglich zu ergründen, wird ein konzeptionell breites, aber gleichzeitig inhaltlich tiefgehendes Raster entworfen, anhand dessen die Textanalyse erfolgt. Dieses gliedert sich in *mehrere Ebenen*, die einerseits den Fragetypologien des Leitfadens entsprechen und/oder andererseits die darüber hinaus ausgeführten Aspekte aufzunehmen erlauben. Mit der Methode des *Strukturierten Suchens* wird im nächsten Schritt die Möglichkeit vorgestellt, im empirischen Material angelegte thematische Strukturen herauszufiltern (Mayring 1997:82).

Strukturiertes Suchen

Im Laufe der ersten Auswertungen wird vor dem Hintergrund der Themenstellung versucht, mögliche *Kategorien* zu identifizieren, die für eine Datensammlung sinnvoll sind. Bei der auswertenden „Fahrt" durch die verschiedenen Linien der Identität sollen die relevanten begrifflichen „Ausfahrten" identifiziert und ihre Inhalte festgehalten werden. Es wird versucht, ein Gefühl dafür zu bekommen, welche Ereignisse die Probanden hinsichtlich Führung als *prägend* erlebt haben. Dabei werden mehrere, aus Sicht des Analyseprozesses funktionale Kategorien berücksichtigt.

1. *Planbare Kategorien*

Zum einen wird bei der Konstruktion des Leitfadens mit Begriffen operiert, die in ihrer Semantik eindeutig und entsprechend stimmig in den Antworten wiederzufinden sind. So wird etwa konkret nach Vorbildern, Mentoren und Anforderungen an zukünftige Führungskräfte oder deren Führungseigenschaften gefragt. Diese Fragen ergeben überwiegend direkte Aussagen zur jeweiligen Kategorie.

2. *Indirekt planbare Kategorien*

Zweitens gibt es auch begriffliche „Grauzonen", die erst in der Durchsicht der Interviews einen gemeinsamen Tenor bekommen. Für die Formulierung der zentralen Elemente wird darauf geachtet, in welcher Form des Erlebens sie für die Spitzenmanager unter dem Blickwinkel eines *Führungsverständnisses* prägend sind.

3. *Individual-Kategorien*

Als dritte Dimension soll bewußt Raum gegeben werden, eventuelle Begrifflichkeiten aus dem Kontext oder dem jeweiligen Sprachverständnis der einzelnen Befragten zu generieren, sofern sie vom Inhalt der Aussage stimmig sind. Auch dafür wird der oben erwähnte Maßstab des prägenden Einflusses und der für ein Selbstverständnis gestaltenden Relevanz angelegt.

Aus dem vielschichtigen Fundus des erhobenen Datenmaterials können in den verschiedenen Auswertungsstufen insbesondere drei Dimensionen von Führung aggregierend interpretiert werden, die das Führungsverständnis der deutschen Spitzenmanager darstellen. In der Gesamtschau werden im Rahmen des strukturierten Suchens folgende „Überschriften" verdichtet:

Dimension 1: Führung im funktionalen Sinne – Manifeste Personenführung
Dimension 2: Führung im wert-ethischen Sinne – Latente Außenführung
Dimension 3: Führung im spirituellen Sinne – Selbstführung

Alle drei Dimensionen sind aus Sicht der Themenstellung Repräsentanten für das Selbstverständnis der Spitzenmanager und somit zentrale Aspekte des Wesens von Führung. Dabei ist es notwendig zu betonen, daß diese drei Dimensionen das *Ergebnis* des Auswertungsprozesses sind und nicht als im voraus definierte Kategorien fungieren. Sie werden hier bereits vorgestellt, um der Lektüre des ausführlichen Materials den gedanklichen „roten Faden" zu verleihen.

Abbildung 8: Dimensionen der Führungsverständnisse

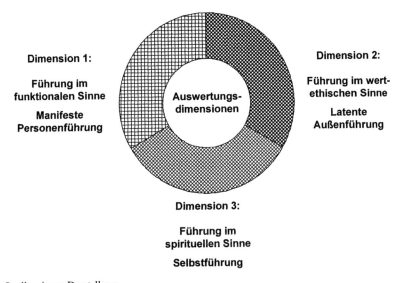

Quelle: eigene Darstellung.

Auswertungsraster
Anhand der ersten Dimension, Führung im funktionalen Sinne, wird das prinzipielle Vorgehen der Auswertung exemplarisch dargestellt. Die Erfassung mit Hilfe des Textverarbeitungsprogramms teilt das tabellarische Raster in Zeilen (laufende Interviews) und Spalten (Kategorien der Fragen). Alle Textbestandteile, die zu den gewählten Kategorien passen, werden dann aus dem Material systematisch extrahiert (Mayring 1997:83).

Mit der Durchsicht der einzelnen Transkripte wird diese Tabelle nun mit Inhalt gefüllt, wobei sowohl ganze Sätze als auch einzelne Begriffe zitiert werden. Mit der Extrahierung der einzelnen Codes wird so eine Matrix erstellt, die in komprimierter Form alle relevanten Aussagen je Interview zur Verfügung stellt. Ergänzt durch die Angabe der Seitenzahl kann später jedes Zitat schnell wieder im Zusammenhang gelesen werden und steht auch für eine gezielte Illustration bzw. Dokumentation zur Verfügung.

Es werden zunächst solche Aussagen erfaßt, in denen die Interviewten ein *konkretes* Beispiel dafür geben, wie sie selbst Führung erlebt haben. Dies kann sein, in dem sie positive wie negative Vorbilder benennen (Spalte 1) oder gar eine persönliche *Definition* von Führung abgeben (Spalte 2).

Außerdem geht es einerseits darum festzuhalten, inwieweit die Befragten selbst *im Leben Dritter* Führung ausüben bzw. wahrnehmen, wem gegenüber sie sich selbst als Vorbild sehen (Spalte 3). Andererseits werden *Sollvorstellungen* notiert – z.B.: welche Führungseigenschaften in Zukunft eine zentrale Rolle spielen oder welche Aspekte in der Funktion eines Mentors zu beachten sind (Spalte 4).

Schließlich wird die positive wie negative Kritik der etablierten Wirtschaftsführer an der nachfolgenden Generation im Hinblick auf deren Führungseigenschaften klassifiziert (Spalte 5).

In Form einer Querschnittsfunktion wird ergänzend die Erfassung von wertenden Statements (positiv/negativ) und der Frage, inwieweit die Sichtweise im Rückblick einem Wandel unterworfen ist, als zusätzliche Spalte an jede Auswertungsebene angehängt. Ein Spitzenmanager wies beispielsweise zwar früher Vorbildern eine hohe Bedeutung zu, lehnt die Idee des Vorbildhaften heute jedoch ab.

Zusammen mit den konzeptionellen Ebenen ergibt sich für die erste Dimension folgendes Auswertungsraster:

Abbildung 9: Das Auswertungsraster

Führung im funktionalen Sinne:
(insbesondere anhand der Fragen 11, 18-20 sowie 46 des Leitfadens)

Interview	Prägung Elternhaus, Beispiele für Führungspersonen, Vorbilder	Bewertung	Begriffe, Definitionen von Führung, Führungserfolg	Bewertung	Dimensionen von Führung, selbst Vorbild	Bewertung	Führungsempfehlungen „morgen", Mentorenrolle	Bewertung	Führungsnachwuchs, Lob und Kritik	Bewertung
1										
2										
3										
4										
5										
6										
7										
[..]										
61										

Quelle: eigene Darstellung.

Die so erhaltenen Daten werden je Tabelle zahlenmäßig bzw. anhand der zentralen inhaltlichen Begrifflichkeiten ausgewertet und präsentiert. Daran schließt sich die weitergehende Interpretation und Typenbildung an.

Manager müssen lernen: Es reicht nicht
mehr aus, daß das, was sie tun, legal ist, es
muß auch als legitim empfunden werden.
(Goldmann 2004:67)

4   Die empirischen Befunde

Zunächst finden sich Ausführungen zum Themenkreis Führung, die in erster Linie die funktionale Seite betrachten. Zum zweiten wird die Führungsebene dort angesprochen, wo die deutschen Spitzenmanager auf Basis ihrer wert-ethischen Ideen im Sinne eines Außenbildes argumentieren. Drittens gestaltet sich eine Binnenperspektive heraus, in der die Probanden Einblick gewähren in die innere, spirituelle Ebene.

Diese drei obersten Aggregatformen der Auswertung repräsentieren quasi die „große Klammer" um den empirischen Teil, wie sie von den Befragten in der Summe aufgespannt wird. Neben einer graphischen bzw. tabellarischen Aufbereitung des qualitativen Datenmaterials werden die jeweiligen Auswertungskapitel um entsprechende Zitate inhaltlich ergänzt und aufgewertet.[15] Deshalb gilt es festzuhalten, daß sämtliche Darstellungen wie Rangfolgen, Diagramme, Graphiken oder Tabellen des empirischen Materials letztlich als reine Hilfsmittel zur näherungsweisen Quantifizierung des qualitativen Datenpools zu betrachten sind.
Insofern steckt die Erkenntnis nicht in der quantifizierenden Darstellung – sie diene vielmehr als Anstoß, als zündender Funke, zum eigenen Denken und Interpretieren. Erst in der Ergänzung dieses ersten Auswertungsschrittes um die inhaltliche Ausführung und in den Belegen durch Zitate kann die mit Führung verknüpfte Aussage ihr Leben entfalten.

4.1   Führung im funktionalen Sinne – Manifeste Personenführung

Der manifeste Aspekt beinhaltet Auswertungen im Hinblick auf die Führungsfacetten, wie sie im alltäglichen Sprachgebrauch aber auch in den Sozialwissenschaften überwiegend mit Führung assoziiert werden. Dabei ist fast ausschließlich die berufliche Welt gemeint, wenn es um das Thema Führung geht (Sauder 1999:218).
Im Rahmen der Leitfadeninterviews werden verschiedene Themenkomplexe direkt im Zusammenhang mit Führung erfragt. Dazu gehören das Autoritätsver-

---

[15]   Die Zitate in den Auswertungskapiteln werden jeweils kursiv abgebildet. In Klammern findet sich jeweils die Belegstelle. (48:8) steht z.B. für Interview Nr. 48, Seite 8.
Die Originalaussagen wurden an einigen Stellen sprachlich geglättet, um die Lesbarkeit zu gewährleisten.

ständnis, die Art und Weise zu entscheiden, Prägungen, Vorbilder und Mentoren der Spitzenmanager oder auch organisch formulierte „Definitionen" des Führungsbegriffes bzw. von Führungserfolg. Außerdem erfolgt eine Bestandsaufnahme zur Kritik am Führungsnachwuchs sowie eine zukunftsorientierte Einschätzung der Führungseigenschaften von morgen.

4.1.1 Legitimation von Autorität

Das Phänomen Autorität stellt eine *Vorbedingung* von Führung dar, also eine Kerngröße, die in unmittelbarem Zusammenhang mit Führung steht. Anders gesprochen: Jedes Führungsverhalten bzw. Anerkennen von Führung hat einen Resonanzboden, eine Erdung. Das Erfassen des managerialen Autoritätsverständnisses liefert daher grundlegende Informationen zum Führungsverständnis der deutschen Wirtschaftselite.

Im Rahmen der Tiefeninterviews wurden die Spitzenmanager gefragt, für welchen der drei folgenden Autoritätstypen sie sich entscheiden würden: für die Autorität der Person, für die Sachautorität oder für die Autorität aufgrund eines Teammandats.

Frage 21: Es gibt verschiedene Meinungen darüber, welche Voraussetzungen gegeben sein müssen, um die Autorität von Verantwortlichen zu sichern. Welche der folgenden Voraussetzungen akzeptieren Sie für sich?
* Sachautorität
* Autorität der Person
* Autorität als Mandat einer Mannschaft, die freiwillig zusammenarbeitet

Abbildung 10: Legitimation von Autorität

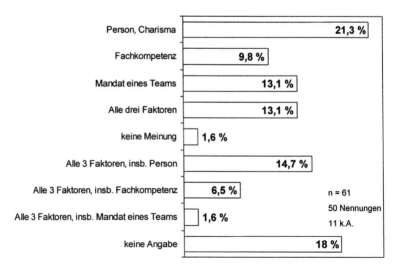

Führungspersönlichkeit dominiert vor Sachkompetenz

Der *personalen Autorität*, von vielen Befragten auch in Verbindung mit dem Begriff Charisma genannt, kommt absolut gesehen die höchste Bedeutung zu. Gut ein Fünftel der Manager betont, daß insbesondere das authentische Vorleben, die Glaubwürdigkeit der Person, für eine legitimierte Autorität konstitutiv sei. Zitate wie: „Die Autorität der Person, ganz klar, das beruht in der Kraft, unsere Umwelt zu überzeugen, wie man nach vorne geht, etc. Nicht per ordre de mufti." (Int. Nr. 19), belegen deren hohen Stellenwert.

Es geht dabei insbesondere um das vorbildhafte Element, das Führungspersonen zukommt, welches wiederum unerläßlich ist, um andere glaubhaft zu überzeugen. Neben der reinen Leistungsorientierung und der instrumentellen Ausbildung, die geradezu stillschweigend vorausgesetzt wird, erhält die soziale Kompetenz, der zwischenmenschliche Faktor, einen besonderen Schwerpunkt.

Dieser Befund wird zusätzlich noch dadurch verstärkt, daß in der Abwägung mehrerer Autoritätsformen weitere 15 % die personale Komponente auf Platz eins sehen. Betrachtet man vor diesem Hintergrund die Aussagenverteilung, so spricht sich insgesamt mehr als ein Drittel der Befragten für den personalen Aspekt aus. Personale Autorität ist die Basis für persuasive, glaubwürdige Überzeugungsarbeit der Führenden.

„Sie brauchen eine Autorität, an der Sie sich orientieren können, der man sich auch unterordnen kann, wenn die Legitimation stimmt. Sie können nicht alles demokratisch machen. Wenn eine Leitfigur da ist, die alles mitzieht und die auch Forderungen stellt, hohe Anforderungen stellt an den Einzelnen, dann finde ich das okay." (55:24)

„ [...], aber wenn jemand durch die Kraft des Wortes, durch die Person, mit Vorbild überzeugen kann, dann handelt es sich eher um Akzeptanz als um Unterordnung – Autorität muß geprägt sein durch Kompetenz." (62:17)

An zweiter Stelle im direkten Vergleich des Autoritätsverständnisses rangiert das *Mandat eines Teams*, für das sich gut 13 % aussprechen. Deren Meinung nach wird diese Autoritätsform insbesondere zukünftig noch an Bedeutung gewinnen. Die inhaltlichen Schwerpunkte sind dabei u.a. die Einbeziehung des Umfeldes, die Notwendigkeit des Teamverbunds sowie die steigende Bedeutung partizipativer Führung. „Wir streben, wir entwickeln uns zum letzteren – die demokratische Führerschaft."
Es sei außerdem unabdinglich, daß zwischen den Teammitgliedern etwas zur Entstehung kommt – unter anderem auch deshalb, weil die zunehmend komplexe Welt nur im Teamverbund zu bewerkstelligen sei.

„Ich sehe uns in einer Übergangsphase bzgl. der Autoritätswahrnehmungen. Ich glaube, wir streben das Letztere an und sehen heute vielleicht die Führungspersönlichkeiten, die Charisma umsetzen können in Kommunikation, Aufeinanderzugehen, Teamförderung etc." (24:22)

„Der aus dem Team heraus wachsende Respekt, das ist sicherlich ein wesentlicher Faktor."
(32:17)

Im direkten Vergleich erachten die Manager die *Fachautorität* eines Experten
als am wenigsten aktuell, die nur von knapp 10 % genannt wird. Weitere knapp
7 % formulieren zudem, daß sich hier in ihrem Verständnis ein Perspektivenwandel ereignet hat. Waren sie vormals von der umfassenden Sachautorität eines Ingenieurs oder Juristen überzeugt, so reicht dies aus ihrer Sicht heute nicht
mehr aus, um legitime Autorität für sich zu beanspruchen bzw. als solche akzeptiert zu werden. Der personale und soziale Aspekt rangiert deutlich vor dem
fachlichen Spezialistentum.

Diese Tendenz spiegelt sich auch in den Ausführungen zu den *Führungseigen-*
schaften von morgen wider, wo die einhellige Meinung das Generalistentum
über den Experten präferiert. Einige verstehen dennoch die Fachautorität als eine Art conditio sine qua non, als eine notwendige Vorbedingung, die letztlich
die Basis für darauf aufbauende Legitimationsquellen darstellt. Interessanterweise formulieren die meisten Vertreter des Spezialistentums, daß sie generell eher
Schwierigkeiten mit dem Begriff Autorität haben bzw. es ihnen selbst tendenziell schwer fällt, sich Autoritäten unterzuordnen.

„Für mich spielt die Sachautorität eine ganz enorme Rolle. Also wenn ich nicht im Stoffe bin,
bin ich nichts wert." *(17:11)*

„Also, ich bin immer tief beeindruckt von einer fachlichen Autorität." *(25:18)*

Gut 13 % der Manager wollen sich bewußt nicht festlegen und bewerten alle
drei Faktoren in ihrer Kombination als Idealfall, wobei es dann situativ zu entscheiden gilt, welches Autoritätselement gerade von Bedeutung zu sein scheint.
Die jeweilige Sachlage erfordert anscheinend eine inhaltliche Güterabwägung.

„Alle drei bedingen und ergänzen sich." *(16:10)*

„Ich halte die Kombination für wichtig. Als Fachmann wird man akzeptiert, als Führungsper-
sönlichkeit wird man geachtet. Das hat einen Qualitätsunterschied." *(31:18)*

Etwa 18 % der deutschen Spitzenmanager denken, daß Autorität generell legitimiert und fundiert sein sollte, da sich darauf Loyalitäten gründen, Sicherheit und
Orientierung daraus abgeleitet wird. Gut 6 % sprechen sich aus freien Stücken
gegen eine positionale Form von Autorität aus – Autorität aufgrund der hierar-
chischen Position – die aus Sicht des Leitfadens gar nicht zur Auswahl stand
und knapp 5 % haben generell Probleme, sich Autoritäten unterzuordnen. Interessant ist, daß diese Vertreter für sich selbst durchaus Autorität in Anspruch
nehmen.

Bei der Frage, wie diese Autoritätsverständnisse zustande kommen, muß der Blick auf diejenigen Personen und Institutionen gerichtet werden, die für die Manager prägend und vorbildhaft waren.

„Ich hasse unfundierte Autoritäten. Das ist auch im Wirtschaftsleben so. Hier laufen „Autoritäten" herum, die es nicht verdient haben, Autoritäten zu sein." (3:21)

Autorität im Sinne der Hirtlichen Führung
Die Auswertungen zum Autoritätsverständnis bringen ein heterogenes Meinungsbild der Spitzenmanager an den Tag, insbesondere im Zusammenhang mit dem Begriff der Kompetenz. Für manche ist dieser allein durch die fachliche Leistung begründet, für andere entsteht er erst durch interpersonale Interaktion und Persuasion. Einen abnehmenden Stellenwert sehen die Manager bei der Betrachtung der sachrationalen Autoritätsform.
Deutlich höher und für die Zukunft zunehmend bedeutender wird der *repräsentative Aspekt* eines Teammandats bewertet. Wichtigster Baustein für eine legitimierte Autorität ist jedoch das personale Element – insbesondere im Hinblick auf eine glaubwürdige Vorbildfunktion.

„Letztlich entscheidet das Umfeld über die Autorität, die man genießt oder nicht. Ich nehme für mich in Anspruch, Autorität nicht durch irgendwelche Rundschreiben zu bekommen, sondern Autorität zu erlangen durch die Akzeptanz des Umfeldes." (19:25)

Dies bedeutet: Autorität läßt sich nur schwer delegieren, denn letztlich landet der interpretierende Blick des Umfelds immer bei derjenigen Person, der die Führungsverantwortung übertragen ist oder die den Anspruch zu führen für sich erhebt. An ihrer Glaubwürdigkeit bzw. charakterlichen Integrität entscheidet sich Zustimmung oder Ablehnung. Vor dem Hintergrund der Repräsentativen Führungstypologie liegt darin eine Betonung der Hirtlichen Führungsdimension.

4.1.2 Entscheidungsstile

Einen weiteren Baustein für das Führungsselbstverständnis der deutschen Wirtschaftselite bilden die *Entscheidungsstile*. Im Zusammenhang mit Führung ist es gerade interessant herauszufinden, inwieweit sich die Führenden in Fragen der Entscheidungsfindung als von dem zu repräsentierenden Kollektiv autonom bzw. entbunden sehen und ihre Urteile allein aufgrund ihrer eigenen Ratio treffen oder ob sie sich als mit den Folgenden in der Form verbunden sehen, daß sie ihre Entscheidungen im Anschluß an einen Rückkoppelungsprozeß mit den Betreffenden fällen.
Es wurde daher gefragt, ob die Manager generell eher Konsentscheidungen herbeiführen, oder ob sie per se die rasche Entscheidung suchen. Die Antworten fielen durchaus differenziert aus.

*Frage 26: Drängen Sie im allgemeinen auf rasche Entscheidungen, auch wenn Sie den Ein-
druck haben, daß es gegenteilige Auffassungen gibt oder arbeiten Sie vor einer Entscheidung
lieber weiter am Konsens?*

Abbildung 11: Entscheidungsstile

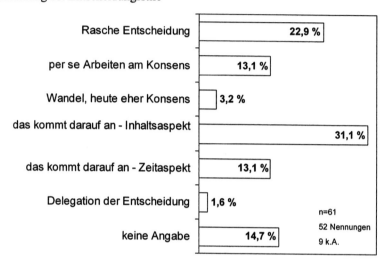

Die rasche Entscheidung als Kriterium managerialen Tuns

Zunächst fällt auf, daß fast ein Viertel der Befragten den raschen, unabhängigen
Entscheider repräsentiert. Für die knapp 23 % ist dies überwiegend die Grundlage ihrer Managertätigkeit, sie sehen es quasi als Anforderung an Spitzenmanager an, so und nicht anders zu entscheiden. Manche verweisen dabei auf ihre
Persönlichkeit und ihr Naturell, ihre innere Ungeduld, aber auch auf den Zeit-
aspekt als limitierende Systemvorgabe ihres Tuns. Einige nehmen für den Vor-
rang der schnellen Entscheidung sogar das Risiko der Fehlentscheidung wie
selbstverständlich in Kauf.

*„Eine Entscheidung sollte unverzüglich vom Management vollzogen werden. Unverzüglich
heißt im Grunde so schnell wie möglich, ohne schuldhaftes Verzögern. [...] Ich habe in meinem Unternehmen bislang noch keine Abstimmung vollzogen.“ (4:14)*

*„Ich bin recht ungeduldig. Ich neige dazu, möglichst zügig zur Conclusio zu kommen.“
(13:17)*

*„Ich bin einer, der rasche Entscheidungen sucht und gebe zu, auch etwas dominant zu sein.
Es wäre falsch, wenn einer sagt: Ich mache alles im Konsens. Das geht nicht. Dann wird er
nicht Top-Manager.“ (22:25)*

„Bei mir geht alles mit sehr schnellen und manchmal falschen Entscheidungen. Aber mir ist Schnelligkeit wichtiger als Richtigkeit." (52:20)

Entscheidungen im Konsens – aber nicht um jeden Preis

Für gut 16 % hat die Entscheidung im Konsens die grundlegende Priorität. Für diese Manager ist Konsens weitreichend, eine Grundvoraussetzung menschlichen Zusammenlebens. Sie erachten Konsens als Voraussetzung oder auch als Vorbedingung für Führung, da die Entscheidung länger hält, wenn die Folgenden in den Prozeß mitcinbezogen werden. Zu ihnen zählen gut 3 %, die im Laufe ihres Berufslebens zu der Einsicht gekommen sind, daß der absolute Entscheidungsaktivismus, den sie früher gleichermaßen für sich als gültig angenommen hatten, ernste Gefahren in sich birgt. Diese Spitzenmanager sehen daher den Konsens vor der schnellen Entscheidung.

„Ich habe ein hohes Harmoniebedürfnis. Da kann ich sicher auch mal ungerecht werden. Für mich zählt: möglichst lange am Konsens arbeiten, weil es dann hält." (21:22)

„Konsens ist das erste Ziel. [...] Ich bin davon überzeugt, daß dieser Weg auf Dauer der richtige ist." (27:31)

„Ich bin jemand, der versucht, den Konsens zu erzielen – denen, die die Entscheidung umsetzen müssen, das Gefühl geben, an der Entscheidung beteiligt zu sein." (50:20)

Nahezu 45 % der Befragten sprechen sich zwar letztlich für Konsensentscheidungen aus, legen sich allerdings nicht per se auf diesen Entscheidungsstil fest, sondern sind der Meinung: „das kommt darauf an [...]". Ihnen ist gemein, daß sie durchaus Konsens suchen oder dies als wünschenswert verstehen, die Umsetzung jedoch nur unter Nebenbedingungen zu realisieren verstehen. Diese Mehrheit teilt sich daher wiederum in zwei Gruppen auf. Über 30 % geben an, daß sie je nach inhaltlicher Notwendigkeit und Reichweite der zu treffenden Entscheidung Konsens auch auf Kosten der Zeit einfordern. Immer dann, wenn Struktur- oder Personalfragen zu klären sind, werden das Team, die Betroffenen oder die später in der Ausführung stehenden Mitarbeiter in den Entscheidungsprozeß mit einbezogen. Die verbleibenden 13 % machen ihre Abwägung, ob Konsens möglich wäre, alleine vom Strukturmerkmal Zeit abhängig. Sobald also ein Sachverhalt als besonders dringend wahrgenommen wird, kommt der raschen Entscheidung doch die höhere Priorität zu. In der täglichen Arbeitswelt der Manager scheint Zeit ein zentraler Impulsgeber für das Entscheidungsverhalten zu sein.

„Ohne daß Sie Menschen begeistern können, werden Sie kein Ziel erreichen. Da ist die Konsensfähigkeit gefragt. Dies in einem angemessenen Zeitraum herzustellen, ist meine Aufgabe." (7:15)

„Das kommt auf die Entscheidung an. In wichtigen Fragen schiebe ich lieber und arbeite auf eine Überzeugung hin und versuche, die Entscheidung im Konsens herbeizuführen. " (11:20)

„Es kommt auf die Fragestellung an. Bei einer reinen Sachentscheidung fällt es leichter, einfach zu entscheiden, als wenn persönliche Anliegen oder Statusfragen eine Rolle spielen. Das ist in meinen Augen die Kunst der Führung. " (12:13)

„Das Prinzip ist, daß die Entscheidungen im Konsens getroffen werden – aber Geschwindigkeit und Exekution sind dabei die obersten Prioritäten. Der alte Gorbatschow hat vollkommen Recht gehabt: Wer zu spät kommt, den bestraft das Leben, in jeder Hinsicht. Und dieser Spruch gewinnt zunehmend an Bedeutung. " (32:22)

„Wenn ich eine Chance sehe, daß ein Konsens zustande kommt, dann verschiebe oder vertage ich lieber eine Sitzung – wenn es aber die normalen Floskeln sind, dann dränge ich auf eine Entscheidung, wenn ich merke, daß es nicht um die Sache geht, sondern um die Position. " (38:9)

Bei Entscheidungsfragen ist Zeit die oberste Maxime

Hinsichtlich der Entscheidungsstile zeichnet sich ein gemischtes Bild unter den Befragten ab. Anscheinend sind es die verschiedenen Güterabwägungen, die über die Art zu entscheiden bestimmen. Die Manager lassen sich in ihren Entscheidungen insbesondere von terminlichen Aspekten und von sachlichinhaltlichen Anforderungen leiten, was auf die veranstaltende Komponente der Führung hinweist.

Dabei scheint das Argument der *Zeit* eine selbstverständliche, quasi rationale Komponente zu beinhalten, die im Sinne eines legitimen Eigenwertes fungiert. Oder dient das Strukturmerkmal Zeit gar nur als Ausrede, als Sachzwang, hinter dem man eine fehlende Konsensorientierung vor sich und vor anderen zu entschuldigen sucht? Erstaunlich wäre der Befund einer nicht hinterfragt hohen Konsensorientierung gewesen, in einer Zeit, die a priori immer mehr als knapp gedeutet wird. Zeit hat einen zunehmenden Eigenwert. Dies läßt auf eine Abnahme der Konsensorientierung schließen. Es findet nach eigenem Bekunden der Führungskräfte kaum eine Orientierung an anderen, externen Bezugsgrößen statt. Hier scheint der Manager als Entscheider weitestgehend auf sich selbst zurückgeworfen zu sein.

Das Verständnis von Repräsentativität scheint in diesem Punkt an jenen Stellen aufzuleuchten, die das Ziel gemeinsam getroffener Entscheidungen favorisieren. Diese Sichtweise bezieht sich allerdings mehr auf eine *demokratische* Beschlußfassung der unmittelbar Beteiligten als auf einen repräsentativ gewendeten Führungsprozeß. Den Aussagen des Spitzenmanagements zufolge erfolgen die Entscheidungen tendenziell, ohne sich auf die zugrundeliegende Gesamtstimmung zu berufen bzw. diese als vorgelagerten Schritt zu erspüren.

4.1.3 Prägungen, Vorbilder und Mentoren

Auf dem Weg in die Vorstandsetagen haben die Befragten verschiedene Karrieren durchlaufen, Rekrutierungsmechanismen erlebt und bis zur Herausbildung ihres eigenen Führungsverständnisses selbst Führung gespürt, positive wie negative Vorbilder erfahren, einen oder mehrere Mentoren gehabt. Wer waren die Menschen, was die Ideen und die Bezugsgrößen, die für die deutsche Wirtschaftselite maßgeblich prägend waren?

Beim Großteil der Führungskräfte überwiegt das *positive Erlebnis* von Vorbildern. Lediglich 13 % der Spitzenmanager in Deutschland meinen, daß sie sich und anderen generell keine Überhöhung zuschreiben möchten, daher also auch keine absoluten Aussagen treffen. 11 % sagen aus, daß es für sie generell keine Vor- oder Leitbilder gab und gibt. Im Großen und Ganzen lassen viele der Manager durchblicken, daß schon ihre frühen Jahre den Grundstein dafür gelegt hatten, was später für ihr Leben relevant und richtungsweisend wurde.

Frage 1: Wenn Sie zurückblicken, wie würden Sie Ihr Elternhaus bzw. das Ihrer Großeltern beschreiben?
* *Atmosphäre*
* *Materielle Verhältnisse*
* *Schichtzugehörigkeit*
* *Leitideen, die Ihnen mit auf den Weg gegeben wurden*
* *Prägende Einflüsse*
* *Stellenwert der Familie*

Tabelle 1: Prägungen, Vorbilder, Mentoren – der Familienkreis

Rang	Prägende Personen bzw. Ereignisse (Mehrfachnennungen)	(in %)
1	• Eltern (beide Elternteile bzw. auch jeweils Väter oder Mütter)	58 %
2	• Familie als Institution mit hohem Stellenwert	21,3 %
3	• (Kriegs-)Tod des Vaters	18 %
4	• Großeltern	16,4 %
5	• Nahe Verwandte (Onkel und Tante)	11,5 %
6	• Erlebnis der Flucht	8,2 %
7	• Freunde der Familie	3,3 %

Eltern und Familie sind bis heute zentrale prägende Institutionen
Für die Generation der heutigen Spitzenmanager spielen in der Rückschau die
eigenen Eltern eine bedeutsame Rolle für die Ausgestaltung ihres eigenen
Selbstverständnisses – und zwar auf verschiedenen Ebenen. Zwar waren die Jah-
re der Kindheit und Jugend nicht immer ausnahmslos geprägt von Harmonie und
Glück. Im Gegenteil:

Bis heute sind in den Wirtschaftslenkern die Bilder und Atmosphären gegenwärtig, in denen sich Liebe und Strenge, Religiosität und Tüchtigkeit, Armut und
Zufriedenheit, Engagement und Ohnmacht einander die Hand geben. Dies liegt
zum einen wohl an den Werten der damaligen Zeit im allgemeinen, nicht zuletzt
aber auch an der besonderen Situation der Kriegs- und Nachkriegsjahre sowie
der sich daran anschließenden Phase des Wiederaufbaus in Deutschland und den
jeweiligen Bemühungen um Sicherung und Neubeginn der Existenzen.

Die Spitzenmanager führen darauf nicht selten ihre innere Bereitschaft zu unter-
nehmerischem Handeln bzw. ihre jeweilige Risikoneigung zurück. In jedem Fall
sind bzw. waren für die meisten Manager die eigenen Eltern, aber auch das Eingebundensein in die größere Familie, eine bedeutende Prägung.
Hier wurden nach eigenem Bekunden Werte originär vermittelt, die nicht an eine andere Institution delegiert werden sollten bzw. konnten. Bei einigen reicht
dieser Kontakt auch in das Haus der Großeltern oder der nahen Verwandten,
insbesondere dann, wenn der Vater in Gefangenschaft war oder gar beide Elternteile Opfer des Krieges wurden. Gerade das Heranwachsen in „Frauenhaushal-
ten" war für viele der Befragten besonders prägend.

Der Großteil der Spitzenmanager bringt zum Ausdruck, daß die (Schul-) Ausbildung der Kinder im Zentrum der Bemühungen ihrer Elterngeneration stand.
Ihnen sollte eine solide Basis, sollten bestmögliche Startvoraussetzungen für den
eigenen Lebens- und Berufsweg geboten werden. Dies wurde in den meisten
Fällen erst durch ein hohes Maß an Opferbereitschaft und durch das Sich-
Hinein-Investieren seitens der Eltern ermöglicht. Eine solch dienende Haltung
geschah dem Tenor nach aus einer Selbstverständlichkeit heraus, ohne kalkulie-
rende Nutzengedanken.

Es ist interessant, daß die deutschen Spitzenmanager auch aus ihrer heutigen
Sicht, nach langen Jahren der Ausbildung und beruflichen Tätigkeit sowie dem
Gründen einer eigenen Familie, bis zu ihren frühen Wurzeln zurückgreifen,
wenn es darum geht, ihr Selbstverständnis zu erden. Fast ist zu vermuten, daß
das Verständnis von Führung durch die Phase der Kindheit eine nachhaltigere
Prägung erfahren hat, als durch manche der später erfahrenen, gezielten Trai-
nings- oder Weiterbildungsmaßnahmen.

„Meine Mutter hatte immer Hoffnung. Unglaublich. Das sind Dinge, die mich geprägt haben." (2:4)

„Sehr hoher Stellenwert der Familie. Sehr starke Frauen in der Prägung der Familie." (9:1)
„Gut behütet, meine Eltern haben sich wirklich bemüht, die schwierige Zeit nicht auf ihre Kinder fallen zu lassen. (13:1) Eine sehr starke Familienorientierung, wir haben diesbezüglich einen sehr strengen Vater gehabt – auch die Werte und Tugenden aus der Generation der Eltern." (13:2)

„Beide Eltern waren Flüchtlinge, das war prägend. [...] Die Familie ist tausend Jahre alt. Das spielt in der Erziehung – auch wenn man entwurzelt war, weil man sein Zuhause verloren hatte – eine Rolle." (18:1)

„Der Großvater war mein erstes Vorbild – er war sehr sozial und religiös (hat viel darüber geredet). Einfach ein geradliniger Mensch – glücklich, obwohl er mit wenig auskommen mußte – das hat mir imponiert. Je älter ich werde, um so mehr denke ich darüber nach." (22:15)

„Es war ein sehr armes Elternhaus. Die Leitgedanken geprägt von Armut und Sparsamkeit, aber keinerlei Klagen über die anderen, denen es besser ging. Trotz Armut Zufriedenheit." (27:1)

„Meine Kindheit war geprägt von den Mühen nach dem Krieg. Die Eltern waren sprachlos, ohnmächtig von den Kriegserfahrungen. [...] Die Eltern wurden früh geschieden – ich wuchs dann bei der Mutter auf. [...] Für schöngeistige Gedanken war wenig Raum, es ging ums Überleben. [...] Das Ziel war, eine gute Ausbildung zu bekommen." (29:1)

„Die Eltern arbeiteten Tag und Nacht, um die Ausbildung der Kinder zu gewährleisten." (33:3)

„Es war eine Prägung hinsichtlich materieller Versorgung und guter Ausbildung. (42:1) Es aus eigener Kraft heraus zu etwas bringen." (42:2)

„Ich hatte eine sehr behütete Kindheit, dank des Mehrgenerationenhaushaltes. (45:1) Ich habe viel vom Großvater mitbekommen – der hatte Zeit, hat viele Geschichten erzählt, die Phantasie angeregt, hat mir beigebracht zu träumen und nicht nur die reine Rationalität, die reine Effizienz zu sehen. Dort durfte ich Gänse hüten, im Gras liegen und ähnliches." (45:2)

„Meine Mutter hat ohne große Worte vorgelebt, daß man auch in Phasen ohne materielle Möglichkeiten bestehen kann, wenn man sich selbst treu bleibt. Dies wurde dann auch die Marschroute fürs Leben." (51:1)

Die nachfolgende Auswertung ergänzt den Aspekt der Vorbilder in der Institution Familie um weitere prägende Personengruppen oder Leitideen, die zu den oben genannten hinzutreten. Dabei waren im Leitfaden zwei Fragen von besonderem Interesse:

Frage 2: Gibt es über das Elternhaus hinaus Einflüsse, die für Ihre Prägung und die Entwicklung Ihrer Werte von Bedeutung waren? (Z.B. Kultur, Religion, Vorbilder, Erfahrung)

Frage 20: Gab es für Sie selbst Mentoren, Autoritäten, die Sie geprägt haben? (Die Ihnen Vorbild waren, denen Sie nacheifern wollten?) Worin lag das Vorbildhafte?

Tabelle 2: Prägungen, Vorbilder, Mentoren – allgemein

Rang	Prägende Personen bzw. Vorbilder (Mehrfachnennungen)	(in %)[16]
1	• Die eigenen Vorgesetzten	34,4 %
2	• Pastoren, religiöse Menschen	26,2 %
3	• Politiker	23 %
4	• Jemanden, den man persönlich erlebt hat	21,3 %
5	• Lehrer	19,7 %
6	• Professoren, Doktorväter	14,8 %
7	• Vaterfiguren • Erlebnisse im Sportbereich	8,2 %
8	• Intellektuelle	6,6 %
9	• Leiter der Jugendgruppe • Prominente Wirtschaftsvertreter • Künstler	4,9 %
10	• Prominente Wissenschaftler • Zeit im Internat • Historische Personen	3,3 %
11	• Der Papst	1,6 %

Das Ranking integriert die Mehrfachnennungen über alle Interviews hinweg, d.h., es finden sowohl die Prägungen aus der privaten Lebenswelt als auch diejenigen aus den Bereichen Ausbildung und Berufsleben Eingang.

Erlebte Vorbilder prägender als abstrakte Leitideen

Gut ein Drittel der Führungskräfte gibt an, daß es gerade die eigenen Vorgesetzten, also andere Führungskräfte waren, die sie im Hinblick auf ihre aktuelle berufliche Situation, aber auch darüber hinaus, geprägt haben. Über ein Viertel

---

[16] Die Prozentangaben gelten pro Aufzählungspunkt. Aussagen mit derselben Prozentzahl werden in einem Rang zusammengefaßt.
Lesebeispiel für Rang 7: Sowohl Vaterfiguren als auch Erlebnisse im Sportbereich wurden von 8,2 % der Befragten genannt.
Diese Darstellung gilt auch für die weiteren tabellarischen Auswertungen.

weist religiösen Menschen, darunter die eigenen Eltern, aber auch Pastoren bzw. Priestern, eine bedeutende Rolle zu. Hier kommen die Wirtschaftslenker insbesondere auf wertgeladene Ideen und Leitlinien zu sprechen, die im faktischen Erleben griffig und faßbar wurden. An dritter Stelle rangieren mit 23 % Politiker, wobei hier die freien Nennungen vor allem die deutschen Bundeskanzler von Konrad Adenauer bis Helmut Kohl, von Willi Brandt bis Helmut Schmidt zitieren, aber auch darüber hinaus reichen.

Knapp 20 % können ihre Lehrer als besondere Quelle ihrer Identität erkennen, denen die Hochschullehrer bzw. Doktorväter mit knapp 15 % folgen. Gut 8 % konkretisieren die Vorbilder jeweils auf Vaterfiguren bzw. auf den Bereich Sport, dazu gehört als prominenter Vertreter etwa der Extrembergsteiger Reinhold Messner. Auf den hinteren Plätzen rangieren einigermaßen gleichgewichtet Intellektuelle, die eigenen Jugendleiter, Künstler, Wissenschaftler, etc. sowie als „Schlußlicht" das Oberhaupt der katholischen Kirche, der Papst.

Diese Formulierung bedarf, um nicht mißverstanden zu werden, der Erklärung. Es gilt bei diesen Rangfolgen wiederholt zu betonen, daß es sich nicht um das standardisierte Auswertungsergebnis geschlossener Fragenkataloge handelt, sondern vielmehr um die qualitativ herauspräparierten Identitätsbausteine, die die Manager frei assoziierend genannt hatten. Insofern ist der letzte Platz eines solchen Rankings anders zu interpretieren, als man auf den ersten Blick vermutet.

Daß über ein Drittel der Manager andere Manager als prägend nennt, muß augenscheinlich nicht überraschen. Denn in diesen Kreisen bewegten sie sich wohl über viele Jahre ihrer beruflichen Karriere, wohl wissend, daß sie von diesen Vorbildern zielgerichtete Prägung und die eine oder andere sich öffnende Tür erfahren haben. Die Nennung des Oberhauptes der katholischen Kirche hingegen ist in diesem Zusammenhang als Unicum zu bezeichnen – denn gegenüber der Institution Kirche, bzw. gegenüber dem religiösen System, hat sich das System Wirtschaft über viele Jahre hinweg durchaus emanzipiert oder sogar immunisiert.

Vor diesem Hintergrund läßt sich die obige Tabelle auch lesen als eine Bestandsaufnahme der prägenden Systembereiche bzw. Lebensbereiche der Manager.

1. Wirtschaft
2. Religion
3. Politik
4. Unmittelbare Erlebnisse (aus „erster" Hand)
5. Bildung (Schule und Hochschule)
6. Vaterfiguren

Als Grundtenor bezüglich der Prägungsinhalte ist weitgehend davon die Rede, daß die genannten Vorbilder ihre Rolle als Motivationsimpulse, Freiräume schaffende Personen oder als Förderer wahrgenommen hatten und haben.

Obwohl dies so nicht gefragt wurde, formulieren gut ein Fünftel der Manager von sich aus, daß es generell Prägungen von Personen sind, die sie selbst am eigenen Leib erlebt bzw. erfahren haben. Auch die anderen Nennungen untermauern diese Erkenntnis. Lediglich gut 3 % nennen historische Personen als Vorbild – alle anderen Statements beinhalten eher unmittelbar lebensnahe Zeitgenossen als Referenz – in erster Linie durch „Live-Erlebnisse", aber auch durch mediale Vermittlung.

„Es gab gute und schlechte Lehrer, von den Guten wurde man stärker beeinflußt. (1:3) Mein Vorgänger (Vorgesetzter) war ein Mann, von dem man viel lernen konnte. (1:13) Es gab auch Unternehmerpersönlichkeiten, die mich stark beeinflußt haben." *(1:14)*

„Ich bin eigentlich geprägt von zwei Menschen, die mir persönlich sehr geholfen haben: Zum einen der Vorsitzende einer Sparkasse, der hat immer den Finger in die Wunde gelegt. Der andere war der „Senior", der war eine Vaterfigur, vor dem hatte ich ungeheuren Respekt, weil der sehr früh ein Talent von mir erkannt hat, auf Menschen zuzugehen, mit Menschen zu verhandeln. Der hat mich sehr schnell in die Verbandsaufgaben mit eingebunden." *(5:16)*

„Unser Deutschlehrer war ein sehr außergewöhnlicher Mann, der uns mit allen Themen konfrontiert hat, die die Suche nach dem Sinn, nach den Werten zum Gegenstand hatten." *(8:2)*

„Beruflich gibt es in der Tat schon Vorbilder. Menschen, die man persönlich erlebt hat wie sie waren." *(10:5)*

„Fast alle Vorgesetzten hatten Mentorenfunktion. Das Vorbildhafte war: man konnte viel von ihnen übernehmen, lernen. Nicht nur in fachlicher Hinsicht, sondern auch hinsichtlich der Sozialkompetenz." *(24:21)*

„Mein ehemaliger Vorgesetzter ist ein Anti-Vorbild. Er hat Menschen vernichtet." *(25:8)*

„Ich arbeitete 2 1/2 Jahre am Lehrstuhl eines späteren Nobelpreisträgers mit lebensprägender Atmosphäre." *(26:5)*

„Unser Pfarrer war eine starke Bezugsperson, sehr lebensnah." *(46:3)*

„Generell die Familie sowie Personen, die mir einfach im Laufe meines beruflichen Lebens begegnen. Kein Albert Einstein – eher harmlosere Menschen." *(50:17)*

„Vorstandsvorsitzende und Professoren haben geprägt – haben Vorbildliches geleistet und haben nebenbei auch noch ein soziales Engagement zu Wege gebracht." *(56:10)*

Führungsprinzipien werden im vorbildhaften Erleben vermittelt
Für die deutsche Wirtschaftselite wurde Führung durch Mentoren im Laufe ihres
Lebens immer wieder regelrecht spürbar. Führung vermittelt sich vor dieser Betrachtungsebene also anhand *konkreter Bezüge*, eher durch erlebbare Begegnun-
gen als durch abstraktes, erlerntes Theoriewissen z.b. aus den Bereichen Kommunikation und Motivation.

Führung korreliert gewissermaßen mit einem Leben (bzw. Lebensstil) aus „erster Hand". Die vielfach medialisierte und mediatisierte, mit verschiedensten
„Filtern" versehene Moderne scheint dieses Grundprinzip von Führung der Tendenz nach zu unterdrücken. Dies bestätigen auch die Befunde der Untersuchung
zur Wahrnehmung der Manager hinsichtlich des gesellschaftlichen Wertewandels und des Stellenwertes ethisch-moralischer Fragen.

Die Auswertungen zu den zentralen Prägungen weisen der Repräsentationsidee
– sowohl der Veranstaltenden wie der Hirtlichen Führungskomponente – eine
durchaus hohe Bedeutung zu. Aus Sicht der Befragten zählen diejenigen Personen zu den nachhaltig prägenden, denen es gelungen ist, die entweder instrumentelle oder integrative Seite der Interaktion durch ihr Vorbild zu legitimieren.

4.1.4 Selbsteinschätzung zu Vorbildfunktion und Führungsanspruch

Aus Sicht der Spitzenmanager finden sich verschiedene Aspekte, die sich direkt
mit dem Thema Führung in Beziehung bringen lassen. Die Befragten skizzieren
ihr persönliches Führungsverständnis dergestalt, indem sie berichten, was ihnen
im Zusammenhang mit Führung besonders am Herzen liegt, wie sie selbst versuchen, Führung wahrzunehmen. Damit findet quasi eine Art Nabelschau statt,
die implizit auch Themen beinhaltet, die von den Befragten als wünschenswert
erachtet werden.

Frage 19: In welcher Hinsicht sehen Sie sich im Beruf und im sonstigen Leben als vorbildge-
bend?

Tabelle 3: Einschätzung der persönlichen Vorbildfunktion

Rang	Vorbildfunktion und Führungsanspruch (Mehrfachnennungen)	(in %)
1	• Ich sehe mich als Vorbild, lebe Werte vor	36 %
2	• Ich bin glaubwürdig, integer	18 %
3	• Ich bin erreichbar, habe offene Türen	14,7 %
4	• Ich versuche hinzuhören, die Grundstimmung zu erspüren	13,1 %
5	• Ich bin transparent, sage, was ich denke • Ich vertraue jedem Mitarbeiter, bin loyal	11,5 %
6	• Ich bringe anderen Respekt und Achtung entgegen • Ich bin fair und gerecht	6,5 %
7	• Ich denke nicht in Hierarchien	4,9 %
8	• Ich integriere • Ich vermeide, mich selbst zu inszenieren	3,3 %
9	• Ich bin tolerant • Ich will fachlich gut sein • Ich will keine dogmatische Haltung im Unternehmen • Ich bin emotional • Ich will mit meinen Pfunden wuchern	1,6 %

Die eigene Vorbildfunktion ist für Führung konstitutiv

Die Nennungen belegen, daß bei aller Individualität der Aussagen die absolute Mehrheit der Manager Elemente von vorbildhafter Führung für sich beansprucht. Immerhin 36 % der Befragten setzen sich explizit selbst das Ziel, vorbildhaft zu sein. Sie verbinden damit u.a., daß es ihnen gelingt, die Erwartungen, die sie an andere stellen, auch selber einzulösen und damit den erhobenen Anspruch, die propagierten Werte vorzuleben.

Dagegen sind etwa 11 % der Meinung, daß sie sich selbst nicht als Vorbild bezeichnen möchten bzw. dies gar nicht anstreben. Sie würden eher die Entscheidung dem Individuum überlassen oder denken sogar, daß sie noch zu jung dafür wären, um Vorbild zu sein. Vielleicht spielt hier auch eine gewisses „Understatement" eine Rolle, schließlich können alle Befragten doch bereits auf eine gewisse berufliche wie private Lebenserfahrung blicken.

Weitere 18 % sehen sich als glaubwürdig und integer an, knapp 15 % sind erreichbar und haben immer offene Türen, je gut 11 % sind in ihrem Auftreten transparent und gegenüber ihren Mitarbeitern/Mitmenschen loyal und bringen ihnen Vertrauen entgegen.

Hinhören als führungsrelevantes Element

Neben diesen Ausführungen, die allesamt ein *aktives* Bemühen und Verhalten um Führung beinhalten, finden sich interessanterweise gut 13 % der Manager, die zusätzlich eine auf den ersten Blick zwar eher passive, aber nicht minder führungsrelevante Sicht auf ihr Handeln legen. Ihnen ist gemein, daß sie, um zu führen, in erster Linie das Zuhören, das Annehmen von Ratschlägen, das Beachten der Religion sowie das Erkennen gesellschaftlicher Tiefenströmungen als zentral ansehen. Hier klingt ein hohes Maß an Repräsentativität an.

Für viele der Spitzenmanager sind die geschilderten Themenkomplexe Selbstverständlichkeiten, die sie als nicht besonders erwähnenswert oder gar spektakulär empfinden. Profanes wird hier selten zum Heiligen gemacht. Vergleicht man die aktive Einschätzung des vorbildlichen Lebens mit den weiter unten dargestellten ‚Führungseigenschaften von morgen' und den ‚Empfehlungen an die kommende Führungskräftegeneration', so findet sich im Hinblick auf die Konsistenz der Aussagen ein hohes Maß an Deckung.

„Es würde mich freuen, wenn ich einfach von außen her glaubwürdig mit gewissen Dingen zitiert werde. Beispielsweise als jemand, der vermeidet, sich selbst zu inszenieren. Der also die Person zurücknimmt hinter der Sache und hinter dem Unternehmen." (1:12)

„Die Loyalität zu den Mitarbeiter auch gegenüber Kunden aufrecht erhalten: Leute, wir halten an diesen Stellen zusammen und wenn es Prügel für Euch gibt, dann sind das auch Prügel für mich." (3:8)

„Was ich auch meinem Umfeld abverlange, das sind von vornherein die Werte, in denen ich mich selbst zu bewegen habe." (4:4)

„Die Fähigkeit, Menschen Sicherheit zu geben, sich an etwas zu orientieren, Werte zu vermitteln und sie hoffentlich auch zu leben und Erfolgsgarant zu sein." (8:14)

„Die Disziplin und das Pflichtbewußtsein und die Härte, die ich mir selber gegenüber bringe, die auch automatisch ausstrahlt auf meine Mitmenschen, weil da einfach das Vorbild ist. Der ist da, dann bin ich auch da." (10:29)

„Ob mich jemand als Vorbild nimmt oder nicht, das ist dann dessen Geschichte. (11:13) Ich arbeite zumindest nicht daran, Vorbild zu sein." (11:14)

„Ob ich nun Vorbild bin oder nicht – da müssen Sie andere fragen. Ich will meinen Leuten beibringen, daß sie lustig bleiben, daß sie gerne in die Arbeit gehen, daß sie mit Menschen gut umgehen. Und das kann ich nur verlangen, wenn ich auch so bin." (22:15)

„Daß Mitarbeiter sagen: mit dem haben wir gerne zusammengearbeitet. Ich habe immer versucht, die Mitarbeiter am langen Zügel zu führen – ihnen vollen Vertrauensvorschuß zu geben. (33:16) Man überlebt nicht lange, wenn man mit Halb- oder sogar Unwahrheiten in der Öffentlichkeit steht – dann hat man keine Glaubwürdigkeit mehr – dabei ist das das Wichtigste: Sie müssen ihre Glaubwürdigkeit behalten." (33:23)

„Ich sehe mich nicht als Vorbild an sich, sondern freue mich, wenn mir jemand sagt: das was du mir gesagt hast, das hat mir geholfen, hat mir viel bedeutet." (41:17)

„Man überfordert die Leute, in dem man ihnen vorlebt, was man selbst für wichtig und zentral erachtet." (52:18)

Zur Selbstbindung der Wirtschaftselite

Die deutschen Spitzenmanager nehmen sich selbst in die Pflicht. Sie formulieren bis auf wenige Nennungen einen durchweg hohen Anspruch an ihr eigenes vorbildhaftes Verhalten, an das glaubwürdige Vorleben, das Erreichen eines hohen Maßes an Integrität. Dies gilt zwar in erster Linie gegenüber den Mitarbeiterinnen und Mitarbeitern im eigenen Unternehmen, aber auch darüber hinaus in die Bereiche des privaten und öffentlichen Lebens.

Inwieweit sie mit ihrem Bemühen erfolgreich sind, wagen die Manager nicht immer selbst zu beurteilen. Hierfür verweisen sie auf die Interpretation der von ihnen geführten bzw. der ihnen folgenden Personen. Dieser Aspekt, daß einige der Befragten die Resonanz, das Feedback der Gefolgschaft suchen, verkörpert wiederum die soziologisch als „repräsentativ" bezeichnete Funktion von Führung. Dies scheint jedoch nicht Teil eines institutionalisierten bzw. „eingeübten" Interaktionsprozesses zu sein.

Was wir heute dringend brauchen, sind nicht
so sehr intelligente oder begabte Menschen,
sondern Menschen mit seelischem Tiefgang.
Richard Foster (aus MacDonald 2000:54)

4.1.5 Definitionen und Begriffe von Führung und Führungserfolg

Wie würden die deutschen Spitzenmanager Führung definieren? Welche Aspekte und Facetten kennzeichnen für sie erfolgreiches Führungshandeln? Gerade diese Fragen sind von besonderem Interesse, um das Selbstverständnis der Wirtschaftselite hinsichtlich Führung näher kennenzulernen und so von ihrer Führungserfahrung zu profitieren.

So formulierten drei der Befragten (5 %) ihre Assoziationen zum *Begriff Führung*. Interessanterweise finden sich dabei auch drei verschiedene Sichtweisen. Ein Manager ist der Meinung, daß der Terminus Führung negativ belegt sei – „ [...] für die nächsten Jahrhunderte verbrannt", eine Stimme äußert sich ambivalent und ein Befragter denkt, daß der Führungsbegriff als „Erfolgsfaktor wieder belebt werden sollte.".

Personales Verständnis rangiert vor der organisationalen Sicht
Die deutschen Spitzenmanager nehmen eine Dichotomie war: die Trennung des
Phänomens Führung als personales und Führung als organisationales Element.
Der letzte Aspekt nimmt dabei die untergeordnete Rolle ein; nur vier der Unternehmenslenker beschreiben Führung aus organisatorischer Perspektive.
So verstehen zwei der Befragten die Führungsfunktion einer Organisation oder
eines Unternehmens als eine „Vertrauensgemeinschaft", ein weiterer denkt, daß
es als Unternehmen ratsam sei, „ [...] sich ruhig zu verhalten und nicht die
Macht zu zeigen, die man hat", der verbleibende denkt, daß ein Unternehmen „
[...] gesellschaftlichen Vorbildcharakter" hat. Wobei es wichtig ist festzuhalten,
daß auch diese Aussagen denselben Grundtenor in sich tragen, wie die folgenden Ausführungen – Ruhe, Vertrauen, Vorbild.

Somit scheint also der personalen Dimension von Führung die größte Bedeutung
zuzukommen. Führung im Sinne einer kulturellen Sichtweise wird eher weniger
stark thematisiert.

Tabelle 4: Begriffliches zum Führungserfolg

Rang	Wie man Führungserfolg erlangt (Mehrfachnennungen)	(in %)
1	• Durch Charakter und moralische Integrität	11,5 %
2	• Durch Glaubwürdigkeit	8,2 %
3	• Durch Bescheidenheit, Demut, Dienst	6,6 %
4	• Durch Fairneß	4,9 %
5	• Indem die Führungskraft selbst Vorbilder hat, Führung erfährt • Durch Nachvollziehbarkeit • Durch Selbstführung, sich treu bleiben	3,3 %
6	• Durch Disziplin • Durch gezielten Kommunikationsstil • Durch innere Balance • Durch einen klaren Blick	1,6 %

Führung setzt charakterliche Qualitäten voraus
Die Wahrnehmungen der Manager verweisen darauf, daß Führungserfolg in hohem Maße mit sozialen wie moralischen Anforderungen an die führende Person
korreliert. Die Führungskraft kann nicht im luftleeren Raum agieren, sie ist ursächlich Teil eines sozialen Gebildes und verantwortlich gegenüber denen, die
ihr zugeteilt wurden bzw. die sich bewußt dazu stellen.
Dabei hat die *charakterliche Integrität* die höchste Bedeutung. Auch die Begriffe der Bescheidenheit, der Demut oder des Dienstes scheinen für Führung kon-

stitutiver Bestandteil zu sein. Interessant ist auch die Feststellung, daß Führende nicht die letzte Instanz zu sein scheinen, nicht das Maß aller Dinge sind. Immerhin finden sich zwei Spitzenkräfte, die betonen, daß auch Führungskräfte Führung benötigen, selbst Vorbilder brauchen, sich selbst treu bleiben sollten. Aus Sicht der Spitzenmanager könnte eine Zusammenfassung der „Do's" und „Don't's" zum Thema Führungserfolg folgendermaßen lauten:

Die „Do's":
Führung muß transparent geschehen, Führungspersonen müssen sich „erklären".

Die „Don't's":
Führung ist keine vertragliche Idee im Sinne einer strategisch rationalen Wahlentscheidung.

Führung ragt über die unmittelbare Interaktion oder einen Medienauftritt hinaus. Sie baut auf einem Vorverständnis auf und hinterläßt Spuren beim Individuum, die über die reine Interessenebene hinausgehen.

„Die Vorbildfunktion ist zentrale Führungseigenschaft." (3:14)

„Auch Führungskräfte brauchen Führung, das ist ein ganz wichtiger Punkt." (10:21)

„Also mir sind eben bescheidene Leute lieber als auftrumpfende Egomanen." (11:14)

„Klar artikulieren, wo man selber steht, sich nicht verbiegen lassen durch Opportunität. Wer das beherzigt, wird immer – wo er dann mal landet – seinen Weg machen." (12:9)

„Charakterfestigkeit wird eine große Rolle spielen (14:5). Wer führen will, muß von den Menschen als jemand empfunden werden, dem man folgen kann mit seinen Meinungen." (14:6)

„Vorbild sein: nicht der große Zampano, Dirigent oder Kapellmeister, der den Stock schwingt, sondern Menschen von dem was man gelernt hat, etwas weiterzugeben." (36:21)

„Daß es Menschen gibt, die sich unter meinem Coaching entwickelt haben. Wichtige Positionen woanders wahrnehmen und bestimmte Dinge in ihren Führungspositionen als Leader umsetzen." (40:11)

„Eine gute Führungskraft braucht Menschen, eine schlechte Führungskraft gebraucht Menschen." (48:27)

„Berechenbarkeit, Zuverlässigkeit, Geradlinigkeit und Ehrlichkeit sind die fundamentalen Begriffe, die in die Topetage führen. Dazu gehört noch der Bereich der Bescheidenheit – ein Stück Demut. Das öffnet unglaublich viele Türen. Auch ein Schuß Dankbarkeit." (60:13)

Die deutschen Spitzenmanager sehen erfolgreiche Führung überwiegend als das Ergebnis eines Interaktionsprozesses an, der nicht nur die oberflächliche Wahrnehmung tangiert, sondern vielmehr die tieferliegende Ebene des Vertrauens, der Verläßlichkeit sowie des Charakters berührt. Dabei sind Demut, Vorbild oder Bescheidenheit solche Erfolgsfaktoren, die in der gängigen Management- und Führungsliteratur eher selten zu finden sind. Dies unterstreicht eine hohe Wertbindung im Selbstverständnis der deutschen Wirtschaftselite. Auf diese Weise haben die Befragten ihren Weg in die Top-Etagen gemacht.

4.1.6 Selbsteinschätzung der Mentorenrolle

Ein weiterer Baustein auf dem Weg, das Führungsverständnis der deutschen Wirtschaftselite näher zu beleuchten, findet sich in der Auswertung der Beiträge zur Mentorenrolle, in die sich die Befragten während der Gespräche hineinversetzten.

Frage 18: Wenn Sie sich gedanklich in die Rolle eines Mentors hineinversetzen: Was würden Sie vor dem Hintergrund Ihrer eigenen Erfahrung angehenden Führungskräften an Grundsätzen/Werten mit auf den Weg geben?

Tabelle 5: Die Mentorenrolle

Rang	Empfehlungen in Sachen Führung (Mehrfachnennungen)	(in %)
1	• Teamfähigkeit	36,1 %
2	• Verantwortung übernehmen, Vorbild sein, Dienen	31,1 %
3	• Charakterbildung, Persönlichkeit, soziale Kompetenzen	27,9 %
4	• Selbstführung, sich treu bleiben	16,4 %
5	• Werteorientierung, Rückbesinnung auf Tugenden • Andere begeistern, motivieren	13,3 %
6	• Generalistische Ausbildung und Haltung • Lernfähig bleiben, Offenheit • Visionäres, langfristiges Denken	8,2 %
7	• Sich international orientieren • Menschen entdecken, die förderungswürdig sind	6,6 %
8	• Aggressivität und Ehrgeiz • Zuhören können • Balance zwischen Berufs- und Privatleben	4,9 %
9	• Identifikation mit der Arbeit, Spaß an der Arbeit • Nicht Positionen hinterher rennen • Bindungsfähigkeit stärken, da Loyalitätsbereitschaft sinkt	3,3 %
10	• Einfachste Arbeiten im Unternehmen kennen • Geduld Gelassenheit	1,6 %

Soziale Kompetenzen dominieren die Mentorenempfehlungen

Die weiter oben formulierten „Erfolgsbausteine" von Führung finden in dieser Darstellung ihre inhaltliche Fortsetzung. Auf dem Weg zur Führungskraft erachten die etablierten Spitzenmanager *Teamfähigkeit* als das zentrale Element, das über 36 % aufgrund ihrer eigenen Erfahrungen nennen.

Ein weiteres knappes Drittel formuliert den Dienst, die Vorbildfunktion als zentrales Merkmal, das eine Führungskraft auszeichnet. Für weitere 28 % sind dies die charakterlichen, personalen und sozialen Werte, die sie angehenden Führer-Innen mit auf den Weg geben (würden).

Etwa ein Sechstel der Befragten empfiehlt dem Nachwuchs, auf sich selbst acht-zugeben und nicht die Bodenhaftung zu verlieren. Jeweils gut 13 % empfehlen eine (neue) (Rück-)Besinnung auf Werte sowie Begeisterungsfähigkeit. Auch werden jeweils von gut 8 % eine generalistische Ausbildung, langfristig orientierte Denkhaltungen sowie „open-mindedness" für wichtig gehalten. Eine internationale Orientierung und das Entdecken förderungswürdiger Personen spielt für jeweils gut 6 % eine Rolle. Knapp 5 % fordern in selbem Maße Aggressivität, die Fähigkeit zuzuhören sowie die Balance aus Beruf und Privatleben.

In einem Atemzug werden weiterhin genannt: Die Identifikation mit der eigenen Arbeit sowie der Spaß daran, kein Hinterherrennen nach Positionen und die Aufgabe, die Bindungsfähigkeit der Nachfolgenden zu stärken, da die Loyalitäten zu sinken scheinen. Jeweils ein Befragter formulierte den Anspruch, auch die einfachsten Arbeiten im Unternehmen zu kennen und Geduld bzw. Gelassenheit sein Eigen zu nennen.

*„Man muß mit hochqualifizierten, intelligenten Menschen umgehen können, denn die durch-schauen schnell, wenn da mit gezinkten Karten gespielt wird. Vor allen Dingen nicht mit he-raushängender Zunge irgendwelchen Positionen hinterher rennen – das halte ich für unklug."
(11:10 & 13)*

„Für Menschen gilt heute wie früher: Sie wollen jemanden haben, an dem sie sich orientieren können. [...] Das gilt besonders für junge Menschen, die auf der Suche sind. [...] Für Unter-nehmen ist es wichtig, sich an denen ausrichten zu können, die Führungsaufgaben haben. Das ist heute vielleicht noch wichtiger als früher. [...] Solange alles wie nach der Bibel oder son-stigen Regeln festgelegt war, konnte man sich genau daran orientieren. Heute, wo die Dinge sehr viel mehr im Fluß sind, sehr viel mehr Veränderung auch da ist, wird man sich stärker fragen, was macht der oder was macht die? Und sich dann danach ausrichten." (14:6)

*„Eine klare Vision zu haben ist zentral und Konzepte zu entwickeln, wie ich dorthin komme. Die Mitarbeiter einbinden und Arbeit verteilen, Meilensteine festlegen, die Erfolgskontrolle: ein absolutes Muß. [...] Der wichtigste Punkt: die Ehrlichkeit entwickeln, sich selbst zu sa-gen, ich bin auf einem Fehlweg. (14:22) Fehler eingestehen und Hilfestellungen annehmen."
(14:23)*

„Learning by doing, möglichst schnell auf möglichst viel Flexibilität aus sein, früh Erfahrun-gen sammeln, um eigenen Platz im Leben zu finden." (24:19)

„Sie sollten ein Gespür dafür haben, ob das, was sie einbringen wollen in dem menschlichen Umfeld, ob es dort Widerhall findet und auch aufgenommen wird. Es gilt eine kreative menschliche Atmosphäre zu schaffen." (26:30)

„Ich empfehle langfristiges Denken, keinen „Monatsmoden" folgen, sondern nach einer soliden Basis sehen – das gilt heute noch mehr als früher. (30:9) Das Auseinandersetzen mit Werten und geistigen Dingen hilft im Alltag." (30:10)

„Glaubwürdigkeit, soziale Verantwortung, Gerechtigkeit, der Blick für den anderen. Dann kann man auch Fehler machen und die dann eingestehen – das ist das A und O einer guten Führung." (39:21/22)

„Karriereplanung – das geht eigentlich nicht. Es darf kein Drängeln sein. Karriere ist wie ein Floh im Hund, man muß nur bereit sein, irgendwann kommt der Hund vorbei. Der Floh, der ständig schreit: Hier, hier – der wird nicht weiterkommen." (45:24)

Wie die Zitateauswahl veranschaulicht, handelt es sich bei diesen – wie auch bei den anderen Nennungen – um Aspekte, die bei der betreuten bzw. geförderten Generation nicht oder nicht mehr selbstverständlich vorausgesetzt werden können. Die Ratschläge und der Grundtenor dieser Auswertung deckt sich mit den Ergebnissen der Darstellung der „Führungseigenschaften von morgen" und klingt auch in der Einschätzung der Manager zu Moral und Ethik an.

Führung bekommt in der Perspektive des Mentorenaspektes eine *gemeinsinnige* Dimension – im Vordergrund der verdichteten Aussagen stehen die Aspekte des Dienstes an den Mitarbeitern, am Unternehmen, aber auch an der Gesellschaft. Insofern weisen die deutschen Spitzenmanager ein Verständnis von sozialen Kompetenzen auf, das nicht lediglich instrumentell dem Aufbau der *eigenen* Karriere dient, also quasi die mikropolitischen Machtspiele optimiert.

Soziale Kompetenz bedeutet im Licht dieser Erhebung das Sich-Hinwenden zu den Menschen, Ressourcen und Aufgaben sowie den Dienst am Menschen.

4.1.7 Lob und Kritik am Führungsnachwuchs

Unter der Rubrik „Lob und Kritik am Führungsnachwuchs" kommen sowohl all jene Aspekte zur Sprache, die die Manager an der nachfolgenden Generation schätzen, als auch solche Elemente, die sie eher vermissen. Zum einen werden wiederum zentrale Werte und Vorbedingungen, Eigenschaften und Charaktermerkmale deutlich, die aus Sicht der etablierten Wirtschaftselite für die Bewältigung ihrer Verantwortungsbereiche vonnöten sind.
Die nachfolgende Diagnose zu den „Führungskräften von morgen" liefert dabei einen nicht unwesentlichen Befund, wie es um die Führungsanforderungen bestellt ist. Gleichzeitig offenbart sich eine evtl. Deckung oder Diskrepanz zwi-

schen den notwendigen Voraussetzungen für und den vorhandenen Ressourcen an Führungspotentialen.

Frage 46: Was schätzen Sie am Führungsnachwuchs besonders, was fehlt Ihnen manchmal?

Tabelle 6: Lob am Führungsnachwuchs

Rang	Was an der nächsten Generation gefällt (Mehrfachnennungen)	(in %)
1	• Ehrgeiz, Einsatzbereitschaft	27,9 %
2	• Offenheit • Ausbildungsniveau, Qualifikation	13,1 %
3	• Mut und Risikofreude	11,5 %
4	• Internationalität, globale Orientierung • Kritikfähigkeit, fordernd-freches Auftreten	8,2 %
5	• Zielorientierung, Härte bei Entscheidungen	6,6 %
6	• Kreativität	4,9 %
7	• Kommunikationsstärke • Ungeduld • Mobilität • Lernbereitschaft • Soziale Kompetenzen • Hohes Identitfikationsniveau • Optimismus • Frauen sind besser zu bewerten als Männer	1,6 %

„Vordergründige" Managerqualitäten sind beim Nachwuchs verankert
Der von den Managern „live" erlebbare bzw. beobachtbare Führungsnachwuchs zeichnet sich am ehesten durch hohen Ehrgeiz und eine hohe Einsatzbereitschaft aus, was immerhin knapp 28 % der Befragten konstatieren. An zweiter Stelle rangieren die spürbare Offenheit gegenüber neuen Fragestellungen und Herausforderungen sowie eine breit angelegte, gute Qualifizierung und Ausbildung.

Desweiteren gehören neben Risikofreude und Mut auch die oftmals durch Auslandssemester oder –praktika erworbenen internationalen Qualifikationen dazu. Mehrmals genannt wurden Eigenschaften wie „kritisch sein, rotzig sein", Härte in der Entscheidung und Zielorientierung. Die lobenswerten Merkmale beziehen sich damit in erster Linie auf sogenannte „hard facts", auf eher formal unternehmerische Qualifikationen und auf Zielerreichung hin angelegte Eigenschaften bzw. Charakterzüge.

„Der Vorteil ist, daß die jetzige Generation ehrgeiziger ist, als die, die vor zwanzig Jahren nachgewachsen ist. Sie ist weniger 68er geprägt." (4:25)

„Die sind sehr viel konsequenter als wir, sehr viel härter in der Entscheidung." (7:22)

„Ich glaube, daß die Jugend begriffen hat, daß wir heute eine globale „community" sind." (9:20)

„Ich schätze deren Ungeduld, Kreativität, ihren Einsatz, Initiative, das Engagement, den Fleiß. Ich finde sie äußerst hoffnungsvoll." (11:34)

„Mir gefällt einfach diese wahnsinnige Offenheit für alles." (18:25)

„Wir haben in Deutschland exzellente Leute mit einer exzellenten Ausbildung." (19:41)

„Ein bißchen, daß sie rotzig sind, daß sie ihre Meinung ziemlich deutlich sagen, daß sie nicht mehr duckmäuserisch, sondern weltoffen sind, überhall dahinter schauen. Davon haben wir früher geträumt." (22:24)

Interessanterweise fehlen in der Kategorie des Lobes viele derjenigen Merkmale, die von den etablierten Spitzenmanagern weiter unten als die *Führungseigenschaften von morgen* deklariert werden. Erst auf den hinteren Plätzen der Wertschätzungen finden sich in Einzelnennungen die eher an Sozialkompetenz und Bindung orientierten Aspekte, die an anderer Stelle der Auswertung als für Führung zentral gekennzeichnet wurden.

Wären die sozialen, auf Integration angelegten Komponenten, die eher weichen Faktoren, aufgrund ihrer selbstverständlichen Anlage in den Jung-Managern auf der Skala des Lobes „unter den Tisch gefallen", so würde die Auswertung wenig Beunruhigung hervorrufen.

Denn genau diese Punkte sollten in der Wahrnehmung der Befragten charakteristisch für den Führungsnachwuchs sein, sind es doch gerade sie, die in den kommenden Jahren in zunehmendem Maße die Geschicke der deutschen Wirtschaft in die Hände nehmen werden. Wie die nachfolgende Auswertung zeigt, werden aber gravierende Differenzen zwischen Anforderungs- und Eigenschaftsprofilen deutlich.

Tabelle 7: Kritik am Führungsnachwuchs

Rang	Was an der nächsten Generation mißfällt (Mehrfachnennungen)	(in %)
1	• Ungeduld, ungesunder Ehrgeiz, fehlende Wartebereitschaft	21,3 %
2	• Wenig Eigenverantwortung, wenig unternehmerisches Denken	16,4 %
3	• Wenig Sozialkompetenz, wenig Kollegialität, sind hemdsärmelig • Söldnerhaltung, nur am materiellen Erfolg orientiert	11,5 %
4	• Wenig Erfahrung, Naivität	8,2 %
5	• Bedienmentalität, Erbengeneration, Bequemlichkeit • An Moden orientiert, wenig Beharrlichkeit • Ohne Entscheidungsfreude, risikoavers	4,9 %
6	• Kein Stil, wenig Respekt, keine Umgangsformen	3,3 %
7	• Geringe Mobilität, geistig wie räumlich • Schlecht ausgebildet • Es fehlt generell an Führungsnachwuchs	1,6 %

Mangelnde Sozialkompetenz als zentraler Kritikpunkt
Fast ein Viertel der Befragten empfindet den Führungsnachwuchs als zu ungeduldig, zu wenig wartebereit sowie mit einem ungesunden Ehrgeiz ausgestattet.
Weitere 16,4 % vermissen Unternehmertum und Eigenverantwortung.
Die weiteren Defizitpunkte in der Diagnose der Probanden beinhalten Aussagen,
die in ähnlicher Form auch der Presse zu entnehmen sind, wenn etwa öffentliche
Kritik an den deutschen Managern geäußert wird.[17] Aber auch die Wirtschaftselite selbst sieht in den eigenen Reihen mitunter hemdsärmelige, wenig kollegia-
le „Söldner", die rein materialistisch am finanziellen Erfolg orientiert wären –
evtl. sogar in erster Linie am eigenen Gewinnmaximum, nicht an dem des Unternehmens bzw. der Shareholder. Viele der weiteren Defizite beschreiben Ten-
denzen, die auf einen Generationenwechsel und damit einhergehend, auf einen
sich ankündigenden Wertewandel verweisen.

Doch woher kommt diese Tendenz beim Nachwuchs, weshalb finden Rekrutie-
rungsprozesse in dieser Richtung statt? Wer vermittelt hier bzw. unterläßt die
Vermittlung der doch anscheinend für Führungsfragen immer noch relevanten
Tugenden und Werthaltungen? Haben die Zöglinge doch in erster Linie die eigenen Vorgesetzten und gegenwärtigen Spitzenmanager zum Vorbild.

---

[17]   In diese Richtung verweisen auch die verschiedenen rechtlichen „Verfahren" bzw. gene-
       relle Diskussionen wegen Untreue oder nicht leistungsgerechter Entlohnung deutscher
       Wirtschaftsführer, wie etwa im „Fall Mannesmann".

Alles in allem wird von den zukünftigen Führungskräften allerhand gefordert und demgemäß auch erwartet, was sie in ihrem Reisegepäck in die Führungsetagen mitzubringen hätten. Der „perfekte" Nachfolger wird zwar von keinem der deutschen Spitzenmanager als Erwartungshaltung formuliert – zwischen den Zeilen der geschilderten Aspekte summiert sich dennoch eine bunte Palette an Anforderungen.

„Das Manko ist, daß man noch weniger Zeit hat, [...] und viel schneller eine Karrierestufe erreichen möchte, als es in einer gesunden Entwicklung möglich ist. Also die Rastlosigkeit und die Schnelligkeit. Man ist deutlich hemdsärmeliger geworden, weniger kollegial." (4:25)

„Die Gelassenheit, mal abzuwarten, was das Leben einem so bietet und nicht alles immer nur zielorientiert zu machen. Vielleicht wird aus denen auch gar nichts." (6:40)

„Die nächste Generation ist noch sehr viel mehr materiell eingestellt, als unsere Generation das war. Daß die jungen Leute sehr viel mehr in Richtung Geld orientiert sind, ein Leben in vollen Zügen zu leben." (7:22)

„An der Universität könnten mehr soziale Kompetenzen beigebracht werden." (8:31)

„Was ihnen sicherlich fehlt, ist die Beharrlichkeit, die Geduld im Beruf." (10:37)

„Mir fehlt manchmal die Form. Insofern bin ich vielleicht manchmal etwas altbacken. Aber ich fände es schon ganz gut, wenn ich nicht der erste sein müßte im Lift, der grüßt." (16:24)

„Eine aus dem Amerikanischen kommende Haltung die bedeutet: Ich bin ein Söldner. Ich biete meine Talente und meine Begabung gegen eine Beteiligung am Unternehmenserfolg. Das ist eine gefährliche Geschichte. Es wird natürlich nur die Beteiligung am positiven Erfolg gesucht. Ein zu starker Materialismus, der häufig nur kritiklos kopiert wird." (17:21)

„Diese Ehrgeizlinge, die sind nicht wirklich zielführend." (18:25)

„Viele nachwachsende Manager sehen ihre Mitarbeiter mehr und mehr als Funktion, nicht als Menschen – die haben zu liefern." (25:12)

„Sie sind enorm unter Druck, also ehrgeizig, sehr schnell bestimmte, äußerlich meßbare Dinge erreichen zu müssen. Ein Mangel an Gelassenheit, Geduld etc. Das führt dazu, daß sie mit sich selbst umgehen wie mit einer Produktoptimierung." (35:45)

„Aber es fehlt auch die Eigeninitiative. Die Bereitschaft Verantwortung zu übernehmen ist extrem niedrig, jeder will sein eigenes Spiel machen. Das Leben besteht nicht nur aus Fun." (43:18)

„Aber auch sehr Ich-fokussiert. Manchmal sucht man statt einem „phd" einen „psd" – poor, smart, driven – weil dort Solidarität eine Grundnotwendigkeit ist." (45:16)

Die Erwartungen der etablierten Wirtschaftselite an die nachfolgende Führungsgeneration werden augenscheinlich von dieser nicht, bzw. noch nicht, eingelöst.

Ein Spitzenmanager meint zudem, daß die unternehmensinternen Gestaltungschancen der Manager bei der Nachwuchsfrage mit zunehmender Unternehmens-
größe eher abnehmen.

Interessant ist, daß sich die angesprochenen Themen zu Lob und Kritik durchaus
auf beiden Seiten derselben Medaille wiederfinden:

1. So findet ein unternehmerischer und ehrgeiziger High-Potential in der Bewertung seiner Mentoren mitunter sowohl Zustimmung als auch Ablehnung,
   wird Unruhe und Ungeduld einerseits gleichsam eingefordert wie andererseits beanstandet. Letzteres dann, sofern dies zum Selbstzweck wird bzw.
   über ein „gesundes" Maß hinaus geht.

2. Was manche Manager als vorhanden wahrnehmen, vermissen andere wiederum.

In dieser Auswertung liegt eine Spannung, die zunächst so einfach nicht aufzu-
lösen ist. Sollten Führungskräfte der deutschen Wirtschaft nun eher das eine
oder das andere Führungsverständnis, Portfolio der Wesensmerkmale in sich
tragen?
Vielleicht liegt jedoch in dieser Herausforderung gleichzeitig eine notwendige,
charmante Lösung. Wenngleich die Anforderungen an Führung ein hohes Maß
an Komplexität und Unsicherheit von den rationalen und emotionalen Aspekten
her mit sich bringen, so scheint doch gerade in der Verknüpfung beider Pole die
„Führungskunst" zu liegen. Vor dem Hintergrund dieser Studie hieße das, gegebenenfalls einen solchen „Spagat" vorzunehmen und auszuhalten.

*„Führung benötigt eine gehörige Portion Ehrgeiz. Aber auch die Kunst zu wissen, wann ich
den Ehrgeiz ausblenden muß. Diese Balance zwischen Bescheidenheit und Aggressivität, das
ist die Kunst. (13:12) Die Führungskräfte in den oberen Etagen sind auf diese Führungskunst
zurückgeworfen."* *(13:16)*

Die deutschen Spitzenmanager äußern sich nicht explizit dazu, wie für die nachfolgende Generation diese Führungsanforderung zu erfüllen sei. Für den Führungsnachwuchs indessen ergibt sich angesichts der wenig schmeichelnden Diagnose und Perspektive die dringliche Notwendigkeit, sich auf dem Gebiet der
Führungsvorbereitung so weit als möglich „fit" zu machen oder zumindest die
eigenen „Rahmendaten" der Führungsvoraussetzungen zu reflektieren.

Bei integrierter Betrachtung der hier zusammengestellten Lebensläufe und Le-
bensweisheiten ließen sich einige hilfreiche Punkte „ableiten".

4.1.8 Führungseigenschaften der Zukunft

Mit den „Führungseigenschaften der Zukunft" werfen die Spitzenmanager einen Blick nach vorn und beschreiben, welche Denkhaltungen und welche geistigen Voraussetzungen gegeben sein sollten, um in Zukunft Führung erfolgreich wahrzunehmen. Diese Einschätzung scheint in zweierlei Hinsicht vielversprechend. Zum einen handelt es sich gewissermaßen um Leitlinien oder einen Kriterienkatalog für die nachfolgenden Führungsanwärter, um sich für die anstehenden Führungsaufgaben vorzubereiten. Andererseits könnte dabei auch ein Abgleich erfolgen, inwieweit die zentralen Anforderungen an Führungskräfte von den etablierten Institutionen, die dazu vorbereiten sollen, vermittelt und formuliert werden.

Frage 11: Welche Mentalitäts- bzw. Führungseigenschaften werden angesichts des gesellschaftlichen Wertewandels in Zukunft stärker gefordert sein?

Tabelle 8: Führungseigenschaften der Zukunft

Rang	Was morgen zählt (Mehrfachnennungen)	(in %)
1	• Vorbildfunktion übernehmen, nicht Führungskraft spielen	27,9 %
2	• Visionäres, langfristiges Denken, Sicherheit und Orientierung geben	23 %
3	• Generalistische sowie charakterliche Bildung • Teamfähigkeit	16,4 %
4	• Begeisterungs- und Motivationsfähigkeit	13,1 %
5	• Zuhören können, an Themen der Gruppe 'dran' sein	8,2 %
6	• Feedback einholen • Über Hierarchien hinweg kommunizieren	6,6 %
7	• Koordinieren, Integrieren • Emotionale Entscheidungen treffen • Lernfähigkeit, Offenheit	3,3 %
8	• Chancen ergreifen • Geisteswissenschaftliche Kompetenzen • Führung nicht „erlernen" wollen • Spezialistentum	1,6 %

Die Ergebnisse überraschen insofern, da eher wenige der in der gängigen Führungsliteratur üblichen Aspekte genannt werden. Obwohl die gestellte Frage auch Facetten des Führungsstils, der Führungstechnik etc. zugelassen hätte, gehen über 80 % der Manager in ihren Ausführungen von sich aus einen Schritt weiter und benennen die für sie tieferliegenden, relevanten Vorbedingungen für Führung.

Vorbildfunktion und Vision vor Expertentum

Interessanterweise finden sich an der Spitze der Nennungen eher „altmodische" Begriffe wie der des Vorbilds oder des Zuhörens. Über ein Viertel der deutschen Spitzenmanager ist der Überzeugung, daß authentisches Vorbildsein zur Kerngröße einer Führungsperson gehört.

Es genügt aus ihrer Sicht nicht, lediglich Führungskraft zu spielen, da sich die Nachfolgenden auf solche „Spielchen" nicht oder nicht mehr einlassen wollen bzw. werden und somit ein Stil weitergegeben würde, der nicht als wünschenswert zu erachten ist. Ein weiteres knappes Viertel der Befragten ist der Meinung, daß Führung nicht ohne Vision, ohne langfristiges Denken sowie das Schaffen von Sicherheits- und Orientierungsleistungen auskommt.

Auch Rang drei des Rankings kann überraschen: Entgegen vielfach verbreiteter Meinungen und mancher Programmatik der Bildungsinstitutionen scheint der Beruf des Spitzenmanagers eine breite, generalistische Ausbildung zu erfordern, die insbesondere die charakterliche Bildung mit einschließt.

Dagegen fordert nur einer der Befragten weiterhin eine Förderung im Sinne des Spezialistentums. Mit derselben Anzahl an Nennungen (gut 16 %) wird auch die Teamfähigkeit zukünftiger Führungskräfte herausgehoben. Knapp 15 % denken, daß es für Führung unerläßlich ist, sich zuerst über die Stimmungslage der zu Führenden im klaren zu sein, zuzuhören, die jeweils relevante Gruppe in ihrer Situation und ihren Anliegen zu interpretieren und sich von dort auch entsprechendes Feedback einzuholen. Hier schwingt ein hohes repräsentatives Element mit. Weitere 13 % bekunden, daß Führung begeistern muß, mitreißen und motivieren sollte.

Die deutschen Unternehmenslenker sind außerdem der Auffassung, daß es ein Zu- bzw. Hinhören braucht, um an den Themen der zu Führenden dran zu sein. Sie betonen, daß es eine zentrale Führungseigenschaft sei, sich ein Feedback einzuholen und auch über Hierarchien hinweg zu kommunizieren. Als wichtig erachtet werden überdies die Fähigkeiten der Koordination und Integration von Menschen, die Gabe auch einmal Bauchentscheidungen zu treffen sowie lernfähig, offen zu sein.

„Führung muß Vorbildfunktion übernehmen (1:10). Manager, vor allem Spitzenmanager, sollten nicht zu sehr zu Fachidioten werden und die Leute nichts anderes mehr kennen als ihren Beruf (1:12). Nach wie vor sollten die geisteswissenschaftlichen Fächer eine hohe Bedeutung haben. [...] So die Breite gegenüber der Schmalspur-Sichtweise der Wirtschaft."
(1:13)

„Der reine Experte wird nie ein Unternehmen erfolgreich führen können." (2:18)

„Sich selber mitteilen, mitreißen durch das Sagen, was Spaß macht – dann seid Ihr die besten Leader (3:17). Die schlechteste Führungskraft ist diejenige, die Führungskraft spielt." (3:18)

„Der Anspruch muß sich mit dem eigenen Verhalten in Einklang bringen lassen." (4:24)

„Eine Vision zu entwickeln für das Unternehmen, ein Ziel aufzuzeigen, wo das Ganze hin soll. Das werde ich in meiner eigenen Meinung vorgeprägt haben, aber auch immer wieder durch Gespräche mit Mitarbeitern versuchen zu verifizieren (7:11). Die Zielsetzung, die Zielentwicklung, das ist eine Aufgabe des Top-Managements. Und dann die besten Mitarbeiter zu gewinnen und diese besten Mitarbeiter auch durch Motivation zu führen." (7:12)

„Eine Führungskraft muß auf der einen Seite die Fähigkeit haben, eine erkannte Vision inspirierend in seine Mitarbeiter zu verpflanzen, so daß sie das Gefühl haben: mein Gott, dem folgen wir gerne. Und es muß glaubwürdig und nachvollziehbar sein. Und es muß vor allem nachhaltig sein. [...] Und die andere Seite der Medaille ist: loslassen, zugucken, zuhören. Alles passive Dinge. All das in einer Person, das zerreißt die Menschen förmlich – jemand der das kann, muß in sich selbst stabil sein." (13:7)

„Wir brauchen so etwas wie eine geistige Führung." (26:14)

„Die Grundcharaktere werden wichtiger. Auf die Dauer kommt man mit den Grundtugenden besser zurecht." (27:19)

„Die Führungskraft braucht ein Bündel von Forderungen: globales Denken, offen sein für andere Kulturen, intellektuelle Neugierde, verhandeln können." (33:10)

„Das Ganze würde zerfallen, wenn Sie nur wie Ben Hur auf dem Wagen stehen und versuchen, die Pferdchen zu zähmen – das ist nicht meine Vorstellung von Führung." (45:17)

Mit den Führungseigenschaften der Zukunft signalisieren die deutschen Spitzenmanager nicht nur eine individuelle Präferenz. Sie entwerfen vielmehr eine grundlegende Vision und Perspektive erfolgreichen Führungshandelns auf Basis einer entsprechenden Grundeinstellung bzw. Haltung. Dabei postulieren sie keine unerreichbaren Luftschlösser, sondern berufen sich auf die von ihnen in der Praxis erprobten und nicht zuletzt durch Lebenserfahrung erworbenen Führungskompetenzen.

Man kann nicht führen ohne festen Willen,
der nicht primär von Intelligenz, sondern
von Charakter getragen wird.
Hans L. Merkle (2001:269)

4.1.9 Führungserfolg resultiert aus inneren Qualitäten

An verschiedenen empirischen Ankerpunkten konnte in dieser ersten Auswer-
tungsdimension das Phänomen Führung „mit Leben gefüllt werden". Zusammenfassend lassen sich dabei einige übergeordnete Elemente identifizieren, die
den unmittelbar soziologischen Aspekt von Führung zur Sprache bringen.
So wird Führung in die grundlegende Unterscheidung zwischen der *instrumentellen* einerseits und der *integrativen* Wahrnehmungsdimension andererseits ein-
geteilt. Die instrumentelle Führungswahrnehmung charakterisiert dabei die bereits oben als „alltäglich" begriffene Form der zweckrationalen Zielerreichung.
Hier stehen die Sachinteressen im Vordergrund, zielt das Führungsengagement
in Richtung der Erfolgskategorien.

Diese Sichtweise – die vor dem Hintergrund der Geigerschen Führungstypologie
der Veranstaltenden Führung entspricht – wird auch bei den befragten Führungskräften erkennbar, gehört sie quasi als notwendiges Kriterium zum Berufs-
und Erwartungsbild, das den deutschen Spitzenmanager auszeichnet. Über die
verschiedenen Auswertungsebenen hinweg zeigt sich jedoch ein weiteres Bild,
das von den Befragten hinsichtlich Führung als noch relevanter angesehen wird
und das in erster Linie auf die integrative Variante der Führungswahrnehmung
abzielt.
Jener zweite Aspekt betont gegenüber den formalen Sachinteressen eher Vertrauenswerte und stellt die atmosphärische Nähe zu den zu führenden Personen
in den Vordergrund. Die deutschen Spitzenmanager zeichnen sich vor dem Hintergrund ihrer Identitätsbeschreibungen durch ein hohes Maß an sozial-
emotionaler Führungswahrnehmung aus. Grundwerte wie Generalistentum,
Vorbildfunktion, Glaubwürdigkeit der Person oder charakterliche Integrität – bei
Geiger Kennzeichen des Hirtlichen Führungstypus – werden als zentrales Füh-
rungskriterium beschrieben und verdrängen eine primär an der zielgerichteten
Expertenautorität orientierte Sichtweise auf die hinteren Plätze.

Führung wird von den Wirtschaftslenkern zwar gleichfalls als zentrales Kriterium für den – im weiteren Sinne verstandenen – „Erfolg" sozialer Interaktion gesehen, auf den Organisationen aller Art angewiesen sind. Jedoch belegt der Tenor eindeutig, daß sozial-integrierende Führung aus Sicht der etablierten Wirtschaftselite nicht beliebig substituierbar ist, sondern vielmehr eine real faßbare
und damit gewissermaßen „aus erster Hand" ableitbare Verständigungskommu-
nikation voraussetzt. Damit verbunden ist eine hohe Erwartung an die Überein-

stimmung von Reden und Tun, an eine möglichst hohe Deckung des kommunizierten Soll- und Ist-Bildes derjenigen, die Führung für sich beanspruchen.

„Seid bereit, jeden Tag von den Menschen zu lernen, die ihr eigentlich führen sollt! Seid aber auch jeden Tag bereit, durch klares Führen ihnen innere Sicherheit zu geben, haltet Ängste von ihnen fern (34:20). Sagt nicht was wünschenswert ist, sondern was aufgrund der Erfahrung ausschlaggebend ist – die charismatische Fähigkeit zum Führen. Die Sehnsucht der Menschen geführt zu werden ist unglaublich groß. Das demokratische Element wird täglich in Frage gestellt, Fachwissen ist ersetzbar, aber unverzichtbar." (34:21)

„Ohne eine moralische Autorität werden Mitarbeiter kein Vertrauen haben können – werden auch nicht loyal ihr Arbeitsleben an das Unternehmen binden." (47:11)

Daß eine solch komplexe Führungsleistung nicht das Ergebnis individuell beliebiger Stimmungslagen sein kann, darüber sind sich die Spitzenmanager implizit einig. Sie bringen in den verschiedenen Statements vielmehr zum Ausdruck, daß eine nach außen gewendete – erfolgreiche – Führung den sehr bewußten „Umgang mit sich selbst", im Sinne einer Selbstführung, voraussetzt.
Führung erfordert gewissermaßen ein Bewußtsein, daß es nicht lediglich um die wohlplazierte Kommunikation sachlich konsistenter Informationsinhalte geht, sondern in erster Linie um die Verkörperung einer *persönlichen Wertidentität*.
Führer ist danach diejenige Person, der es nachhaltig und immer wieder neu gelingt, die jeweilige innere Legitimationsbasis und den damit sichtbaren Identitätskern zu repräsentieren.

> *Die Anstrengungen der guten und wirksamen Führungskräfte, ja mehr, der echten Leader, sind darauf gerichtet, dem Menschen eine Aufgabe zu geben, deren Sinn er klar und deutlich zu erkennen vermag – eine Aufgabe, die für ihn Sinn hat.*
> *Fredmund Malik (2004:B1)*

4.2 Führung im wert-ethischen Sinne – Latente Außenführung

Der Themenkomplex der werte- bzw. ethisch orientierten Tiefenstruktur des Phänomens Führung bewegt sich in einem Raum, der nicht erst mit dem Jahrtausendwechsel, sondern bereits über zwei Jahrzehnte hinweg die sozialwissenschaftliche sowie die öffentliche Diskussion zum Funktionieren und Gelingen von Wirtschaft und Gesellschaft in unterschiedlichen Facetten permanent begleitet. Dabei wechseln sich die beiden Kernbereiche im Blickpunkt des Interesses ab.

Dies sind einerseits die Fragen und der Ruf nach Werten, einem neuen Wertebewußtsein, sich wandelnden Werten oder einem beschleunigten sozialen Wandel, andererseits rückt die Suche nach der moralisch-ethischen Basis der Gesellschaft, nach Sinn- und Orientierungsgrößen verstärkt ins Zentrum (Beirer 1995:76).

Mit den Spitzenmanagern der Wirtschaft konnte eine der bedeutenden Führungsgruppen Deutschlands nun auch hinsichtlich dieser Fragestellung untersucht werden:

- In welcher Grundstimmung nehmen sie die allgemeine gesellschaftliche Tiefenströmung wahr?
- Inwieweit sehen sie sich selbst als Mitgestalter der wert-ethischen Verfaßtheit und wie schätzen sie die Gestaltungschancen ein?

Im Rahmen der induktiven Auswertung bringen die Spitzenmanager ihre *Sollkonzeptionen von Wünschenswertem* zum Ausdruck und dokumentieren eine Art Bestandsaufnahme ihrer unmittelbar beruflichen wie gesellschaftlichen Umwelt. Dabei weisen die deutschen Wirtschaftsführer dasselbe alltagspraktische Verständnis wie die breite Öffentlichkeit auf. Eine klare analytische Trennung der Begrifflichkeiten bzw. der Geltungsbereiche wird nicht vollzogen. Grundwerte oder ethische Prinzipien, sinnvolles oder moralisches Handeln berühren letztlich denselben Wirklichkeitsausschnitt in der Wahrnehmung der Menschen. Bei den deutschen Spitzenmanagern ist dies nicht anders.[18]

In einer ersten Auswertung werden die Wahrnehmungen der Befragten zu den gegenwärtigen Werten und Verantwortungsbereichen formuliert. Alles in allem kommen die Spitzenmanager zu dem Schluß, daß sie *Zeugen eines Wertewandelsprozesses* sind. Zweitens werden diejenigen Aussagenkomplexe erfaßt und abgebildet, die im Sinne einer *deskriptiven Ethik* Aufschluß über die ethische Wahrnehmung der Wirtschaftsführer liefern. Insofern werden nur dort normative Aspekte thematisiert, als sie von den Managern selbst formuliert werden.

Die Begriffe Ethik und Moral sind dabei vor dem Hintergrund der Studie nicht in der wissenschaftlich eindeutigen Trennung zu definieren, denn aus Sicht der Spitzenmanager vermischen sich auch hier teilweise die Alltagsbedeutungen beider Termini. Weitgehender Konsens kann in der folgenden Erklärung unter den Managern vorgefunden werden: Ethik und Moral stehen sich begrifflich in

---

[18] Zwar wurden im Untersuchungsinstrument bewußt verschiedene, begrifflich „eindeutige" Fragen gestellt. Für die induktive Erfassung des jeweiligen Sinnzusammenhangs konnte diese methodische Trennschärfe nicht in vollem Umfang realisiert werden. Die Interviewanalysen erlauben zwar eine inhaltliche Zweiteilung der Auswertung in die Kapitel „Wertewandel" und „Ethik und Moral", diese beinhalten vereinzelt dennoch sinngemäße Überschneidungen.

etwa gegenüber wie Theorie und Praxis. Die Theorie (also die Ethik) sei im Sinne eines normativen Grundrahmens des Menschen zu sich selbst, zu seinen Mitmenschen sowie zu seiner Umwelt vorhanden. Aus Sicht der Wirtschaftsführer ermangele es vielmehr der Praxis, also des moralischen Handelns (Simon 2002: B1).

4.2.1 Wertewandel und Führung – Eine Zeitdiagnose

Neben der personalen und organisationalen Dimension von Führung kommt aus Sicht der Spitzenmanager auch der *gesellschaftlichen* Perspektive eine nicht unerhebliche Bedeutung zu. Denn gerade aus dieser makrodimensionalen „Vogelperspektive" lassen sich im Sinne eines Frühwarnsystems Entwicklungen und Veränderungen innerhalb einer Gesellschaft erkennen, die wiederum für das Verständnis beobachtbaren Führungsverhaltens eine hohe Bedeutung haben. Im Rahmen der Befragung wurde daher auch die Einschätzung der Wirtschaftselite zu gesamtgesellschaftlichen Veränderungsprozessen erhoben.

Über die konkrete Frage hinaus, was aus Sicht der Manager der *Fortschrittsmotor* der Gesellschaft wäre, inwieweit sie eher *Gestaltungschancen* oder *Sachzwänge* wahrnehmen sowie eine Beschreibung ihres persönlichen *Verantwortungsbereiches*, finden sich immer wieder Anmerkungen und Statements, die die generellen Wahrnehmungen der Manager hinsichtlich sich verändernder *Werte* unterstreichen.
In der Gesamtschau ergibt dies eine Mixtur verschiedener Wert- und Strukturbeschreibungen, also eine Art Zeitdiagnose der deutschen Wirtschaftsführer, die den gesellschaftlichen Aspekt von Führung auf unterschiedlichen Ebenen aufnehmen.

Defizite vor Chancen – Eine doppelte Herausforderung für Führung
Mit überwiegender Mehrheit (fast 75 %) konstatieren die deutschen Unternehmensführer einen gesellschaftlichen Wandel. Sie sehen diesen vor allem im Bereich der Werte und betrachten diesen Wandel eher kritisch. Nur einer der Befragten begrüßt die von ihm wahrgenommene Entwicklung, da seiner Meinung nach „ [...] die klassischen Normen, die ganz strengen, an Bedeutung verloren haben." (53:11).
Für die Mehrheit gilt jedoch, daß Schlagworte wie Geldgier, Sattheit, fehlende Moral bzw. Tugenden, überzogener Individualismus und fehlender Gemeinsinn kein positives Bild vom gegenwärtigen Deutschland zeichnen. Es überwiegen damit also Wahrnehmungen von Defiziten vor wahrgenommenen Chancen. Für Personen mit Führungsverantwortung bedeutet dies eine doppelte Herausforderung.

Denn einerseits wird Führung dort schwieriger, wo grundlegende Denkhaltungen und Sollkonzeptionen von Wünschenswertem auseinanderfallen. Andererseits ist eine ganzheitliche, Repräsentative Führung – auch im Sinne einer übergeordneten Idee und Vision – gerade dann notwendig und gefragt, um Gesellschaft und Wirtschaft zu integrieren, nach vorn zu bringen. Dies dokumentieren die folgenden Zitate:

„Man muß sich einfach im klaren sein, daß wir in einer Gesellschaft leben, [...], die von einer schier nicht zufriedenzustellenden Geldgier getrieben wird, der dann alles untergeordnet wird." (7:6)

„Ich sehe schon eine gewisse Verarmung. Auch bei unseren Mitarbeitern. Daß viele junge Leute nicht fähig sind, Bindungen aufzubauen und zu pflegen, zu erhalten, die über eine fachliche, sehr einseitige Orientierung hinaus Bestand haben." (9:7)

„Die Tugend Mut, Risikoübernahme, aber auch Zuverlässigkeit oder auch das Sich-Orientieren an geschichtlichen Erkenntnissen und daraus für die Zukunft zu lernen, das kommt mir zu kurz." (13:6)

„Es ist sicher nicht mehr die Wertstellung der Aufbaujahre in Deutschland." (45:15)

Werte gestern und heute – Ein Generationen übergreifendes Phänomen
In ihrer Zeitdiagnose verarbeiten die deutschen Spitzenmanager sowohl Wahrnehmungen über die Vertreter ihrer eigenen Generation sowie auch über die ihrer „Kinder". Beiden Kohorten schreiben sie Wertveränderungen zu, wobei gerade bei der Betrachtung des Nachwuchses in stärkerem Maße Defizite formuliert werden. Der Wertewandel scheint sich damit ganz im Sinne Ingleharts eher allmählich denn über Nacht zu vollziehen (vgl. Inglehart 1998).
So waren früher manche Werte selbstverständlich verankert, die heute eher der individuellen Beliebigkeit obliegen. Dabei kommt klar zum Ausdruck, daß die Wirtschaftslenker viele Elemente, die ihnen in ihrer Prägung und in ihrem heutigen Selbstverständnis wichtig waren und sind, beim Nachwuchs in immer größerer Zahl vermissen.

Die gesellschaftliche Führungsdimension scheint in Legitimationsnöte zu kommen, gesellschaftliche Integration tendenziell schwieriger zu werden.

„Ich glaube, daß es diese Tugenden vor zwanzig Jahren wirklich noch gab und daß sie noch breiter von der Bevölkerung getragen wurden. Es wird etwas schwieriger." (6:7)

„Es ist ja nun sicher ganz klar, daß die Familie zumindest in unseren Breiten sehr stark in den Hintergrund gerückt ist und die Bindungen zwischen den Generationen lange nicht mehr so ausgeprägt sind wie sie früher mal gewesen waren." (7:2)

Tabelle 9: Wertewandel – Was die Spitzenmanager in Deutschland wahrnehmen

Rang	Zum Wertewandel in Deutschland (Mehrfachnennungen)	(in %)
1	• Individualismus, Egoismus nimmt zu	41 %
2	• Sicherheiten und Orientierungsmarken gehen verloren	32,8 %
3	• Es fehlt an Gemeinsinn und Eigenverantwortung	31,1 %
4	• Geldgier herrscht vor	24,6 %
5	• Moral läßt generell zu wünschen übrig • Tugenden verlieren an Bedeutung • Den Menschen fehlt eine Vision	16,4 %
6	• Generation der Sattheit, keine Mangelerlebnisse	13,1 %
7	• Das Unternehmertum fehlt	11,5 %
8	• Trotz Sinnsuche nimmt die Bedeutung der Religion ab	9,8 %
9	• Umgang mit der Wahrheit wird beliebiger • Es fehlt eine Berufung	4,9 %
10	• Zunehmende Unzufriedenheit • Das System Wirtschaft löst sich vom Rest der Gesellschaft • Europa gewinnt an Bedeutung	1,6 %

Individualorientierung vor Gemeinsinn

Über 40 % der Manager sind der Meinung, daß eine Tendenz zum Individualismus, die Verfolgung eigener bzw. egoistischer Ziele zunimmt und verknüpfen damit ihre Wahrnehmung eines Verlustes an Subsidiarität und Gemeinsinn bei den Mitgliedern der Gesellschaft.

Dabei sind dies aus ihrer eigenen Erfahrung heraus wichtige Elemente für das Funktionieren einer Gesellschaft. Als ein möglicher Grund dafür erscheint etwa 13 % der Befragten ein hoher materieller (ererbter) Wohlstand plausibel. Sie sprechen u.a. von einer Generation der Sattheit, die keine Mangelerlebnisse, keine Grundängste mehr kennt – ganz im Gegensatz zur Generation, die die Jahre während bzw. unmittelbar nach dem Zweiten Weltkrieg miterlebte.

Die meisten Familien mußten sich jegliche Art von Kapital und Besitz grundlegend erarbeiten und verdienen. So bestand damals, um mit Dahrendorf zu sprechen, ein anderes Verhältnis zu Optionen und Bindungen als heute.

Anscheinend bringen die Errungenschaften und Meriten von über 50 Jahren Frieden auf Umwegen, über gewandelte Werte, auch tieferliegende Veränderungen mit sich, die das Feld Repräsentativer Führung vor neue Herausforderungen stellt.

„Die Rigorosität des Lebens war eine ganz andere als heute. Und sie hat mir in vielem geholfen im Leben, in sehr vielem." (2:6)

„Wenn die Selbstentfaltung des einzelnen soweit geht, daß er nicht mehr teamfähig ist, das erlebt man durchaus." (5:7)

„Ist diese Amerikanisierung der Welt, ist sie eigentlich wirklich ein Naturgesetz oder gibt es eine Alternative? Da grüble ich nach." (12:16)

„Hier hat es große Veränderungen gegeben. Einerseits spielt die Ich-Bezogenheit, die Selbstverwirklichung für viele eine große Rolle. Besonders für jüngere Menschen. Das sind Fragestellungen, auf die man nach dem Krieg überhaupt nicht gekommen wäre. [...] Die Selbstverwirklichung läßt außer Betracht, daß der Mensch in ein soziales Umfeld eingebunden ist. Selbstverwirklichung ist Egoismus par excellence." (14:5)

„Ein Gemeinwesen lebt davon, daß viele ihren Beitrag leisten für das Gemeinwesen, nicht nur für sich." (25:13)

„Das „Ich" steht immer mehr im Vordergrund, es gab schon lange keinen Krieg mehr, daher so hohe Scheidungsraten und andere degenerative Elemente einer Gesellschaft – wir haben keine Grundängste mehr – die Rolle der Gemeinschaft wird heute als weniger wichtig angesehen." (52:12)

„Man spricht nicht zufällig von der „Erbengeneration". Das Geld ist einfach da, niemand muß es sich selbst erarbeiten." (56:19)

Individualorientierung ist aus Sicht der Spitzenmanager aber nicht nur eine Frage von gesamtgesellschaftlicher Relevanz, auch für die Unternehmen der deutschen Wirtschaft sehen sie hier konkrete, zukünftige Herausforderungen. Die Wirtschaftslenker diagnostizieren etwa eine abnehmende Loyalität und Bindung der Mitarbeiter an *ihr* Unternehmen, aber auch fehlende Vorbildfunktion seitens der Führungskräfte. Fragen des Bindungsmanagements werden für Führung in Zukunft eine besondere Bedeutung haben.

Aus Sicht der Manager gelingt das Vermitteln von Sinn durch glaubwürdiges und vorbildhaftes Auftreten, eine Eigenschaft, die anscheinend nicht mehr als selbstverständlich vorausgesetzt werden kann.

„Es muß auf der Top-Ebene etwas geschehen – den Führungskräften sind viele Werte anvertraut, und die tummeln sich dann mittags schon auf dem Golfplatz – die Vorbildfunktion fehlt." (10:18)

„Die Loyalität zu einem großen Unternehmen wird in Zukunft schwieriger – auch die Loyalitäten zu einem Staat, zu einer anonymen Organisation. (13:27). Ich kann mir vorstellen, daß ein Unternehmen, das die Mitarbeiter nicht so bindet, wo die Bindungsenergie nicht hoch ist, daß die in Zukunft Schwierigkeiten haben werden mit der Loyalität, die Mitarbeiterwanderung, die ist leichter. Die Mitarbeiter werden leichter abwerbbar sein. [...] Unternehmen müssen alles tun, um Mitarbeiter zu binden. [...] Nicht nur ein Vorrat an Werten, sondern an

gelebten Werten – das ist ganz entscheidend. Darin sehe ich ein wichtiges Klebemittel."
(13:28)

„Was ich als kritisch beobachten würde, ist die Überhöhung des Ich im Gegensatz zur Fin-
dung des Wir – mehr Werte in Richtung: was kriege ich von der Firma – statt: was kann ich
für die Firma tun, wie gestalten wir gemeinsam die Firma. [...] Ich glaube, da haben wir in
Zukunft gut mit zu tun. (24:12). Die Loyalitäten zu Unternehmen lösen sich auf und werden
auch noch weiter abnehmen." *(24:13)*

„ (Führungs-)Nachwuchs mit Bedienmentalität und wenig Eigeninitiative." *(29:13)*

„ Viele nachwachsende Manager sehen ihre Mitarbeiter mehr und mehr als Funktion, nicht
als Menschen – die haben zu liefern." *(25:12)*

Sehnsucht nach Führung

Gut ein Drittel der Wirtschaftsführer verbindet mit der Zunahme individueller
Werte der Gesellschaft überdies einen Verlust an Sicherheiten und Orientierungen. Vieles befindet sich im Fluß und scheint nicht mehr so klar geregelt zu sein
„wie in der Bibel" (14:6). Weitere 10 % meinen eine Abnahme der Religiosität
bei zunehmender Sinnsuche als Kennzeichen der heutigen Generation zu erkennen.
Anscheinend etabliert sich auf der Ebene der Werte ein Führungsvakuum, da an
den entsprechenden Stellen weder Personen (z.B. Manager oder Politiker) noch
Institutionen (z.B. Familien oder Kirchen) die notwendige integrierende und
Perspektive schaffende Funktion wahrnehmen (können) bzw. einen entsprechenden *Geist der Führung* ausstrahlen. Gerade die Grundvoraussetzungen und
die Erwartungen an Führung, etwa das Vermitteln von Ankerpunkten und Zu-
fluchtsorten, werden in Deutschland nicht mehr in vollem Umfang eingelöst.

Aus Sicht der Wirtschaftslenker scheinen Maßstäbe wertorientierten Handelns in
einer Gesellschaft verschüttet zu sein, die sich durch eine Sehnsucht nach Führung auszeichnet. Nach eigenem Bekunden scheinen Leitideen und Orientierungsgrößen in den Lebensläufen der meisten Manager ihren festen Platz zu haben.

„Also für mich ist es gar keine Frage, daß die Welt – im Augenblick jedenfalls – erkennbar
abrückt von allen religiösen Vorstellungen." *(7:8)*

„Wenn es nicht zu jeder Lebenszeit, wenn es nicht weiterhin Orientierungspunkte in Form von
Persönlichkeiten gibt, dann ist irgend etwas verkehrt. Auch älter werdende Leute müssen ir-
gendwelche Orientierungen sehen und haben und ihnen nachstreben." *(9:10)*

„Menschen brauchen Halt und Orientierung, aber die Kirche als Institution hat damit nichts
mehr zu tun." *(19:18)*

„Primär ist die tiefe Angst der Menschen, gerade in der letzten Zeit, in der sich permanent alles verändert: Habe ich Sicherheit? Und Sie können keinem die Sicherheit geben." (22:9)

„Man braucht auch in der Politik oder Wirtschaft Maßstäbe zur Ausrichtung des eigenen Handelns. (33:8). Man erlebt viel an Beliebigkeit heute, die Menschen wissen nicht mehr, woran sie sich orientieren, das ist das Grundübel." (33:9)

„Das Christentum spielt sich allenfalls sonntags in der Kirche ab – nicht zu verkennen ist eine Sehnsucht nach Religion, auch bei jungen Menschen. [...] Der Zulauf zu Sekten, das ist ja nicht Spinnerei, das ist ja das sehr sehr begrüßenswerte Gefühl: materielle Existenz darf nicht alles sein. [...] Religiosität wird einen höheren Stellenwert bekommen. (34:19). Die Sehnsucht der Menschen geführt zu werden ist unglaublich groß." (34:21)

Rückgang moralischen Verhaltens und fehlende Vision
In der kritischen Beschreibung des Zeitgeistes thematisieren die Spitzenmanager bereits im Zusammenhang mit Wertefragen anhand verschiedener Aspekte den Themenbereich des moralischen Verhaltens.
Sie sind überwiegend der Meinung, daß Moral hinsichtlich der Herausforderungen der Globalisierung sowie im Hinblick auf die Zukunft des Kapitalismus heute wie früher eine hohe Bedeutung für Wirtschaft und Gesellschaft hat. Allerdings hat sich aus Sicht der Wirtschaftsführer auch hier einiges verändert.

Insgesamt über die Hälfte der Befragten nennen fehlende Moral, an Bedeutung abnehmende Tugenden und einen beliebigeren Umgang mit der Wahrheit als kritikwürdige Aspekte des Wertewandels. Kritikwürdig deshalb, weil grundlegende Wahrnehmungshilfen für die Interpretation der Welt verschüttet zu sein scheinen.
Im Sinne Dahrendorfs fehlt es damit an Ligaturen, an Sinnangeboten, um die Fülle an Wahlmöglichkeiten – Optionen – faßbar zu machen. „Wir gehen extrem locker mit der Wahrheit um. Die großen Notlügen etc., die führen zu einer Verwässerung von Realität." (3:13). Eine Verselbständigung des Shareholder-Value-Gedankens wird dabei genauso genannt, wie eine überzogene Suche nach Materiellem – bis hin zur Geldgier.
Anscheinend reicht der deutschen Gesellschaft das aktuelle Wohlstandsniveau in der individuellen Wahrnehmung noch nicht aus. Aus Sicht der deutschen Spitzenmanager wird an dieser Stelle mehrmals das Fehlen einer Vision, sowie die Abwesenheit einer übergeordneten geistigen Idee genannt.
Deutschland hätte demnach zur Zeit keine eindeutige, greifbare Identität, bzw. es gelingt den Verantwortlichen in Politik und Wirtschaft, in Wissenschaft und Gesellschaft nicht, dieses gemeinsame Wesen entsprechend zu beschreiben und zu skizzieren.

„Das Verhältnis zur Wahrheit ist sehr beliebig geworden, das gilt nicht nur für die Wirtschaft, sondern das gilt auch für die Medien, es ist erschreckend, das zu sehen." (1:9)

„Und wenn man dann Mannesmann und diese Fusion, die sie eingegangen sind, sieht, dann kann man natürlich hinterfragen: Wo ist da eigentlich die Moral? Besteht Moral ausschließlich darin, Shareholder Values zu machen oder vielleicht auch bei diesen Fusionen sich selbst im Mittelpunkt zu sehen? Das ist nicht meine Welt." (5:4)

„In der Geschichte hat Moral immer da funktioniert, wo sie wirklich auch gefordert und kontrolliert wurde. Entweder durch Religion oder durch Macht. (6:3). Es fängt schon in der Schule an, daß die sich nicht mehr überlegen: welche Profession macht dir eigentlich am meisten Spaß und könnte dich erfüllen, sondern womit kannst du am meisten Geld verdienen. Und am schnellsten." (6:15)

„Shareholder Value ist ja die Strömung einer ganzen Gesellschaft, die jetzt in ihrer offensichtlich nicht zu befriedigenden Geldgier immer mehr und immer mehr und immer mehr möchte." (7:6)

„Die preußischen Tugenden sind für meinen Geschmack durch zu viel Beliebigkeit ersetzt worden." (12:6)

„Uns als Demokratie fehlt die Verpflichtung auf ein übergreifendes Ziel." (25:27)

„Frage nach Sinn des Wirtschaftens (Shareholder Value, etc.) muß neu gestellt werden: für wen tun wir es eigentlich, wenn nicht für die Menschen. Es gibt keine abstrakte Größe." (31:11)

„Es ist erschreckend, welch geringen Stellenwert Moral bekommen hat – das hängt zusammen mit diesem Unfug Shareholder Value = bereichere Dich, so gut Du kannst." (34:15)

„Materialismus spielt eine entsetzlich große Rolle, Shareholder Value etc. „Die Kuh wird hinten mehr gemolken als vorne gefüttert." (43:6)

„Die Solidargemeinschaft ist ins Hintertreffen geraten aufgrund hedonistischer oder egomanischen Führungs- und Leitpersonen – vom geistigen Überbau her sollten schon andere Werte für die Gemeinschaft in den Vordergrund gestellt werden." (45:15)

Diese Ausführungen zum Wertewandel zeigen, daß sich die deutschen Spitzenmanager den wirtschaftlichen und sozialen Implikationen wertemäßiger Veränderungen durchaus bewußt sind. Viele nennen in diesem Zusammenhang auch den Begriff der Generation.

Der heutigen Generation ermangelt es aus ihrer Sicht gewisser existentieller, teilweise auch unerfreulicher Grunderfahrungen, die aufgrund des Wohlstandes nach über 50 Jahren nicht mehr gemacht werden müssen. Dies gilt gleichsam für das Wirtschaften, den Familienbezug, das Angewiesensein auf Gemeinschaft sowie für Sinnfragen und Religiosität. Schlagworte wie „Erbengeneration" und das „Klagen auf hohem Niveau" illustrieren diese Befindlichkeit der Manager.

Bereits Olson weist auf die Bedeutung von Krisenerfahrungen für die nachhaltige Vitalität von Gesellschaften hin, ohne die eine Tendenz zur Verwässerung und Verkrustung der zentralen Werte und Triebkräfte besteht (vgl. Olson 1991).

Die Überbetonung des Materiellen und der Verzicht auf menschliche Grundregeln oder auch auf Religiosität bekommen den Tenor eines „Leben aus zweiter Hand", das die heutige Generation kennzeichnet. Dieser Generation fehlt sowohl das Visionäre, wie das Unmittelbare. Auch eine geistige Führung, die gewünscht ist, scheint nicht in Sicht. Die deutschen Spitzenmanager stellen fest, daß wesentliche Elemente, die für sie selbst in den prägenden Jahren wie auch im Berufsleben quasi selbstverständlich waren, heute unter den etablierten wie unter den nachfolgenden Trägergruppen des Landes nicht mehr uneingeschränkt Gültigkeit besitzen.

Das Bild des Ist-Zustandes in Deutschland ist somit ein eher wenig optimistisches. Die Manager sehen sich einem – insbesondere für die Zukunft – schwierigen Umfeld ausgesetzt. Es fehlen ihrer Meinung nach zunehmend Sinnangebote bzw. Institutionen, die über die nötige Legitimation verfügen, um die „Nachfrage nach Sinn" zu decken.

Dieser Mangel an Institutionen und Personen, die Deutschlands Gesellschaft nachhaltig gestalten könnten, läßt auf der Makroebene eine Art *Führungsvakuum* erkennen.

4.2.2 Der Fortschrittsmotor der Gesellschaft

Die deutschen Führungskräfte der Wirtschaft dokumentieren im folgenden, auf welcher Ebene sie die Quellen des Fortschritts ansiedeln würden – welcher Bereich der arbeitsteiligen Gesellschaft quasi die Führungsfunktion übernimmt. Kommen diese Impulse eher aus der Wirtschaft, aus der Gesellschaft selbst oder aus dem politischen Lager? Gut 18 % identifizieren hier das System Wirtschaft eindeutig als Fortschrittsmotor.

Für einen Mix aus allen beteiligten Bereichen sprechen sich gut 8 % aus. Alles weitere sind Einzelnennungen, die einmal die Politik, die technischen Entwicklungen, die Bildung, den einzelnen Menschen oder auch die Medien für den gesellschaftlichen Fortschritt als maßgeblich erachten. In diesem Zusammenhang fällt auch die Aussage, daß es generell an *Intellektuellen* fehle, die hier eine gestaltende Funktion wahrnehmen könnten.

„Ganz klar, die Wirtschaft." (8:26)

„Fortschritt kommt aus dem Menschen, aus dem Einzelnen." (11:28)

„Die Wirtschaft, allerdings braucht diese wiederum die Gesellschaft." (13:23)

„Wir sollten die Politiker alle mal in Urlaub schicken und die Wirtschaft das mal machen lassen." (20:18)

„Ich glaube schon, daß wir in den Unternehmen eine ganze Menge tun. Wir haben außerdem eine Bundesregierung, die eine Doppelrolle spielt. Auf der einen Seite will sie massive Veränderungen, auf der anderen Seite will sie viel bewahren. Ja, und die Gesellschaft selbst verändert sich auch. Ich sehe das als Gemengelage." (25:26)

„Ich bin nicht einmal sicher, ob die deutschen Manager einen gesellschaftlichen Fortschritt als Ziel haben." (37:20)

Unter den deutschen Spitzenmanagern scheint es keinen eindeutigen Konsens zu geben, aus welcher Quelle das Potential für den gesellschaftlichen Fortschritt letztlich stammt. Eine klare Sicht der Dinge existiert in diesem Fall nicht. Basierend auf der Einschätzung ihrer eigenen Tätigkeit sehen die Manager am ehesten gerade den Wirkungskreis der Wirtschaft als maßgebliche Antriebsquelle an, um die Gesellschaft voranzubringen. Gleichzeitig liegt es an den jeweiligen Verantwortungsträgern selbst, Dinge in Bewegung zu setzen.

4.2.3 Gestaltungschancen in Wirtschaft und Gesellschaft

Zum Führungsverständnis der Manager der ersten Ebene gehört weiterhin die Einschätzung ihrer generellen Gestaltungschancen und ob sie diese als eher zu- oder abnehmend bewerten.

Obwohl diese Frage bewußt breit angelegt war, beziehen sich die Antworten in erster Linie auf den unmittelbaren Wirkungskreis, also die Gestaltungsmöglichkeiten im Bereich der Wirtschaft und der Unternehmensführung. Dennoch formulieren einzelne Spitzenmanager ihre Antworten auch für den allgemeinen oder größeren Zusammenhang.

Frage 24: Wie schätzen Sie Ihre Gestaltungsmöglichkeiten in Politik und Gesellschaft ein? Wie sehen Sie Ihren Einfluß auf gesellschaftliche, politische Prozesse? Wie groß sind für Sie als Manager die Gestaltungsspielräume, wie groß die Sachzwänge?

Tabelle 10: Veränderung der Gestaltungschancen

Rang	Wie und wo die Spitzenmanager etwas bewegen können (Mehrfachnennungen)	(in %)
1	● Die Gestaltungschancen nehmen zu	49,2 %
2	● Die Gestaltungschancen nehmen ab	18 %
3	● Etwas zu gestalten liegt beim Einzelnen, beginnt im kleinen ● Sachzwänge dienen als Ausrede	13,1 %
4	● Die Gestaltungschancen sind unverändert, je nach Situation	9,8 %
5	● Gestaltungschancen im Sinne des Sprichwortes: „Steter Tropfen höhlt den Stein ...“	6,6 %

Gestaltungschancen vor Sachzwängen

Nahezu die Hälfte der deutschen Spitzenmanager denkt, daß ihre Gestaltungsmöglichkeiten eher zunehmen, knapp ein Fünftel vertritt die entgegengesetzte
Meinung und ein knappes Zehntel meint, daß sich daran nichts geändert habe
und es situativ darauf ankomme, was und wo man gestalten wolle. Die positiv
gestimmten 50 % formulieren ihre Ansicht jedoch nicht uneingeschränkt.
Vielmehr weisen sie das faktische Gestaltungspotential eindeutig dem Verantwortungsbereich eines jeden einzelnen zu. 12 % meinen, daß es auf die persönliche Sichtweise und den Willen ankomme, etwas zu gestalten. Derselbe Prozent-
teil ist darüber hinaus der Meinung, daß sich viele potentielle Gestalter hinter
den oftmals auch öffentlich formulierten Sachzwängen verstecken und diese
quasi als ‚Ausrede' für eigene Tatenlosigkeit heranziehen.

*„Beides. Man unterliegt natürlich Sachzwängen, aber ich sehe durchaus die Möglichkeit, in
gewissem Maße Einfluß nehmen zu können." (1:15)*

*„50 zu 50. Es gibt auch viele, die eigenen Sachzwängen unterliegen und den Gestaltungsfrei-
raum freiwillig reduzieren. (3:24). Ihr seid die Macher eures eigenen Schicksals." (3:26)*

*„Es gibt auch ein Sprichwort in Deutschland: „Jeder Tropfen höhlt den Stein", also auch
dort hat man Einfluß, den man direkt nicht empfindet." (4:12)*

*„Der Entscheidungsspielraum nimmt zu, wird aber auf wenige Leute nur noch beschränkt."
(5:19)*

*„Man ist sicher nur ein Tropfen im reißenden Strom – aber der Strom entsteht erst durch die
vielen Tropfen." (25:20)*

*„Man versteckt sich hinter Sachzwängen, Gesetzen, Institutionen und überschätzt diese Zwän-
ge. Dabei sind die Spielräume viel größer." (29:8)*

„Man hat eine Menge an potentieller Anstoßwirkung, aber dort, wo man wirklich etwas be- wegen will, muß man sich selber dahinterklemmen und persönlich dafür stehen. (30:12). Man muß langfristig denken und an Themen dran sein – insbesondere die Vertreter der Institutio- nen unterschätzen ihren Einfluß in der Gesellschaft, auch in punkto Werten.“ (30:13)

Auch die Optimisten unter den Führungskräften der ersten Ebene wissen darum, daß heutzutage immer seltener „Quantensprünge" zu erzielen sind und vier der Befragten formulieren ihre Befindlichkeit daher fast philosophisch im Sinne des Sprichwortes: „Steter Tropfen höhlt den Stein" bzw. „[...] füllt das Faß". Der Gestaltungswille alleine genügt offensichtlich nicht. Er sollte idealerweise gepaart sein mit einer guten Portion Ausdauer und einer langfristigen Orientie- rung.

4.2.4 Persönliche Verantwortungsbereiche

„Verantwortung ist ein zentraler Begriff für das Bewußtsein von Führungskräf- ten." (Kaufmann 1986:63). Gegenwärtig erfährt das Thema Verantwortung eine zunehmende Beachtung und firmiert quasi neudeutsch unter den Begriffen ‚cor- porate citizenship' oder ‚corporate social responsibility'.

Insbesondere für den Bereich der Wirtschaft scheint es nunmehr an der Zeit zu sein, auf die verschiedenen Ansprüche und Anfragen von ‚systemfremder' Seite zu reagieren. Nach dem Motto „Tue Gutes und rede darüber" gehört es mittler- weile für viele Unternehmungen und Firmen zum guten Ton, sich über die ei- gentliche Wertschöpfungsleistung hinaus auch für das Gemeinwohl zu engagie- ren (Meier 2003:2). Dabei sind die Motive für Spenden, Schenkungen, Dienstleistungen oder per- sönlichen Einsatz verschiedener Natur. Auch wenn es vielfach uneigennützige bzw. altruistische Gründe sind, so entdecken doch immer mehr Unternehmen den konkreten, da führungsrelevanten Nutzen für die eigene Geschäftspolitik, etwa durch ein verbessertes Image, höhere Kundenbindung, geringere Fluktuati- on etc.

Wie denken nun die deutschen Spitzenmanager darüber? Was liegt ihnen am Herzen, wofür investieren sie Gedanken, Energie, Zeit, evtl. auch ein Ehrenamt? Wie *weit* reicht das Verantwortungsbewußtsein der deutschen Wirtschaftselite?

Dabei ist ein interessanter Aspekt, ob sich der Horizont in erster Linie auf die tägliche Berufswelt richtet oder sich auch darüber hinaus erstreckt.

Frage 22: Auch über den Beruf hinaus tragen Menschen Verantwortung. Gegenüber wem und was fühlen Sie sich verantwortlich?
* Gesellschaft/Gemeinwohl
* Berufsstand
* Natur/Umwelt
* Politik
* Zukunft/Jugend

Frage 23: Stellen Sie auch ehrenamtlich dafür Ihre Zeit zur Verfügung?
* karitativ
* sozial
* kulturell
* gesellschaftlich/politisch

Tabelle 11: Verantwortungsbereiche

Rang	Verantwortungsbereiche (Mehrfachnennungen)	(in %)
1	• Der Gemeinschaft, dem Sozialverband, sind ehrenamtlich tätig	55,7 %
2	• Der eigenen Familie	39,3 %
3	• Dem Unternehmen	23 %
4	• Der nächsten Generation, der Jugend	16,4 %
5	• Empfinden keine weiterreichende Verantwortung, keine Zeit für ein ehrenamtliches Engagement	9,8 %
6	• Religiöse, ethische Verantwortung • Gegenüber der eigenen Frau	6,6 %
7	• Überregionale, internationale Verantwortung	1,6 %

Beitrag zum Gemeinwesen – Familie vor globaler Weltwirtschaft
Weit über die Hälfte der Befragten gibt zu Protokoll, daß sie sich für das Gemeinwesen, für das Soziale, für Werte der Gemeinschaft verantwortlich fühlen. Dazu gehört für viele auch, sich bewußt ehrenamtlich zu engagieren, um auf diese Weise der Gesellschaft etwas zurückzugeben.
Neben dieser aggregierten Darstellung fallen die knapp 40 % derer, die die Familie als zentralen Verantwortungsbereich nennen, optisch zunächst etwas zurück, jedoch ist dies für die meisten der deutschen Spitzenmanager eine unausgesprochene Selbstverständlichkeit. So hat die Familie eine ungebrochen hohe Bedeutung, der ‚nahestehende' Mensch steht im Verantwortungsmittelpunkt der Wirtschaftselite.

Auf Rang drei der Auflistung rangiert das Unternehmen, das mit der Fragestellung bewußt außen vor gelassen werden sollte. Immerhin betonen fast ein Viertel der Manager, daß ihre Verantwortung in erster Instanz dem Unternehmen gilt und viele sehen gerade im Erfolg desselben ihren Beitrag zum Gelingen des Projektes Gesellschaft. Ihren Blick auf die nächste Generation lenken gut 16 %, für die es in besonderem Maße dazu gehört, die Jungen – auch die eigenen Kinder – „auf den Weg zu bringen". Knapp 7 % fühlen sich je für ethische und religiöse Belange sowie explizit für ihre eigene Frau verantwortlich. 10 % der Befragten geben an, keine Zeit für ein Ehrenamt erübrigen zu können bzw. verspüren keine übergreifende Verantwortung. Ein Manager betont die überregionale, internationale Perspektive als seinen persönlichen Verantwortungsbereich. Diese Aspekte belegen die folgenden Zitate:

„Wir kommen in der Gesellschaft nur dann weiter, wenn wir möglichst vielen Menschen Lebensverhältnisse geben, mit denen sie sich wohlfühlen können." (5:25)

„Ehrenamt: ganz klar nein – der Beruf fordert den ganzen Mann, die ganze Frau." (7:14)

„Das ist die Familie. Sehen, daß die Ehe stimmt und daß die Familie stimmt und daß sich die Kinder entwickeln in eine vernünftige Richtung, die auch ihrer persönlichen Anlage entspricht." (9:10)

„Ich sehe die Verantwortung immer vor den Menschen, für das Kapital, für die Umwelt, in dieser Reihenfolge." (13:15)

„Ich fühle mich dem Unternehmen verpflichtet – der Gesellschaft ist zu weit gegriffen." (18:12)

„Verantwortung für 1. Familie (behüten, ernähren), 2. Firma, 3. Verantwortung gegenüber der Region, der Politik, aber auch gegenüber Religion, Kulturkreis. Als Führungskraft kann ich mich nicht hinstellen und sagen: mit Religion habe ich nichts zu tun. Das ist auch eine Verantwortung, egal, ob man jetzt selbst bewußt religiös ist oder nicht." (20:7)

„Zunächst einmal mir selbst gegenüber. Ich muß vor mir bestehen können, wenn ich abends ins Bett gehe und reflektiere. [...] Und dann ist da meine Frau natürlich." (41:18)

Die meisten Spitzenmanager empfinden und äußern eine Gesamtverantwortung, die in ihrer Reichweite zunächst als eher begrenzt beschrieben werden kann. Nur eine „missionarische" Nennung mit globaler Ausrichtung ist zu finden und auch die anderen Facetten spiegeln ein Selbstverständnis wider, daß sich auf nationaler, eher jedoch auf regionaler oder lokaler Ebene in Deutschland abspielt – unmittelbar konkret wird es im eigenen beruflichen sowie privaten Umfeld.

Der Blickwinkel der Wirtschaftselite ist – anders gesprochen – weniger an großen und weitreichenden Visionen und Entwicklungen orientiert, als vielmehr auf die eigene Umgebung und ihre Wirkungsbereiche gerichtet.

4.2.5 Abstrakte Sinnbezüge

Die deutschen Spitzenmanager beschreiben eher abstrakte Orientierungsgrößen und Sinnbezüge, die für sie gewissermaßen die „Hintergrundfolien" ihrer Selbstverständnisse darstellen. Über 88 % der Befragten gaben Auskunft darüber, welche letzten Werte und Maßstäbe es in ihrer Wahrnehmung gibt und welchen Stellenwert diese für sie haben. Erstaunlich ist, daß gut 16 % hervorheben, es handle sich dabei für sie um „Selbstverständlichkeiten".

Frage 7: An welchen absoluten Werten orientieren Sie Ihr Handeln und Ihre Entscheidungen?
Frage 9: Haben Tugenden für Ihr Handeln (privat/beruflich) eine Bedeutung?

Tabelle 12: Werte und Tugenden

Rang	Werte und Tugenden (Mehrfachnennungen)	(in %)
1	• Christliche Ethik, religiöse Werte	41 %
2	• Ehrlichkeit	23 %
3	• Leistung, • Offenheit, • Pflicht	16,4 %
4	• Fairness	19,7 %
5	• Verantwortung	18 %
6	• Humanität	14,8 %
7	• Zuverlässigkeit	13,1 %
8	• Disziplin, • Treue	11,5 %
9	• Gerechtigkeit, • Pünktlichkeit, • Selbstführung	9,8 %
10	• Authentizität, • Korrektheit, • Realität, • Sparsamkeit, • Toleranz, • Vertrauen, • Vorbild sein, • Wahrheit	8,2 %
11	• Familie, • Mut, • Nächstenliebe	6,6 %
12	• Bescheidenheit, • Integrität, • Liberalität, • Optimismus, • Pragmatik	4,9 %
13	• Balance, • Fleiß, • Glaubwürdigkeit, • Langfristiges Denken, • Sauberkeit, • Zivilcourage	3,3 %
14	• Dienen, • Emotionalität, • Fehler eingestehen, • Geduld, • Gesundheit, • Vertragsloyalität	1,6 %

Wertekanon des Abendlandes immer noch zentrales Ordnungskriterium

Fast die Hälfte der deutschen Führungskräfte der ersten Ebene formuliert für sich Werte und Grundpfeiler, die sie selbst eindeutig als christlich-religiöse Prägung charakterisieren. Und auch das Ranking der meist präferierten Werthaltungen zeugt von den klassischen Tugenden wie Ehrlichkeit, Pflicht, Verantwortung sowie Offenheit und Leistung – oftmals auch im Kanon der preußischen Tugenden genannt. Dies zeigt somit, daß das wertebezogene Selbstbild der Befragten eine hohe Bedeutung in Anspruch nimmt.

In der Summe der Nennungen wurden über 50 verschiedene Werte und Tugenden genannt und – dies ist auch interessant – für ein Sechstel der Befragten sind diese Werte explizit Selbstverständlichkeiten.

Als bereits bekannter Aspekt taucht auch hier der Bereich der „Selbstführung" wieder auf. Der bewußte Umgang mit sich selbst scheint für knapp 10 % der Befragten ein Kernelement zu sein, um den Führungsanforderungen gerecht zu werden.

„Die traditionellen Werte haben eine hohe Bedeutung, [...], sich nicht zu sehr bedienen lassen." (1:9)

„Die preußischen Tugenden, die sagen mir auch sehr viel, auch in Bezug auf Korrektheit, Arbeitseinstellung usw. Gebt dem Staate was des Staates ist, usw. Das sind zwar alles so Sprüche, aber da ist eine riesige Wahrheit drin." (5:31)

„Ehrlichkeit und Offenheit ist etwas, was man unbedingt haben muß. (10:11) Ein absoluter Wert ist auch, daß man seine Fehler eingestehen kann. (10:12) Der Grundsatz von Fairneß miteinander. (10:15) Mit sich selber im Reinen sein ist wichtig." (10:19)

„Man muß schon Werte haben, bei mir sind die ethisch-christlich beheimatet." (22:10)

„Traditionelle Werte spielen eine bedeutende Rolle, aber das sind ja eigentlich Selbstverständlichkeiten." (24:11)

Zum Interviewer: *„Ich weiß nicht, ob Sie bibelfest sind, aber es gibt dieses schöne Beispiel von den Talenten: Jeder kriegt Talente von seinem Arbeitgeber und der geht dann auf eine lange Reise. Und jeder soll mit den Talenten etwas machen. Die einen verdoppeln es, der andere sagt: du bist ein gefährlicher Herr, ich bin froh, wenn ich dir das zurückgeben kann, was ich bekommen habe. Und genau der wird davongejagt! Man muß im positiven Sinn mit seinen Pfunden wuchern."* (25:13)

„Es ist wichtig, daß man Zivilcourage hat, auch mal Dinge zu sagen, die unpopulär sind." (54:8)

„Durch die eigene Leistung dazu beitragen, daß du nicht das Gefühl hast, von anderen abhängig zu sein. Das wurde auch von den Eltern formuliert, aber auch unterstützt. Das gab eine gewisse Antriebskraft." (55:3)

Wenn zu Beginn dieses Kapitels die Diagnose eines hinsichtlich seiner Werte eher defizitären Deutschlands steht, so markiert dieser Maßstab der Kritik gleichzeitig diejenigen Bereiche, die den deutschen Spitzenmanagern besonders bedeutsam zu sein scheinen.

Das Beachten von Tugenden und die Ausbildung von Gemeinsinn ist ihnen im Hinblick auf Führung besonders wichtig, wie gerade die letzte Auswertung zeigt. Die deutsche Wirtschaftselite zeichnet sich einerseits durch ein hohes Maß an Sensibilität für die sich wandelnden gesellschaftlichen Strukturen und Werte, andererseits aber auch durch eine relativ kurz gesteckte Wahrnehmung des eigenen Verantwortungshorizonts aus.

So richtig beauftragt, Deutschland als Ganzes nach vorn zu bringen, Führung im größeren Stile wahrzunehmen, fühlt sich nach den empirischen Befunden eher die Minderheit der Befragten. Vielmehr richtet sich der Blick vor die eigene ‚Haustür', sei es die des Unternehmens oder die der eigenen Familie, wo es an unterschiedlichen Stellen zu „kehren" gilt. Immerhin weisen die Führungskräfte der ersten Ebene den Themenkomplex der Werte nicht kategorisch einer anderen Gruppe oder verantwortlichen Institution zu.

Schließlich sind sich die Manager darin weitestgehend einig, daß ein potentieller gesellschaftlicher Fortschritt auch aus der Wirtschaft heraus erfolgen wird. Impulsgeber dafür scheint aber nicht eine anonyme Organisation oder Institution zu sein. Es kommt in der Summe der Aussagen stark auf das unmittelbare Engagement, den Einsatz, die Verantwortungsübernahme *konkreter Personen* an, die im Sinne von Vorbild und Rollenmodell gestaltend tätig werden.

Die Möglichkeiten zu führen, eine Gesellschaft voranzubringen, sind also immer so groß wie der Denkhorizont bzw. das Herz des Einzelnen. Die Erwartung an eine Veränderung des Status Quo wird somit nicht pauschal von *den* Managern, *der* Wirtschaft, *der* Politik, von *dem* Staat, *der* Europäischen Union oder *der* Kirche ausgehen, sondern letztlich Aufgabe einzelner Verantwortungsträger sein.

> *Handle so, daß die Maxime deines Willens jederzeit als Prinzip einer allgemeinen Gesetzgebung gelten könnte.*
> *Immanuel Kant*

4.2.6 Zum Moralbewußtsein in Wirtschaft und Gesellschaft

Gerade das Thema ‚moralisches Verhalten deutscher Spitzenmanager' ist in der gegenwärtigen Diskussion aus den Medien nicht wegzudenken. Nicht selten werden die Wirtschaftsführer ob hoher Bezüge bzw. Abfindungssummen im Zusammenhang mit wenig leistungsorientierter Vertragsgestaltung kritisiert.[19] Wie sehen die Manager sich selbst und ihre Kollegen, im Hinblick auf moralische Standards und der Frage nach ethischen Maßstäben? Obwohl in den Gesprächen konkret nach den Einschätzungen zu Verhaltensweisen innerhalb der Sphäre Wirtschaft gefragt wurde, vermischen sich in den Antworten diese Aussagen mit Angaben zur gesamtgesellschaftlichen Stellung von Ethik und Moral. Diese erste Darstellung integriert daher jene Wahrnehmungen und Ansichten der Manager.

Frage 5: Spielen Fragen der Moral wirtschaftlichen Handelns derzeit unter deutschen Führungskräften eine Rolle? In welcher Hinsicht, unter welchem Aspekt?

Tabelle 13: Einschätzung des Moralbewußtseins in der Gesellschaft

Rang	**Der Stellenwert von Moral in Deutschland** (Mehrfachnennungen)	(in %)
1	• Das Moralbewußtsein in der Bevölkerung nimmt ab, obwohl Moral immer wichtiger wird.	40,9 %
2	• Das Moralbewußtsein in der Bevölkerung ist unverändert.	21,3 %
3	• Das Moralbewußtsein in der Bevölkerung hat zugenommen.	8,2 %

Paradox: das Moralbewußtsein in Deutschland nimmt ab, obwohl es an Bedeutung gewinnt
Gut 40 % der Manager bewerten das Moralbewußtsein ihrer Kollegen bzw. der Nation als eher abnehmend oder zumindest als im Wandel begriffen. Im selben Atemzug formulieren die meisten auch, daß die Bedeutung von Moral für das Funktionieren von Wirtschaft und Gesellschaft zunehme.
Damit schildern sie eine doppelte Spannung, die eine besondere Herausforderung darstellt. In der Wahrnehmung der deutschen Spitzenmanager vollzieht sich dieser Effekt nicht allein im Reich der Wirtschaft.

---

[19] Laut Medienbild der DAX 30 im Jahresrückblick kamen die negativen Bewertungen der deutschen Blue Chips in erster Linie durch unethisches Verhalten der jeweiligen Spitzenmanager zustande. Besonders die Prozesse um die Angeklagten im ‚Fall Mannesmann' sorgten für negative Schlagzeilen (Medien Tenor 2004:55).
Auch die Analyse der Medienpräsenz der 30 meistgenannten Manager im Jahr 2003 unterstreicht den eindeutigen Trend zunehmender Personalisierung und steigender Beobachtungsaufmerksamkeit. Mittlerweile bezieht sich jede 10. Information über ein Unternehmen vorwiegend auf den Vorstand. Der Grundtenor in der Berichterstattung ist dabei noch immer von der Skandalisierung geprägt. Ansonsten bleiben die meisten CEO's unter der Wahrnehmungsschwelle (a.a.O.:53).

Sie diagnostizieren vielmehr Anzeichen eines breiten, in nahezu allen wichtigen Bereichen inhärenten Wandels von vormals selbstverständlichen Regeln des menschlichen Zusammenlebens hin zu einer Aufweichung dieser moralischen Rahmenbedingungen. In der vorherigen Diagnose des Wertewandels werden diese Strömungen in ähnlicher Weise angesprochen.

Hier erhält diese Botschaft jedoch eine „verschärfte" Betonung. Alle wichtigen Institutionen bzw. ihre Vertreter scheinen der ihnen zukommenden Vorbildfunktion nicht mehr gerecht zu werden. Ob es dabei der Opportunismus deutscher Politiker, die in erster Linie negativ orientierte Berichterstattung deutscher Medien oder die verbreitete Gewinnorientierung leitender Angestellter ist; aus Sicht der deutschen Wirtschaftsführer scheint an manchen Stellen der „Wurm drin zu sein".

„Moralische Fragen spielen nach wie vor eine Rolle. Sie sind mehr ein Diskussionsgegenstand, als das früher war. [...] Vielleicht ist es auch so, daß man als junger Angestellter einfach zu den Leuten aufgeguckt hat, oben, nicht wissend, daß die tatsächlich dem eigenen Anspruch auch nicht gerecht wurden." (1:6)

„Das Wort „leben und leben lassen" ist von vornherein nicht mehr der Spruch, den sich das deutsche Management ins Buch schreiben will. Seit Lopez hat sich die Unternehmenskultur ins Negative verwandelt. Das Schlimme ist nur, der Lopez ist zwar weg, aber die vielen kleinen Lopez', die herumlaufen, sind viel brutaler, als es der Lopez von VW gewesen ist." (4:6)

„Ich halte sehr wenig von dem politischen Handeln unserer Zeit, das sehr opportunistisch geprägt ist, wo eigentlich kaum noch erkennbar irgendein Ansatz einer Ideologie oder einer wirklich echten Überzeugung im Handeln verankert ist." (7:8)

„Die Rolle der Moral ist nicht groß genug. Aber richtig bewußt unmoralisch handeln sehr wenige. [...] Ethik ist ein Fach an der Universität, das eigentlich von allen gehört werden müßte. Man kann nicht genug davon reden." (9:6)

„Ich bin doch sehr negativ angefaßt von diesem amerikanischen Turbo-Kapitalismus. Das setzt mir zu. Und ich glaube auch nicht, daß die westlichen Sozialgebilde das auf Dauer so durchhalten." (17:6)

„Die Selbstsubsidiarität fehlt, daß jeder zunächst selbst für sich verantwortlich ist. [...] Hieraus werden in Zukunft noch erhebliche Schwierigkeiten entstehen. [...] In Deutschland ist es nicht die Familie, sondern der Staat oder andere Institutionen, denen man allzu leicht die Verantwortung überträgt." (29:4)

„Es herrscht viel Opportunität und um des Geschäftes willen ist man bereit, alles Mögliche zu tun." (43:7)

„Was mir schon Sorgen macht, das ist der militante Islam." (61:31)

20 % der Manager sehen ein unverändertes Moralbewußtsein in der Gesellschaft und weitere 8 % konstatieren gar eine höhere Sensibilität im Umgang mit ethischen Fragen. Sie begründen dies u.a. damit, daß im Vergleich zu früher Themen wie Umwelt und die Bedürfnisse bzw. Rechte der Individuen heutzutage vermehrt in der Öffentlichkeit eingelöst werden.

„Moral spielt natürlich ununterbrochen eine Rolle. [...] Moral ist eine ganz bedeutende Kategorie, sie wird auch gelebt, nur die ‚Benchmark' dafür, die müßte man mir noch mal liefern und zwar für jede Situation." (11:4)

„Von meiner Funktion im Hause bis hin ins private Leben bin ich persönlich davon überzeugt, daß die Frage, was man vorlebt, wie man mit Menschen umgeht, etc. – das setzt, ob man will oder nicht, Maßstäbe." (12:2)

„Wir haben in Deutschland im wesentlichen immer noch ein von christlichen Moral- und Ethikgrundsätzen geprägtes Wirtschaftsleben." (24:14)

„Moral spielt täglich eine Rolle. (40:7) Ich sehe nicht die Verrohung der Moral unter den Managern. [...] Vielleicht, daß man zu sehr auf das Geld in der Tasche schaut." (40:8)

Darüber hinaus werden von den Managern zwei grundlegende Aspekte festgehalten. Mehr als ein Viertel der Befragten formuliert explizit *Moraldefizite* und ein gutes Fünftel schreibt der Moral eine *zukünftig* bedeutende Rolle zu. Interessant dabei ist: bekannten Schlagworten aus der Wirtschaft wie „Shareholder Value" und „Mergers" werden vor dem Hintergrund moralischer Fragestellungen nicht allein positive Assoziationen beigemessen. Zum Beispiel zum Thema „Shareholder Value: Die Kuh wird hinten mehr gemolken als vorne gefüttert." (43:6).

„Moralische Themen werden eher akademisch diskutiert, als praktisch gelebt." (31:12)

„Wir erleben heute vielfach, sowohl in der Politik wie in der Wirtschaft, die Beliebigkeit in den Positionen. [...] Sie wissen nicht mehr, woran orientieren sich diese Menschen?" (33:9)

„Die Rücksichtslosigkeit, die sich als Selbstentfaltung tarnt, die finde ich ziemlich schrecklich." (34:13)

„Moralische Werte scheinen abzunehmen, etwa Familienorientierung und –zusammenhalt, zerstörte Familien, Mehrfach-Ehen. (35:12) Der Gemeinschaftssinn ist in Deutschland im Vergleich zu den USA, extrem unterbelichtet." (35:13)

„Die Manager befinden sich im Spagat zwischen Moral bzw. Ethik und wirtschaftlichem Wachstum. Man taugt nicht, wenn man keine Profite und Gewinne nachweisen kann. Leider. Da werden die Werte noch mehr an Bedeutung verlieren. [...] Ich finde diese Entwicklung sehr, sehr bedenklich." (36:12)

„Vor lauter Merger und Fusionen rückt der Mensch in den Hintergrund. Hier ist die Balance nicht mehr richtig." (42:8)

„Die Diskussionen über Führungsethik und Moral erinnert an eine Feigenblattargumentation. Ich glaube nicht, daß man Ethik lehren kann. Ethik kann man nur leben. [...] Der Versuch, eine nicht ganz so ethische Führungskultur mit Seminaren zu übertünchen, die Wasser predigen, wo aber letztlich Wein gesoffen wird." (45:19)

Auch wenn die deutschen Spitzenmanager nicht als Anwälte der Ethik rekrutiert wurden, so weisen sie dennoch eine Sensibilität für diese Fragen auf und formulieren die Bedeutung von Moral für die wirtschaftliche wie gesellschaftliche Zukunft. Gleichzeitig ist darin durchaus ein einheitlicher Gedanke zu erkennen.

Die Spitzenmanager betonen einmal mehr die Bedeutung einer solide geerdeten Identität, um einen moralischen Habitus zu etablieren. Dabei wenden sie sich gegen den Glauben an die technisch-rationale Machbarkeit des Ethischen in einer Gesellschaft und plädieren vielmehr für das Einüben und Vorleben des Menschlichen.

4.2.7 Kritik des Verhaltens anderer Manager

Noch konkreter verdeutlicht die Auswertung einer anderen Perspektive die Fragestellung zur Wahrnehmung von Ethik und Moral. Die Spitzenmanager wurden aufgefordert, Verhaltensweisen zu benennen, die aus ihrer Sicht an Managern bzw. an deren Berufsstand zu kritisieren bzw. gar zu verurteilen wären. Sie machten davon regen Gebrauch. Es wurden sowohl Aspekte formuliert, die in ihrer täglichen Praxis auftauchen, wie auch hypothetische Fehltritte genannt. Letzteres verdeutlicht neben der formulierten Kritik gleichzeitig auch einen wünschenswerten Sollzustand des Verhaltens in der Wirtschaftswelt.

Frage 45: Gibt es Verhaltensweisen, die Sie an einem Manager verurteilen?

Tabelle 14: Managerkritik

Rang	Zu verurteilendes Verhalten (Mehrfachnennungen)	(in %)
1	• Menschenverachtendes Verhalten	29,5 %
2	• Arroganz	26,2 %
3	• Keine Verantwortungsübernahme • Profillosigkeit	18 %
4	• Laxer Umgang mit der Wahrheit	16,4 %
5	• Vorbildfunktion nicht eingelöst • Eitelkeit	14,8 %
6	• Egoismus	11,5 %
7	• Kriminalität, Korruption, Steuerhinterziehung	9,8 %
8	• Unfairneß	8,2 %
9	• Fehlender Realitätsbezug	6,6 %
10	• Distanzlosigkeit, zu schnell „per Du" • Aggressivität	1,6 %

Am schärfsten verurteilt: ‚Menschenverachtendes Verhalten'
Die deutschen Spitzenmanager verurteilen solche Führungskräfte am stärksten für ihr moralisches Fehlverhalten, die „keinen Bezug mehr zur Realität haben", denen das „Grund-Feeling", der normale Ton im Umgang abhanden gekommen ist. In dieser Schärfe formulieren es explizit knapp 7 % der Befragten. Jedoch zeugen gerade auch die Aussagen mit höheren Prozentanteilen von demselben Tenor, wenngleich es dort sanfter zum Ausdruck gebracht wird. Knapp 30 % verurteilen ein sogenanntes „menschenverachtendes Verhalten". Gut ein Viertel findet eine zur Schau getragene bzw. standesübliche Arroganz besonders kritikwürdig. Jeweils 18 % sind der Meinung, daß das „Stehlen aus der Verantwortung" sowie Profillosigkeit zu den zentralen Kritikpunkten gehören. Gut 16 % denken, daß ein laxer Umgang mit der Wahrheit den Managern nicht gut zu Gesicht steht und jeweils knapp 15 % formulieren fehlende Vorbildfunktion und Eitelkeit als die zentralen Verhaltensweisen, die es zu verurteilen gilt. Für etwa 12 % ist dies gerade auch Egoismus, für knapp 10 % kriminelles Verhalten wie Steuerhinterziehung oder Korruption.
Weitere Stimmen reklamieren Unfairneß und jeweils eine Nennung Distanzlosigkeit zu Untergebenen sowie Aggressivität. Umgekehrt betrachtet könnte dies auch heißen, daß die Mehrheit der deutschen Spitzenmanager mit einem derartigen Verhalten kein Problem hat.

All dies sind in der Gesamtbetrachtung Verhaltensweisen, die wenig moralisches Gespür erkennen lassen, die gegen die Regeln sozialer Kompetenz versto-
ßen. Man könnte auch „Mobbing" dazu sagen. Dies scheint, auch in den obersten Etagen, in der Praxis nicht selten der Fall zu sein. Kritisch wird außerdem
angemerkt, wenn die deutschen Wirtschaftsführer eine gewisse Beliebigkeit im
Umgang mit moralischen Themen erkennen lassen, sie also ihre *eigene Version*
einer Verhaltensrichtschnur verfolgen, die in der Wahrnehmung anderer ohne
nachvollziehbare Absicherung betrieben wird.

Dagegen kommt dem Spitzenmanagement, nach eigenem Bekunden der Befragten, vielmehr die Bedeutung zu, Verantwortung für andere sichtbar zu übernehmen, Vorbild zu sein – das auch zu leisten, was man von anderen fordert – und
nicht zuletzt auch als Führungskraft die Wahrheit als wichtig zu erachten. In
diesen Ausführungen spiegeln sich auch die „Führungseigenschaften von morgen" wider, was die Vernetztheit der verschiedenen Führungsdimensionen gut
veranschaulicht.

*„Ich muß aber aus eigener Beobachtung auch sagen, daß moralische, ethische Grundsätze in
den Managementkreisen, mit denen ich heute zusammenkomme, einen geringen Stellenwert
haben, wenn man es als Maxime des Handelns betrachtet. (1:6) Das Verhältnis zur Wahrheit
ist sehr beliebig geworden." (1:9)*

*„Ich finde es nicht gut, wenn ein Manager seine Mitarbeiter duzt, [...], wenn Manager von
Mitarbeitern etwas verlangen, wozu sie selbst nicht bereit sind. Pünktlichkeit oder Ordnung.
Der Anspruch muß sich mit dem eigenen Verhalten in Einklang bringen lassen." (4:24)*

*„Ich verurteile diesen ausschließlichen Shareholder Value. Das ist Kapitalismus pur. Eigen-
tum verpflichtet. Der Staat hat ein Recht darauf, auch von dem Gewinn seinen Teil zu bekommen (5:31) Die Steuerhinterzieher: Dafür habe ich überhaupt kein Verständnis. Deren
Vermögenslage ist so gestellt, daß die auch ihre Steuern zahlen können." (5:32)*

*„Am schlimmsten finde ich diese DIN A4-Manager, die überhaupt kein Profil mehr haben.
Was ich nicht mag ist Menschenverachtung." (6:39)*

*„Jähzorn, Unkontrolliertheit, Aggressivität, andere vor anderen erniedrigen, bloßstellen,
Herrschergebaren. Das ist mir einfach zutiefst zuwider." (11:34)*

*„An vielen Stellen werden „fünfe" gerade sein gelassen. Im eigenen Konzern oder auch der
Kohl mit den Spenden. Das ist ja schlimm. Der hat seine eigene Moral – und das ist seine
Botschaft." (25:14)*

*„Skrupellosigkeit. Unsere Organisationen haben einen beachtlichen Vorbildcharakter – in
allen Lebensbereichen. Viele Menschen, viele junge Leute gucken, was sich die leisten. Man
muß wahrscheinlich sehr aufpassen. [...] An der Ecke kann man in der Gesellschaft relativ
schnell noch mehr kaputt machen, als eh schon zerstört ist." (30:17)*

Fehlende Glaubwürdigkeit hat gesamtgesellschaftliche Auswirkungen
Eine weitere Facette kritikwürdigen Gebarens liegt in einer eher unsteten, wenig vorbildhaften Alltags- und Lebensgestaltung, die sich aus Sicht der deutschen Spitzenmanager insbesondere hinsichtlich der Vorbildfunktion negativ auswirkt.

Dabei zählen nicht nur die Verhaltensweisen gegenüber Mitarbeitern, sondern durchaus auch der Privatbereich – u.a. am Beispiel von Mehrfach-Ehen illustriert – zu den relevanten Aspekten. Solche Aussagen könnten im Zeitalter einer liberalen und toleranten Gesellschaftsordnung zwar als Merkmale einer besonders konservativ eingestellten Elite gewertet werden. Andererseits ergeben sich mit derselben Legitimität zentrale Fragen nach der Verfaßtheit der gegenwärtigen säkularisierten Moderne. Einige Befragte betonen durchaus auch die Reichweite ihres Tun und Lassens und sehen sich einer breiten Öffentlichkeit ausgesetzt.

„Es muß auf der Top-Ebene etwas geschehen. Den Führungskräften sind viele Werte anvertraut, die tummeln sich dann mittags schon auf dem Golfplatz. Das sind diese Frühstücksdirektoren. Die Vorbild-Funktion fehlt. (10:18) Einige bedienen sich nur selbst, das strahlt dann auf die Mehrheit ab." (10:30)

„Arroganz, dann Großkotzigkeit und diese vielfältige Ehescheidung. [...] Ich kenne viele in dritter und vierter Ehe. Da sage ich nein dazu." (23:31)

„Ein Mensch, der vier- bis fünfmal heiratet, ist von Haus aus einer, der Probleme letztlich nicht meistert. Klar, gibt es immer Probleme, aber wie schnell weiche ich diesen aus? Wie führungsstark ist eine solche Person?" (33:9-10)

„Es ist erschreckend, welch geringen Stellenwert Moral bekommen hat. Shareholder Value ist heute gleichbedeutend mit: ‚Bereichere Dich, so gut Du kannst'". [...] Die Verantwortung für Generationen muß erlernt werden. [...] Sachzwang ist eine permanente Entschuldigung. Ich zitiere Brecht: ‚Der Mensch ist gut und wäre gerne froh, doch die Verhältnisse, die sind nicht so'. Wir haben die Verhältnisse zu gestalten." (34:24)

„Wenn Unternehmen zu Selbstbedienungsläden werden, geht für die Jugend ein Stück Orientierung verloren. [...] In der Automobilindustrie sind die Rambos auf dem Vormarsch." (45:20)

„Da kommen wir wieder sehr stark in den persönlichen Wertebereich hinein. Also Egozentrik, letztlich eine mangelnde Integrität oder Glaubwürdigkeit." (57:36)

Weitgehende Übereinstimmung in der Diagnose, aber unterschiedlichste Antworten zu den Ursachen
Warum strahlen die deutschen Spitzenmanager eine solch hohe Anfechtbarkeit aus? Verschiedene Protagonisten geben dazu Auskunft. Als mögliche Erklärung wird dabei von zwei Befragten ein fehlender innerer Rückhalt bzw. moralischer „Unterbau" der Manager angeführt. Im Laufe ihrer Karriere und ihres Alltags

erfahren die Manager Zumutungen und Anforderungen, die allein mit gutem Willen, Leistung und Ehrgeiz nicht zu bewältigen sind. Sie sind – wahrscheinlich auch aufgrund ihrer exponierten Situation und Position – meist auf sich selbst zurückgeworfen. Die sie dann bedrängende Frage nach der persönlichen Identität und nach Orientierungsmarken zur Entscheidungshilfe mag deshalb zu moralischen Fehlleistungen führen, da sie in der Zeit davor nicht als alltagsrelevant angesehen wurde.

„Bei den meisten ist nicht das Geld oder die materielle Seite das Problem, sondern sich zu fragen: Wer bin ich eigentlich, wenn man den Teppich wegzieht oder der Teppich nicht mehr da ist und der Background nicht mehr da ist?" (12:24)

„Fehlende Loyalität, weil ohne Loyalität kein Vertrauen bestehen kann. [...] Sie können ein Unternehmen auch als eine Vertrauensgemeinschaft bezeichnen." (14:20)

„Diese ganzen Fusionsüberlegungen – sie liegen häufiger im Machtstreben des Managers. (27:19) Die sind nur an sich interessiert, nicht am Unternehmen". (27:36) Und über Unternehmensberater: „Die haben keine Bindung an Mitarbeiter bzw. an das Unternehmen – die kommen rein und gehen wieder weg." (27:37)

„Die Frage nach dem Sinn des Wirtschaftens (Shareholder Value, etc.) muß neu gestellt werden. Für wen tun wir es eigentlich, wenn nicht für die Menschen? Es gibt keine abstrakte Größe. [...] In der Diskussion um Wertmanagement geht es gar nicht um Werte." (31:11)

„Ich kenne eigentlich wenige deutsche Unternehmensführer, die dem Anspruch, den ich an sie stellen würde, auch gerecht werden – das ist wirklich nur eine Hand voll. [...] Ich kenne aber viele, wo man sich fragt: Mein Gott, wie kommen denn die dahin, warum nimmt die keiner weg? Es sind meines Erachtens schon viele schlechte dabei." (59:27)

Die deutschen Wirtschaftsführer verfügen anscheinend nicht über ein ausreichendes Reservoir an inneren, im Sinne von geistigen Ressourcen zur Bewältigung der Anforderungen. Auch zur Seite stehende Berater scheinen diese Lücke nicht schließen zu können, ebenso angezweifelt wird von einzelnen die Funktionsweise der Rekrutierungs- bzw. Abberufungsmechanismen durch die Aufsichtsräte oder Netzwerke.

Bereits wenige Abweichler gefährden den guten Ruf des deutschen Managers
Neben diesen direkten Kritikpunkten finden sich weitere implizite Stellungnahmen zum Thema Moral unter Managern. Nur wenige äußern sich dergestalt, daß Moral bei den Managern nach wie vor verankert sei und daß sich unmoralisches Verhalten über die Zeit hinweg sowieso nicht auszahlen würde. Angesichts der gegenwärtigen Abfindungsdebatten verwundert diese Zurückhaltung nicht. Nur 8 % meinen, daß die deutschen Wirtschaftsführer zunehmend moralbewußt denken und handeln. Diese Vertreter sind der Ansicht, daß es von außen nur unzureichend bis gar nicht zu beurteilen sei, was von den Managern

verantwortet und geleistet wird und daß daher auch keine externe Bewertung ihres Tuns erfolgen kann.

„Im Vergleich zu vielen anderen Ländern hat das deutsche Management von Hause aus einen relativ hohen Moralstandard. Wir dürfen uns nicht von den drei oder fünf Prozent schwarzen Schafen her definieren, die durch die Presse gehen." (8:8)

„Ich glaube, der Grundkonsens ist schon vorhanden. Es gibt schwarze Schafe. Aber sie werden weniger. Daß es Schweinehunde gibt zwischendurch und Charakterschweine, die aber auch irgendwann gegen die Wand laufen, ist völlig klar." (9:16)

„Die Mehrzahl der deutschen Manager, die ich kenne, sind ganz feine Typen." (22:19)

„Unter Managern gilt auch heute noch das gesprochene Wort. Entgegen der globalen Einschätzung hat Moral heute schon noch eine Bedeutung. (38:5) ‚Nieten in Nadelstreifen' – da ist ein bißchen was dran. Aber was die Manager leisten ist enorm und es kann niemand so richtig bewerten. Die Mehrheit führt ihr Unternehmen gut." (38:12)

„Die Moral ist größtenteils ganz unbeschadet in den Unternehmen zuhause, nämlich dort, wo die Geschäftsleitung entsprechend den Standard setzt." (60:8)

Letztlich liegt es am Stil einer Person und dessen Umsetzung in der Top-Etage, wenn moralisches Verhalten in Unternehmen anzutreffen ist. Insgesamt kommt erschwerend auch die Tatsache hinzu, daß es unter den vielen Managern zwar immer nur eine Handvoll „schwarzer Schafe" gibt, deren Fehlleistung für den gesamten Berufsstand eine mittlerweile nachhaltig negative Außenwirkung mit sich bringt.

Es gilt festzuhalten, daß aus Sicht der deutschen Spitzenmanager die Bedeutung von Ethik und Moral letztlich eine hohe und alltägliche Relevanz besitzt. Dabei handelt es sich in ihrer beschreibenden Diagnose des moralischen Status Quo in Deutschland weniger um Ausnahmesituationen aus der Welt der hochpolitischen oder strategisch-relevanten Entscheidungen, für die sich Manager schließlich verantwortlich zeichnen.
Es sind vielmehr Elemente aus den „Grundregeln menschlichen Zusammenlebens", die hier für die Wirtschaftselite von hoher Bedeutung sind und die, ihren Aussagen gemäß, auch für Fragen des Erfolgs und hinsichtlich Führungsqualitäten nicht unerheblich sind. Nachdem die meisten Manager nach eigenem Bekunden aus guten Elternhäusern kommen und die traditionellen Werthaltungen und Ethikaspekte durch die dortige Prägung verinnerlicht haben, scheinen sich mit der Zeit auf der obersten Ebene doch auch andere Elemente und ‚Tonarten' einzustellen, die im einen oder anderen Fall für einen *Verlust an Bodenhaftung* sorgen.

Interessant ist weiterhin, daß sich die Wirtschaftslenker damit *untereinander* nicht gerade das beste Zeugnis hinsichtlich einer moralischen Vorbildfunktion

ausstellen, sondern eher auf gravierende Defizite hinweisen. Im Licht der ge-
stiegenen Personalisierung und Beobachtungsaufmerksamkeit gegenüber den
deutschen Spitzenmanagern scheint hier eine Erklärung für den Vertrauensver-
lust innerhalb einer breiten Öffentlichkeit sowie unter Mitgliedern der Belegschaft zu liegen.

Daß dieser Sachverhalt nicht bei allen Befragten „Unruhe" hervorzurufen
scheint, ist durchaus alarmierend. Denn angesichts des immer bedeutender wer-
denden ‚guten Rufs' einer Unternehmung und eines Berufsstandes kann dem
Verlust an Immunität gegenüber moralisch-ethischen Anfragen von außen nicht
genug Rechnung getragen werden.

Die deutschen Spitzenmanager repräsentieren zwar in der Mehrheit ein hohes
Bewußtsein zu Fragen der Moral und ihrer Bedeutung für Wirtschaft und Gesellschaft – sie betonen dabei gerade auch deren Zukunftsrelevanz – gleichzeitig
diagnostizieren sie jedoch eine tendenzielle Abnahme der für sie selbstverständlichen Ankerpunkte.

So sei Moral generell kein Konstrukt, das der oder die Einzelne nach eigenem
Gusto und Belieben festzulegen habe. Manche der Befragten sprechen sich daher auch vehement gegen diese Art des Opportunismus aus, wenn je nach situa-
tivem Befinden, je nach Anforderungen oder persönlichen Geltungsbedürfnis-
sen, ethisch relevante Entscheidungen in eher am Eigennutz orientierten Verhalten getroffen werden. Die Maxime des Kant'schen kategorischen Imperativs hat
anscheinend keine allgemein zugängliche Übersetzung für den alltäglichen Gebrauch.

Aus Sicht der Wirtschaftselite umfaßt Führungshandeln eindeutig mehr als die
reine Arbeitsanweisung eines Vorgesetzten an einen Mitarbeiter und auch mehr
als das statusorientierte Symbolisieren von Macht. Führungshandeln auf der
Ebene des Spitzenmanagements erfordert im besonderen Maße Entscheidungen,
die für eine Vielzahl von Menschen sowie für eine umfassende Menge an Ressourcen Relevanz besitzt. Grundlegende Wert- und Strukturveränderungen können sich daraus ergeben. Insofern ist Führungshandeln immer auch moralisches
Handeln (Sharp Paine 1994:106).

Daher stellt sich die Frage nach dem Maßstab, der für Führungshandeln den
ethischen Rahmen bietet und anhand dessen sich eine vorausschauende wie
rückblickende vorbildhafte Umsetzung desselben orientieren kann. Eine einfache und schlüssige Antwort darauf scheint gegenwärtig nicht in Sicht.

Ethisch-moralische Fragen werden von den Managern zwar in weiten Teilen mit
den christlich-abendländischen Wertgrundsätzen in Verbindung gebracht und es
ist ihr erklärtes Selbstverständnis, diese in ihrem Tun und Handeln zu repräsentieren. Aber in der realen Umsetzungspraxis ermangelt es an operationalen Hilfestellungen oder auch an Rückkoppelungsprozessen mit der ‚Umwelt'. Hier

sind die Wirtschaftsführer wieder auf sich selbst, also letztlich auf ihre persönliche Einschätzung, was moralisch richtig und was falsch sei, zurückgeworfen. Nun gibt es wohl eine Reihe von ,ethischen Austausch- oder Beratungsmöglichkeiten', von Netzwerken und Kreisen für moralisch-denkende Unternehmer und Führungskräfte sowie verschiedene wissenschaftliche Institute und Lehrstühle, die in Sachen Wirtschafts- und Unternehmensethik aktiv forschen und publizieren.[20] Eine verbindliche Verpflichtung bzw. eine gemeinsame Überzeugung dazu scheint jedoch nicht etabliert zu sein.

4.2.8 Das moralisch-ethische Selbstkonzept der Spitzenmanager

Zusammenfassend lassen sich aus dem zweiten Auswertungsblock folgende Kernpunkte herausarbeiten: Neben der allgemeinen Bestandsaufnahme der gesellschaftlichen Verfaßtheit zu Fragen der Werte sowie zum moralisch-ethischen Status Quo erlauben die Ausführungen der deutschen Spitzenmanager einen Einblick in *grundlegende Wirkungsweisen von Führungsprozessen*, die der gängigen personalen Betrachtungsebene eine *kulturelle Dimension* zur Seite stellt.

Die Herausbildung eines Repräsentativen Führungsverständnisses ist auf einen generalistischen Kontext bezogen. Dieser Unterbau umfaßt dabei sowohl eine Sensibilität als auch eine Prägung mit den grundlegenden gesellschaftlichen Werten und ethischen Prinzipien. Zwei Aspekte sind dabei von besonderer Bedeutung:

1. die Bedeutung von Kindheit und Jugend sowie
2. die Sinnhaftigkeit ethischer Grundwerte.

Zu 1. Es ist wichtig festzuhalten, daß die Wahrnehmung und Einschätzung moralisch herausfordernder Situationen und Entscheidungen nicht nur eine situativ bedingte, rationale Abwägung von Argumenten erfordert. Vielmehr handelt es sich um ein komplexes Gebilde, das die Erfahrungen und Bewertungen einer lebensumfassenden Perspektive beinhaltet.

Die Spitzenmanager verweisen in ihren Einschätzungen des gegenwärtigen Deutschlands immer wieder auch auf ihre eigenen Erfahrungen im Zusammenhang mit fundamentalen Werten und ethischen Prinzipien. Kennzeichen sind dabei die bis in die Kindheit zurückreichenden Prägungen, die ihnen bis heute präsent und operational sind. Gerade die in der Erziehung vermittelten Werte sind für die Ausbildung eines eigenen Tugend- und Ethikbegriffs von herausra-

---

[20] Die Befragten verweisen dabei beispielsweise auf Vereine oder Akademien wie CiW (Christen in der Wirtschaft), BKU (Bund der katholischen Unternehmer) sowie auf Schriftsteller wie Rupert Lay, Anselm Grün oder Hans Küng, die ein Forum für Diskussion und Input zu ethischen Fragestellungen der Praxis bieten.

gender Bedeutung. Die Wirtschaftsführer geben in diesem Zusammenhang auch zu bedenken, daß neben positiven Erinnerungen entsprechend ‚abschreckende' bzw. negative Prägungen in gleicher Weise ihre Spuren hinterlassen haben. Diese enttäuschenden Erfahrungen wiegen ihrer Meinung nach sogar doppelt schwer, wenn sie im Zusammenhang mit Personen oder Institutionen gemacht werden, die mit der moralischen Autorität und formalen Legitimation ausgestattet sind. Unglaubwürdige Moralerziehung, oft im Namen des Evangeliums praktiziert, wirft ihre Schatten bis in die Gegenwart (Bucher 1995:39). Darunter fallen neben den eigenen Eltern auch Pastoren, Priester und Lehrer, bei einigen Befragten auch aus kirchlich getragenen Internaten oder Privatschulen, die quasi den moralischen Inhalt ihrer Prägung vorbildhaft einzulösen nicht imstande waren.

Damit stellt sich die Frage, an welchen Stellen und zu welcher Zeit die Vermittlung von grundlegenden Basissätzen des sozialen Miteinanders zu thematisieren sind. Mit Hinblick auf die Befunde zeigt sich, daß diese Punkte nicht erst im Rahmen von weiterführenden Schulen, Studien oder betrieblicher Weiterqualifikation an Erwachsene zu adressieren sind.

Die Kernerfahrungen mit und die impliziten Leitlinien für Führung finden bereits in früher Kindheit statt. Somit kommt der Gesellschaft eine übergeordnete Führungsaufgabe zu, die quasi als Basisleistung für die später vorzufindenden Führungskulturen in Organisationen und Institutionen fungiert.

Zu 2. In der Studie finden sich mit *Identität* und *Identifikation* an verschiedenen Stellen zwei Begriffe, die im Lichte der Studie einen bedenkenswerten, den soziologischen Zugang repräsentierenden Verstehensgehalt bekommen.

Man liest in verschiedenen Veröffentlichungen oftmals von den erstrebenswerten Meriten eines hohen Identifikationsniveaus der Menschen. Sei es gegenüber dem Partner bzw. der Partnerin, dem Arbeitgeber, den Arbeitsinhalten, der Stadt, der Region oder gegenüber dem Land, gegenüber Europa, der Religion, etc.: Identifikation gilt mittlerweile als umkämpftes Gut. Dies klingt zunächst plausibel und gilt in weiten Kreisen als Ausdruck einer besonders modernen, progressiven und humanen (Unternehmens-) Kultur (Malik 2004:B1). Auch die deutschen Spitzenmanager verweisen ‚kritisch' auf ein abnehmendes Identifikations- und Bindungspotential, das sie unter den Mitarbeitern ihrer Unternehmen sowie darüber hinaus gegenwärtig wahrnehmen. Sie betonen aber auch, daß mit ‚blinder Begeisterung' bzw. eindimensionaler Identifikation nicht die aus ihrer Sicht zukunftsfähige Perspektive entsteht.

Viel wichtiger und in ihrer Wirkung nachhaltiger sind Dinge wie Pflichtbewußtsein, Verantwortung, Engagement, Gewissenhaftigkeit, Sorgfalt und insbesondere die Möglichkeit, in dem was man tut, einen Sinn zu sehen (a.a.O.). Diese und weitere Aspekte spiegeln auch die von den Managern vermißten bzw. andererseits gewünschten Sollkonzeptionen wider. Dennoch signalisieren die Wirtschaftslenker bei aller Mehrdimensionalität und Vielfalt ihrer Wahrnehmungen Einigkeit in der grundlegenden Ansicht, daß es *klare Gedanken*, einen *gewissen Abstand* sowie *vernünftig abzuwägende Urteile* braucht, um moralisch-ethische Entscheidungen mit legitimierter Autorität zu treffen.

Die Sinnhaftigkeit einer Idee, einer Religion, eines Führungsstils oder eines beruflichen oder privaten Engagements bei den Menschen ergibt sich aus Sicht der deutschen Wirtschaftsführer nicht aufgrund einer erfolgreichen, sozio-technisch erlangten ‚Kommunikationsperformance'. Das aktive Mittragen, Umsetzen und Gestalten gesellschaftlicher Werte und ethischer Überzeugungen ist vielmehr das Resultat eines *reflexiven Prozesses*. In immer fortwährendem Abwägen eigener Überzeugungen mit den Interpretationsangeboten von als legitim – da glaubwürdig – anerkannten Führungspersonen, wird Sinn erleb- und faßbar. Vor diesem Hintergrund wird die kulturelle Dimension Repräsentativer Führung deutlich.

> *Die Ungewißheiten der Moderne sind*
> *bedrückend, von ihnen befreit zu werden,*
> *ist ein großes Glücksgefühl.*
> *Peter L. Berger (1999:25)*

4.3 Führung im spirituellen Sinne – Selbstführung

Der dritte Auswertungsteil dieser Arbeit nähert sich dem Themenkomplex der geistigen bzw. geistlichen Tiefenstruktur des Phänomens Führung. Dessen Hauptaugenmerk liegt in der *verstehenden Erkenntnis alltäglicher Wahrnehmungen* und deren *Übersetzung in die wissenschaftliche Sprache*. Einerseits zeichnet die ethnomethodologische Tiefenstruktur die *außerrationale* Facette menschlichen Handelns nach, die den aufgeklärten Rationalitätsgefügen und damit auch den normativen Sinndeutungen situativer Ereignisse entgegenwirken kann, aber zugleich auch das Potential in sich trägt, das *interkulturell* Verständigung schaffen kann: nämlich das Potential der Mythen, das bei jedem Handelnden in gleicher Weise verankert, wenn auch nicht aktuell verfügbar ist (Fink-Heuberger 1997:165-166).

Damit lassen sich die Verbindungen zwischen geistlichen Orientierungen und Führungskonzeptionen der Spitzenmanager in einer modernen Gesellschaft aufzeigen und wie diese Eckpfeiler vor dem Hintergrund eines repräsentativ gewendeten Führungsverständnisses wirksam werden.

Es geht dabei um eine bislang wenig beachtete Schnittstellenanalyse zwischen den Bindestrich-Disziplinen der Führungs- und der Religionssoziologie. So läßt sich zunächst festhalten, „daß das Christentum zwar in der Form der konfessionsgebundenen Kirchen und religiösen Gemeinschaften nach wie vor einen eindeutigen gesellschaftlichen Ort besitzt, aber seine Lebensformen und Deutungsangebote nicht mehr als gesamtgesellschaftlich verbindlich betrachtet, sondern im Zuge einer weit verbreiteten weltanschaulichen Toleranz als partikuläre Sinnkonstruktionen und Sozialformen akzeptiert" werden (Kaufmann 1986:15).

Das Christentum nimmt vor diesem Hintergrund gegenwärtig nicht mehr die vormals dominante Stellung auf dem sinnbezogenen ‚Markt der Weltanschauungen' ein. Daraus erwachsen verschiedene Fragestellungen, die für die Analyse der führungsrelevanten Tiefenströmung von Bedeutung sind.

Die deutschen Spitzenmanager benennen dazu verschiedene Facetten ihrer Sinnprovinzen: Im einzelnen sind dies *störende Momente* im Sinne existentieller Erfahrungen, von den Managern formulierte *Sehnsüchte* sowie die Nennung ihrer *Erfolgs- und Kraftquellen.* Daran schließt sich die Betrachtung der konkret spirituell orientierten Identitätsbausteine anhand der *konfessionellen Zugehörigkeit* sowie der Distanz bzw. Nähe zur Institution Kirche an. In einer nächsten Stufe wurde aus den Interviews herauspräpariert, ob und wie sich die *persönliche Glaubensbindung* im Leben und Alltag der Manager niederschlägt. Ein weiterer Aspekt thematisiert die geistliche Herkunft – welche *religiöse Prägung* hat die Generation der wichtigsten Wirtschaftsführer genossen? Anschließend wurde von den Befragten eine *Fremdbeurteilung* erbeten: wie schätzen sie die Haltung ihrer Kollegen zu den Themen des Glaubens ein? Abschließend konnte noch eine Auswertung im Sinne einer *„Botschaft für die Nachwelt"* vorgenommen werden, die die Befragten heute schon an uns bzw. an ihre Nachkommen adressieren würden.

> *Wer den Zeitgeist heiratet, findet sich*
> *bald als Wittwer wieder.*
> *W.R. Inge, in: Peter L. Berger (1999:16)*

4.3.1 „Halt im Leben"

Unter dem Aspekt der Spiritualität verbergen sich nicht nur unmittelbar metaphysisch verortete Identitätsquellen wie etwa jüdisch-christlicher Gottesglaube oder die Verinnerlichung der Reinkarnationslehre. Auch das Vorhandensein vordergründig ‚profaner' Puzzlestücke gilt an dieser Stelle als beachtenswert und die Einordnung unter den Oberbegriff der Spiritualität macht in der Gesamtschau der empirischen Datenanalyse trotzdem Sinn. Und zwar aus folgender

Überlegung heraus: Die Mitglieder der deutschen Wirtschaftselite verweisen in ihren Ausführungen neben der unmittelbar religiösen Dimension immer wieder auf die Existenz *übergeordneter Prinzipien*, die ihrem Dasein in Beruf und Familie Sinn verleihen und für ihr Führungsverständnis ausschlaggebend sind. Dazu gehören als Stichworte beispielsweise die Summe ihrer Lebenserfahrungen, persönliche Reife oder Weisheit. Dabei handelt es sich jedoch nicht nur um eine beliebige Menge voneinander unabhängiger Identitätsbausteine. Zwar setzt sich der ,Glaube' an diese höheren Prinzipien aus einer breiten Fülle von Mosaiksteinen zusammen, diese lassen sich aber nicht im Sinne einer positivistisch verstandenen Zuordnung abhängiger und unabhängiger Variablen messen.

Die Manager formulieren in den Interviews für sie bedeutsame Facetten, die in ihrer aggregierten Gesamtheit eine *im weiteren Sinne spirituelle Grundstimmung* zum Ausdruck bringen, einen „Halt im Leben". Dies könnte beispielsweise eine lebensbejahende oder -verneinende, eine eher optimistische oder pessimistische Grundhaltung sein. Für die vorliegende Methodologie ist es daher relevant, ob sich Aussagen finden lassen, die aus Sicht der Befragten als prägend und für ihre grundlegenden Dispositionen als ausschlaggebend wahrgenommen werden. Im Sinne des oben stehenden Zitats von Inge ist es deshalb interessant zu erfahren, inwieweit die Manager den wechselnden Moden des Zeitgeistes nahestehen oder ob sie über davon unabhängige, längerfristig angelegte Ressourcen verfügen.

Zu den Prägungen entlang eines Lebens gehören mitunter vielfältige Facetten: Freude und Leid, Erfolg und Niederlage, Rationalität und Emotionalität. Die sehr persönlichen Berichte der Manager beinhalten viele Aspekte, die weit über den Ansatz und das Konzept des Leitfadens hinausreichen, aber auch über den Erwartungshorizont, der hinsichtlich der Offenheit an diese doch besonders prominente Klientel zu stellen war.

4.3.2 Störende Momente

Zu den zentralen Prägungen eines Menschenlebens gehören mit Sicherheit immer auch Erfahrungen mit existentieller Reichweite oder mit zumindest für Phasen der Besinnung und der Zäsur sorgenden Inhalten.
MacDonald spricht in diesem Zusammenhang von „störenden Momenten" und meint damit „ [...] jene unvorhergesehenen Ereignisse, von denen man den meisten, hätte man die Wahl gehabt, lieber aus dem Weg gegangen wäre" (MacDonald 2000:35). Meistens werden solche Ereignisse im Augenblick ihres Auftretens als unbequem wahrgenommen und nicht selten mit Streß, Schmerz, Scheitern oder Demütigung verbunden. Aber auch besonders positive, herausragende Erfahrungen markieren mitunter entscheidende Etappen der Lebensreise.

Im Rückblick verbindet man damit jedoch oftmals die Erkenntnis, zu neuen Einsichten gelangt oder in irgendeiner Weise in Bewegung gesetzt worden zu sein (a.a.O.:37). Auch die Spitzenmanager lassen in ihren Ausführungen erahnen, daß solche besonderen Einschnitte und einzigartigen Zeitpunkte mit der Empfänglichkeit für tiefere Erkenntnisse über sich selbst oder die Welt einhergehen.

Mehr als zwei Drittel der Befragten wurden in den Jahren zwischen 1934 und 1945 geboren und durch die (Nach-) Kriegsjahre geprägt. Aber auch andere tiefgreifende Einschnitte werden genannt. Tabelle 15 zeigt einige der „störenden Momente", die die Sensibilitäten und Weltsichten der Manager mitgestaltet haben.

Frage 4: Gab es Schlüsselerlebnisse und Grenzsituationen, die in Ihrem Leben – im Beruf oder im Privatleben – eine Zäsur markiert haben?

Frage 8: Haben sich bestimmte Grundsätze im Laufe Ihres Lebens geändert? Und wie ist das geschehen? Gab es ein besonderes Ereignis, oder ist das allmählich geschehen?

Tabelle 15: Störende Momente im Leben der Spitzenmanager

Rang	Schlüsselerlebnisse (Mehrfachnennungen)	(in %)
1	• Erfahrung von Unfall, Krankheit oder Tod	24,6 %
2	• Allgemeine Lebenserfahrungen, Reife	16,4 %
3	• Partnerschaft und Ehe	14,8 %
4	• Kriegswirren	9,8 %
5	• Verantwortung im Beruf, für das Unternehmen	6,6 %
6	• Keine negativen Grenzerfahrungen gemacht	3,3 %
7	• Selbst herbeigeführte Brüche im Lebenslauf	1,6 %

Grenzerfahrungen prägen die private Lebenswelt
Über 70 % der Spitzenmanager waren bereit, über persönliche Grenzerfahrungen und mitunter sehr persönliche „Nackenschläge" zu berichten, die sich fast ausnahmslos der privaten Lebenswelt zuordnen lassen. Nur knapp 7 % der Befragten erwähnen schwierige Zeiten im Berufsleben.

Für ein knappes Viertel der Manager spielen Unfall, Krankheit und Tod eine sehr prägende Rolle. Gut 16 % verbuchen „Lehrjahre" unter dem persönlichen Kapitel ‚Allgemeine Lebenserfahrungen' oder ‚Reife'. Bei knapp 15 % gab es partnerschaftliche Entwicklungen, die bis auf wenige Ausnahmen mit Leid verknüpft waren – wobei hier von einigen gerade auch der berufliche Aspekt, das Verfolgen der Karriere, als auslösendes Moment genannt wird. Für weitere 10 % spielen die Kriegswirren ein explizit formuliertes Negativerlebnis. Diese Zahl darf nicht darüber hinwegtäuschen, daß wie oben bereits erwähnt, die überwiegende Mehrheit der Manager vor oder während dem Zweiten Weltkrieg geboren wurde. Das heißt, für diese 10 % bedeutet das in ihrer Biographie wohl am weitesten zurückreichende Erlebnis auch heute noch eine zentrale Grenzerfahrung. Nur ein Befragter formuliert, daß er Brüche im Lebenslauf bewußt herbeigeführt hat und nur zwei Manager geben an, daß ihnen generell keine Grenzerfahrungen negativer Art beschert wurden bzw. erwähnenswert sind.

„Als mich meine erste Freundin verließ, da bin ich völlig ausgetickt und habe rumgemacht. Mich also so richtig ausgetobt und ausprobiert. Damals war ja alles noch kein Problem mit AIDS usw." (6:2)

„Man hat sicherlich mit zunehmendem Lebensalter erkennen müssen, daß man nicht in einer idealisierten Welt lebt, sondern daß diese Welt auch viele Ecken und Kanten hat und daß auch der Mensch eine Grundveranlagung hat, die eben sehr viel mehr in Richtung Erwerb materieller Güter geht, als sich nun in irgendwelchen geistigen und moralisch hoch anspruchsvollen Gedanken hinzugeben." (7:3)

„Ein Schlüsselerlebnis war sicherlich der Verkehrsunfalltod meiner Eltern." (12:2)

„Die Kriegszeit: Das sitzt mir immer noch wie ein Trauma im Gehirn." (13:1)

„Ich muß halt konstatieren, daß ich auch in meinem Eheleben nicht so ganz ohne Probleme über die Runden gekommen bin." (24:6)

„Schlüsselerlebnisse wie bei Luther oder Moses gibt es bei mir keine." (31:6)

„Mein zweiter Geburtstag: eine Krebsdiagnose wurde wieder aufgehoben. Das hat zur Gelassenheit beigetragen." (34:5)

„Das Positivste ist ganz sicher, daß ich meine Frau getroffen habe. (45:6) Die Geburten der Kinder sind ganz entscheidende positive Erlebnisse." (45:7)

In der Gesamtschau fällt dabei auf, daß zwar die meisten Nennungen „störende Momente" der Krise umfassen, es jedoch auch positiv gewendete Momente des Staunens im Leben der Manager gab und gibt. Beide Seiten scheinen für die Ausbildung persönlicher Reife und Weisheit beizutragen.

4.3.3 Sehnsüchte

Auch wenn die Spitzenmanager zu einer, am Einkommensdurchschnitt gemessenen, materiell herausgehobenen Gruppe der deutschen Gesellschaft gehören, so wurde bewußt auch die Frage gestellt, was denn aus ihrer Sicht zum letzten Glück fehle. Über 80 % trafen dazu eine Aussage, wobei knapp 20 % keine Sehnsüchte verspüren und für gut 60 % noch manches unerfüllt ist. Dadurch teilen die Spitzenmanager auch in indirekter Weise mit, welche „letzten Ziele" es für sie gibt und welchen wahrgenommenen Zeithorizont sie in sich tragen.

Frage 16: Man kann in seinem Leben beruflich und privat viel erreicht haben – trotzdem bleibt oft manches unerfüllt. Gibt es etwas, wonach Sie sich sehnen?

Tabelle 16: Sehnsüchte im Leben der Spitzenmanager

Rang	Sehnsüchte (Mehrfachnennungen)	(in %)
1	• Mehr Zeit haben, Zeitsouveränität besitzen	29,5 %
2	• Haben keine Sehnsüchte	18 %
3	• Gelingende Familie, Kinderwunsch	13,1 %
4	• Ein erfülltes Leben	8,2 %
5	• Reisen • Vertagung der Sehnsüchte auf die Zeit nach dem Berufsleben	6,6 %
6	• Einheit unter den Menschen • Gesundheit • Verantwortung	4,9 %
7	• Glück	3,3 %
8	• Träume • Natur • Materielles • Liebe • Habilitation fertigstellen • Kleine Dinge • Wünsche sollten sich hier und heute erfüllen	1,6 %

Die Ressource Zeit als knappes Gut

Fast 30 % der deutschen Spitzenmanager wünschen sich mehr Zeit zu haben, das ist ihre größte Sehnsucht. Die Fülle ihrer Tage scheint ihnen fast keine

Räume mehr zu lassen. Die Zeitknappheit erstreckt sich aber nicht nur in den privaten Bereich, der augenscheinlich darunter leidet, daß die Manager sich zu stark in der Systemwelt des Berufs eingespannt sehen – auch für die zufriedenstellende Erfüllung der übertragenen Verantwortung für die deutsche Wirtschaft würden sich viele noch zusätzliche Stunden eines Tages wünschen.

Für die Lebensqualität der Spitzenmanager ist also *Zeitsouveränität* von hoher Bedeutung. Denn trotz des von ihnen erreichten hohen Status und der verschiedenen ‚Freiheiten' scheint der Bereich der Zeitgestaltung außerhalb des managerialen Verfügungsrahmens zu liegen.

„Im Hinterkopf ist immer der Gedanke, es eigentlich immer noch besser machen zu können. Aufgaben so ausführen zu können, das Unternehmen so steuern zu können, daß man es von Risiken verschont hält." (1:11)

„Man träumt von mehr Zeit und von etwas weniger Fachidiotentum." (8:12)

„Mehr Zeit für mich zu haben. Ich bin derjenige, der sich immer weniger Zeit gibt, weil er sich für seinen Beruf aufopfert." (9:9)

„Also ich sehne mich schon danach, vielleicht auch mal um acht oder um neun zu Hause zu sein und vielleicht auch mal das Wochenende wieder für mich zu haben." (10:20)

„Die Auflösung des zeitlichen Konflikts zwischen Beruf und Familie, da ist keine Lösung in Sicht." (44:2)

An zweiter Stelle rangiert mit gut 13 % die Sehnsucht nach einer intakten Familie und der Kinderwunsch. Für viele der Manager liegt hier der Kristallisationspunkt für Glückserfahrungen.

„Was ich gerne gehabt hätte, wären Kinder gewesen. Das ist ein Defizit. (11:11) Aber damit lebe ich ganz gut und kompensiere das auf alle mögliche Art und Weise." (11:12)

„Wonach sehne ich mich, wenn man alles erreicht hat? Mehr Glücksgefühle zu haben. Ich könnte ruhig noch mehr Endorphinausschüttungen brauchen. Ich sehne mich immer nach mehr Liebe meiner Familie, meiner Frau." (13:11)

„Die Familie noch mehr als zentralen Lebensbereich erleben." (45:8)

Gut 8 % der Spitzenmanager formulieren zudem Facetten einer philosophischen Haltung. Sie sehnen sich nach ganzheitlicher Erfüllung, dem Sinn im Leben oder auch danach, die Welt in ihren Wirkungsweisen besser fassen zu können.

„Erkenntnis – das wird eine Sehnsucht bleiben müssen." (43:9)

„Mehr aus der Breite leben und etwas weitergeben. Generalistische Ziele." (50:14)

Eng verzahnt mit der Ressource Zeit stehen die Wünsche nach Reisen sowie die Einsicht, manches auf später, in den Ruhestand, vertagen zu müssen, die von je knapp 7 % artikuliert werden.

„Ich würde ein Holzhaus an einem Fjord in Norwegen haben wollen oder eine Berghütte in den Alpen bewirtschaften. " (6:12)

Je knapp 5 % formulieren das Ideal der Einheit unter den Managern bzw. den Menschen sowie Gesundheit als ihr oberstes Verlangen.

„Ich sehne mich danach, ein möglichst erfülltes Leben zu haben und nicht krank zu werden. " (13:11)

„Ich würde mich schon danach sehnen, daß Führungskräfte in der Wirtschaft – auch auf der Vorstandsetage – im guten Sinne menschlich miteinander umgehen. Das würde besser gelingen, wenn es einen Kodex gäbe, nach dem sie sich verhalten, oder auch in dem es Glaubensüberzeugungen gäbe, die einander so ähnlich wären, daß sie auf einer Linie stehen. " (31:13)

„Meine Sehnsucht? Eine Versöhnungsgesellschaft. " (46:25)

Auf den folgenden Rängen der Einzelnennungen finden sich weitere Ausführungen. Darunter auch der Wunsch nach materieller Fülle. Anscheinend sind die Bezüge der Spitzenmanager noch keine entsprechende Kompensation für die „Kosten", für den Aufwand dieser Tätigkeit.

„Ein Ziel wäre, finanzielle Unabhängigkeit relativ früh zu erlangen, daß man aufhören kann zu arbeiten. [...] Ich gehöre zu der Generation, die früher aufhören will, um dann vielleicht irgend etwas anderes zu machen. " (18:9)

„Ich habe nie meinen Traumberuf gemacht. [...] Ein Clown im Zirkus. Eines der großen Kunststücke ist, tragische Sachen lustig darzustellen. [...] Ein Clown steht auf dem Zirkusboden und er steht so im Scheinwerferlicht. Dann nimmt er einen Besen und fängt an, den Scheinwerfer immer kleiner zu kehren. Und der geht immer mehr zurück. Je mehr der Clown kehrt, wird der Lichtkegel immer kleiner. Zum Schluß steht er da und weiß nicht mehr, soll er sich jetzt selbst wegkehren? Ich finde solche Sachen unglaublich. " (22:14)

Immerhin bekundet fast ein Fünftel der Befragten, keine Wünsche oder Sehnsüchte offen bzw. unerfüllt zu haben. Für sie scheint sich ihr Leben, wie es sich ihnen darstellt, in der Balance zu befinden.

„Ich fühle mich sehr zufrieden. Ich bin im vierten Jahrzehnt verheiratet. Ich fühle mich in dieser Rolle, inzwischen auch als Großvater, sehr wohl. [...] Es gab nie Eskapaden, weder im privaten noch im materiellen oder sonstigen Bereich. [...] Wenn ich noch etliche Jahre mit der Familie so weiterleben darf, das wäre ganz prima. " (16:9)

Zusammengenommen schwingen bei den Sehnsüchten vorwiegend *immaterielle* Elemente mit, die ihrerseits wiederum eher an persönlichen Wunschvorstellungen denn an gemeinsinnigen Zielen (Sehnsucht für den Weltfrieden) orientiert sind. Es sind sogar gerade sehr „bodenständige" und alltägliche Faktoren, die aus Sicht der Befragten für ein gelingendes Leben von Bedeutung sind bzw. wären. Auch der zeitliche Horizont wird angedeutet.
Einige der Manager blicken bereits nach vorne, sei es in die Phase des eigenen Ruhestandes oder auch im fürdenkenden Sinne für ihre Kinder, deren Zukunft auf sicheren Beinen stehen soll.

4.3.4 Erfolgsquellen

Den Sprung in die oberste Etage der deutschen Wirtschaftsunternehmen haben die Spitzenmanager nachweislich geschafft. Daher liegt es nahe, sie nach den „Erfolgsrezepten" zu befragen, die sie bis dahin gebracht haben. Tabelle 17 zeigt die Verteilung der verschiedenen Erklärungsvarianten für den Erfolg in der Wirtschaftswelt.

Frage 34: Und was würden Sie als die zentralen Quellen Ihres Erfolgs ansehen?

Tabelle 17: Erfolgsquellen der Spitzenmanager

Rang	Erfolgsquellen (Mehrfachnennungen)	(in %)
1	• Befähigung zur Führung	19,7 %
2	• Die eigene Leistung	18 %
3	• Glück	9,8 %
4	• Mut • Menschenkenntnis	6,6 %
5	• Vorbildhaftes Leben • Zielorientierung	3,3 %
6	• Selbstführung • Finanzielle Unabhängigkeit • Eigenmotivation • Förderer	1,6 %

Erfolgsfaktor Führung

Knapp ein Fünftel der Befragten denkt, daß ihre persönliche Führungskompetenz Grund für den beruflichen Erfolg ist bzw. war. Aus ihrer Sicht liegt etwa in einer Kommunikations-, Motivations- und Begeisterungsfähigkeit ein gewisses „Erfolgsgeheimnis".

„ Letzten Endes ist es dieser Punkt, zuzuhören, Menschen zu integrieren, auf Leute zuzugehen. Das, was man Führung eben nennt, das mir das zugefallen ist, das ich mir erarbeitet habe. Und daß andere mich über die verschiedenen Stufen im Laufe der Jahre auch gefördert haben. " (12:17)

„ Die Kommunikationsfähigkeit ist wichtig. Sie sollten das Gegenüber in den Mittelpunkt stellen. Kommunikation wird heute vielfach als Einbahnstraße verstanden. " (31:29)

„Daß ich als Person Mitarbeiter überzeugen, sie motivieren und mitreißen kann. " (54:27)

Dicht darauf folgt der Blick auf die eigene Leistung im Sinne eines hohen Engagements und hoch gesteckter Ziele sowie beständigen „Dranbleibens", von der 18 % denken, daß sie eine Art „Türöffner" zur Karriere darstellt.

„Leistungsbereitschaft, Ehrgeiz. " (38:11)

„Fleiß, Ehrgeiz, Wissensdurst, Ideenreichtum. " (52:20)

Knapp 10 % meinen, daß es zumeist auch nur Glück sei, um den Sprung nach oben zu schaffen. Eine Mischung aus Zufall und Fügung, einfach zur rechten Zeit am richtigen Ort zu sein.

„Glück, die richtigen Freunde, die richtigen Partner, eine gewisse Geschicklichkeit, solche Situationen zu entdecken. " (34:26)

In den weiteren Nennungen geben jeweils knapp 7 % Mut und Menschenkenntnis sowie in Einzelnennungen Vorbilder oder Förderer an. Alles in allem eine Zusammenstellung von Faktoren, die darauf verweist, daß sozialen Kompetenzen eine entscheidende Bedeutung für den Erfolg zukommt. Zwar sind diese immer gepaart mit den persönlichen Eigenschaften und Einstellungen sowie situativen Rahmenbedingungen. Letztlich wird aber dem Beachten und Aufnehmen der Gegenüber und ihrer Dispositionen ein hoher Stellenwert beigemessen.

4.3.5 Kraftquellen

Um die oben beschriebenen Anforderungen meistern zu können, auch unter Berücksichtigung der Erfolgsfaktoren, geben die Befragten Auskunft zu den Quellen aus denen sie schöpfen. Daher wurde noch ein weiterer Bereich sondiert – nämlich woher die Manager ihre Motivation sowie Kraft und Energie nehmen, um den vielfältigen Herausforderungen und Anfragen ihres Berufes zu begegnen.

Frage 32: Woraus schöpfen Sie die Kraft für Ihre Arbeit?

Tabelle 18: Kraftquellen der Spitzenmanager

Rang	Kraftquellen (Mehrfachnennungen)	(in %)
1	• Private Lebenswelt: Familie, Freunde	70,5 %
2	• Spaß, Freude an der Arbeit	39,3 %
3	• Erfolg	21,3 %
4	• Die eigene Frau	18 %
5	• Gestaltungsmöglichkeiten	14,8 %
6	• Eigenmotivation, Selbstführung	9,8 %
7	• Positives Feedback	8,2 %
8	• Hobbies • Gesundheit • Optimismus	4,9 %
9	• Natur • Emotionalität • Harmonie	3,3 %
10	• Balance • Religion, Glaube	1,6 %

Rückhalt und Rückzugsort Familie
Für über 70 % der deutschen Spitzenmanager stellt das unmittelbare private Lebensumfeld die zentrale und tragende Kraftquelle dar. An erster Stelle steht die Familie, oft in einem Atemzug genannt mit privaten Freunden. Die Führungskräfte schöpfen ihren Input aus der lebendigen Beziehung zu ihren Partnerinnen und Kindern. Die Frauen der Spitzenmanager spielen dabei in zweierlei Hinsicht eine herausragende Bedeutung:
Einerseits sind sie es, die den Bereich Familie erst zu dem machen, was er für die meisten der Befragten ist: eine „Oase". Andererseits nennen weitere 18 % der Wirtschaftslenker ihre Frauen als diejenigen Referenzpersonen, ohne die die Manager nicht dort wären, wo sie heute sind. Sie sind ihnen dabei Reflexionsmaß und Korrekturgröße zugleich. Es braucht also in hohem Maße einen Gegenpol zu den Anforderungen, Denkarten und Belastungen der Arbeitswelt.

„Für mich ist die Familie wirklich der Mittelpunkt. Eine wichtige Institution, von der ich sehr viel halte, weil das auch ein Stück Stabilität für ein Land, für ein Volk bedeutet. (5:4) Meine Frau als Wegbegleiter." (5:23)

„Ein kleiner Kreis von wirklich intensiven Freunden, dem man sich selbst, seine Familie, seine Kinder anvertrauen kann." (9:14)

„Ob nicht auch meine Frau hinter dem Erfolg steht, die ja für mich den Beruf aufgegeben hat und die dann neben mir gestanden hat und die sich auch mit dem Unternehmen identifiziert." (20:15)

„Und dann ist da meine Frau natürlich – die paßt ganz schön auf, die ist schon ein wichtiges Korrektiv in meinem Leben gewesen." (41:18)

Fast 40 % der Befragten schöpfen ihren Input aus dem Beruf selbst. Es ist die Freude und der Spaß an der Tätigkeit, der sie jeden Morgen mit neuer Kraft beginnen läßt.

„Weil die Arbeit Freude macht. Weil ich wirklich meine, daß der Sinn des Lebens oder die Erfüllung des Lebens durch Arbeit und durch erfüllte Arbeit kommt. Ich empfinde keinen Streß dabei." (9:14)

„Erst einmal macht es mir Spaß." (16:14)

„Ich bin ein Arbeitstier und habe eine große Liebe zu meinem Beruf." (17:4)

„Das ist etwas, was ich auch rational nicht begründen kann, es ist eine Leidenschaft." (20:15)

Eng damit verknüpft werden die folgenden Ausführungen gesehen. Für gut ein Fünftel der Spitzenmanager ist doch der Gewinn des beruflichen Erfolgs gleichzeitig die eigene Quelle der Motivation.

„Für mich ist der Erfolg ein ungeheurer Motor." (5:23)

„Mit anderen Menschen zusammen erfolgreich etwas gestalten." (26:30)

Knapp 15 % sehen die Möglichkeit, in ihrem Tun etwas zu gestalten, was ihnen wiederum die nötige Energie für den Alltag schenkt. Für knapp 10 % ist es die Eigenmotivation, die sie jeden neuen Tag bewältigen läßt. Gut 8 % erleben das positive Feedback anderer als motivierende Bestätigung. Je 5 % ziehen aus Gesundheit, Hobbies oder ihrem Optimismus die Kraft für die Arbeit, gut 3 % aus Natur, Emotionalität und Harmonie. Allgemeine Balance zu finden zwischen den Lebensbereichen und der religiöse Glaube sind für je einen Befragten unmittelbare Kraftquellen.

„Halt im Leben" – eine Mischung aus Freude an der Arbeit, ein enger Terminkalender sowie Familienanschluß

Auch dieser Bereich zeigt, daß es unter den deutschen Spitzenmanagern letztlich keine konkreten „Strategien" oder konzertierte Herangehensweisen gibt, mit denen sie sich ihre Lebensentwürfe und demnach auch ihre beruflichen Schrittfolgen gestalten, obwohl man meinen könnte, daß diese herausgehobenen Positionen und die hohen Anforderungen eigentlich danach verlangten. Die Generation der deutschen Wirtschaftsführer repräsentiert vielmehr eine weitgehend sach- und wertrationale Kohorte. In dieser Form begegnen sie auch den „störenden Momenten" des Lebens, formulieren sie letztlich bescheidene Sehnsüchte und auch die Zusammenhänge mit den Quellen ihres Erfolgs.

Hinsichtlich der spirituellen Dimension dieses Kapitels ist daher das Fazit zu ziehen, daß die Befragten eher dem Bild Webers entsprechen und ihre Erklärungsmodelle über die Geschicke der Welt an handfesten, realen Kategorien orientieren. An vielen Stellen sind die Manager doch auf sich selbst zurückgeworfen, denn auch familiärer Rückhalt und Arbeitsfreude müssen nicht uneingeschränkten Bestand haben, wie u.a. in der Auswertung der Sehnsüchte deutlich zutage tritt. Letztlich leben die Befragten eindeutig im Hier und Jetzt. Eine sogenannte „Ewigkeitsperspektive" oder eine metaphysische Absicherung der irdischen Anforderungen sind unter den deutschen Wirtschaftsführern nicht gängig. Und das, obwohl in der nachfolgenden Auswertung zur Religiosität doch eine relativ hohe Verankerung der christlichen Werte und Tugenden zu finden ist. Diese Grundideen reichen anscheinend aus, um – zumindest mittelbar – praxis- bzw. alltagsrelevant zu wirken.

Berger stellt fest, daß es einen beobachtbaren Unterschied zwischen Mitgliedern moderner und traditionaler Gesellschaften gibt. „Verglichen mit dem modernen Individuum, lebt der traditionelle Mensch in einer Welt, die durch ein hohes Maß an Gewißheit geprägt ist." (Berger 1999:140). Dieses Kapitel zeigt auf, daß auch die deutschen Spitzenmanager Kinder ihrer Zeit sind und demnach auch moderne Züge in ihren Selbstkonzeptionen tragen. Zwar sind sie sich ihrer grundlegenden Leistungen und Sinnzusammenhänge bewußt. Andererseits jedoch scheint ihr Reservoir an *Gewißheiten*, an institutionellem Rückhalt abzunehmen. Repräsentative Führung bedeutet aus Sicht der Wirtschaftselite zunächst ‚Erfahrungen sammeln' (Schirrmacher 2002:115). Dabei verlagert sich der Schwerpunkt der führungsrelevanten Identitätsquellen hinein in die private Lebenswelt. Dies heißt konkret: die Erwartungen an die eigene *Leistungsfähigkeit, Eigenmotivation* und *Selbstmanagement* gewinnen an Bedeutung. Genauso verhält es sich mit der Familie. Sie fungiert als das *Rückgrat*, als der sichere Hafen, in dessen Schutz es einerseits gilt, sich von den Anforderungen zu erholen sowie sich andererseits für kommende Herausforderungen vorzubereiten.

Hinsichtlich der führungsrelevanten Repräsentationsfunktionen bringen die deutschen Spitzenmanager auch in dieser Rubrik zum Ausdruck, daß es in weiten Teilen ihres Selbstverständnisses immer wieder bzw. immer noch Rückbindungen gibt, die sie teils explizit, teils implizit in ihr Handeln integrieren.

4.3.6 Die Bedeutung der Religiosität für Führung – oder: kann der Glaube auch heute noch in der deutschen Wirtschaft (und anderswo) Berge versetzen?

Religiosität ist, abgesehen von spezifisch religionssoziologischen Studien, vielfach lediglich ein demographisches Merkmal neben anderen, das zur Vervollständigung des statistischen Rahmens einer Erhebung dient. So ist zumindest festzuhalten, daß „die Frage nach dem Menschen als einem sinn- und beziehungsbedürftigen ‚homo religiosus' von der Wissenschaft leider vernachlässigt wird" (Reinhold 2004:49).
„Wir leben zwar in einer pluralistischen Gesellschaft und halten auch religiösen Pluralismus für wünschenswert, doch sind unserem Verstehen religiöser Phänomene und unserem Verständnis durch mangelndes Wissen manchmal zu enge Grenzen gesetzt." (a.a.O.).

Die vorliegende Arbeit kommt zu dem Schluß, daß die von Luhmann beschriebene „thematische Reinheit" – die die Moderne kennzeichnende Trennung des rationalen Verstandeshandeln von irrationalem (Gottes-) Glauben – in ihrer absoluten Form so nicht anzutreffen ist. Vielmehr finden sich in der Studie Belege für eine zunehmende Verwischung der Sinngrenzen (vgl. Luhmann 1988).

Zur soziologischen Betrachtung des Phänomens Führung gehört ein mehrfacher Perspektivenwechsel. An dieser Stelle gilt es die Perspektive einzunehmen, daß religiöse Prägungen und gegenwärtiger Glaubensbezug eine nachhaltige Rolle bei der Ausgestaltung eines Führungsverständnisses spielen. Einerseits ist zwar „die Distanz der Soziologie zu den Phänomenen der Religion naturgemäß größer als diejenige der Theologen." (Kaufmann 2000:9).
Die soziologische Betrachtungsweise steht dabei in der Tradition der neuzeitlichen Wissenschaft, welche unter dem Anspruch angetreten ist, „die Welt zu denken, als ob es Gott nicht gäbe" (a.a.O.:10). Als Konsequenz daraus erwächst der Versuch, „religiöse Erfahrungen auf der Skala der Vernunft zu verorten oder sie zumindest in der Sprache der Vernunft auszudrücken." (Berger 1999:140).

Eine gewisse Nähe der beiden Phänomene – Religiosität und Führung – findet sich andererseits gerade in der geforderten, vernunftgeleiteten Herangehensweise. In beiden Fällen kann der Punkt erreicht werden, an dem die zur Verfügung stehende Sprache, insbesondere die des wissenschaftlichen Instrumentariums, an ihre Grenzen reicht. Elemente des Glaubens und Facetten der Führung – beide lassen sich mitunter schwer in Worte fassen und sind doch Teil der Alltagserfahrung. Gerade diese Übersetzungsleistung wird aus Sicht von Habermas in der gegenwärtigen Situation an Bedeutung gewinnen (vgl. Habermas 2004).

Die deutschen Spitzenmanager dokumentieren in ihren Selbstbeschreibungen die gleichermaßen uneingeschränkt hohe Bedeutung der Religion für die Gestalt unserer Kultur – auch der Wirtschaftskultur. Die Lenker der deutschen Wirtschaft weisen in ihren Identitätsbeschreibungen an vielen Stellen auf nachhaltige Prägungen hin, die für ihr Handeln und Entscheiden von zentraler Bedeutung sind und die sich gerade aus dem Bereich des Religiösen, der Sinn- und Wertanbindung heraus ergeben.

Daher kann sozialwissenschaftliche Forschung folgendes leisten: „den Zusammenhang aufzeigen zwischen dem, was Menschen denken und dem, was sie tun – tun nicht als Individuum, denn so gesehen ist jeder Mensch eine Besonderheit, sondern tun als Mitglieder von Gruppen und Institutionen." (Berger 1999:53).

Auf diesem Wege erschließt sich der Bereich der Religiosität und weitergehender „Glaubensaspekte" als funktional und fruchtbar für das Verständnis von Führung.

„Religion verkörpert den, in großen Bevölkerungsgruppen in langen Traditionen kultivierten, gemeinsamen Glauben an das über die direkt erfahrbare Existenz Hinausgehende, zumeist an eine übernatürliche, überweltliche, persönliche oder transzendente Wesenheit (Gott)." (Weber 2001). Der Begriff der Religion leitet sich aus dem Lateinischen religio, religare ab, was so viel heißt wie „Bedenken", „Gottesfurcht", „sich wieder binden", „sich rück-binden", „zurückverbunden sein". Ursprünglich also im Sinne eines „frommen Bedenkens" oder als „Bindung" an Gott.

Es ist daher im weiteren interessant zu erfahren, an wen oder was sich die deutschen Spitzenmanager zurückverbunden fühlen – ist es der dreieinige christliche Gott, eine der institutionellen Kirchen, eine anders geartete übergeordnete Idee, etwa die eigene Familie, sind es eher ideelle oder eher materielle Werte?

4.3.7 Konfessionelle Bindung und Kirchlichkeit

Abbildung 12 veranschaulicht daher zunächst die „klassische" Variante einer Erhebung zur konfessionellen Zugehörigkeit.[21] Inwieweit sind die deutschen Wirtschaftsführer noch „zahlende" Mitglieder einer der Großkirchen oder aus den Institutionen ausgetreten?

---

[21] Dieser Schritt der Auswertung basiert in erster Linie auf den Ergebnissen des demographischen Anhangs des Leitfadens, der jedoch zur vollständigen Beurteilung durch unterstützende Statements aus den Interviews ergänzt wurde.

Abbildung 12: Die konfessionelle Bindung der Spitzenmanager

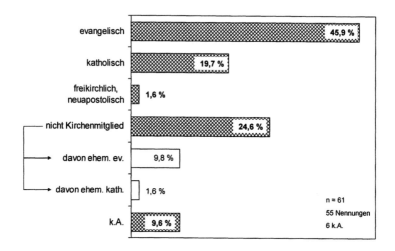

In der deutschen Wirtschaftselite überwiegt die evangelische Kirchenzugehörigkeit

Fast die Hälfte der Befragten ist Mitglied der evangelischen oder protestantischen Kirche. Nur knapp ein Fünftel gehört der katholischen Konfession an. Ein Manager ist Mitglied in einer Freikirche, also letztlich auch protestantischer Prägung,[22] und ein knappes Viertel der Befragten ist aus der Institution Kirche ausgetreten. Von den letzteren konnte weiterhin nachvollzogen werden, wer vormals evangelischer und wer katholischer Herkunft war. Knapp 10 % der Protestanten kehrten ihrer Kirche den Rücken, wohingegen nur einer der katholischen Spitzenmanager diesen Schritt vollzog. Ein weiterer Befragter, der mittlerweile der Bewegung der Freimaurer angehört, trat gleichfalls aus der Kirche aus. Außerdem findet sich auch ein Vertreter, der zunächst aus-, dann aber wieder eingetreten ist.

„Nach einem Disput mit dem Superintendenten um die Kernkraftdebatte bin ich aus der Kirche ausgetreten. [...] Die Kirche gehört nun aber ein Stück weit zu einem, zu der eigenen Kultur. Ich bin zwar nicht gläubig, aber wieder eingetreten." (37:8)

---

[22] Die freikirchlichen Bewegungen (etwa die neuapostolische oder die methodistische Kirche) sind auf die Gedanken und die Ergebnisse der Reformation durch Martin Luther zurückzuführen, weshalb sie sich von ihrer Geschichte her klar von der bis dato traditionell katholischen Lehre abgrenzen. Andererseits verfügen die Freikirchen oftmals über eine sehr eigenständige Lehre und Liturgie, weshalb sie sich wiederum auch von vielen Kernelementen der evangelischen Landeskirchen unterscheiden.

Faßt man diese Auswertungsergebnisse zusammen, so läßt sich in der Summe die grundlegende religiöse Prägung und die religiöse Atmosphäre des Elternhauses ableiten. Auch diejenigen Spitzenmanager, die einer Kirche den Rücken gekehrt haben, stammen – nach eigenem Bekunden – aus einer Familie, die zumindest formal eine Glaubensbindung hatte, indem sie entweder der evangelischen oder katholischen Kirche angehörte. Die Aggregation dieser Werte zeigt eine eindeutige Gewichtung in der Bilanz des familiär erworbenen, religiösen Kapitals.

Tabelle 19: Die religiöse Atmosphäre des Elternhauses[23]

Protestantische Prägung	Katholische Prägung
58,9 %	21,3 %

Die protestantische Ethik ist immer noch aktuell
Die deutsche Wirtschaftselite spiegelt in deutlichen Zahlen den von Max Weber beschriebenen ‚Geist des Kapitalismus' wider. Weit über die Hälfte der Manager ist protestantischer Herkunft, rechnet man die ehemals evangelischen Kirchenmitgliedern zu den noch aktiven hinzu. Daß es diesem Personenkreis, der die methodische Lebensführung verinnerlicht hat, gleichzeitig leichter fällt, sich von der institutionellen Quelle seiner geistigen Denkhaltung zu lösen, verwundert nicht minder.
Der umfassende Rationalisierungsprozeß der verschiedenen Lebensbereiche hat auch in dieser Generation spürbar Einzug gehalten. Gerade die nicht hinterfragte Bindung an die Institution Kirche erfährt zunehmend Bruchstellen, es wird die legitime Autorität derselben auf den Prüfstand gestellt. Insgesamt ist jedoch noch ein hohes Maß an Kirchlichkeit vorhanden.

4.3.8 Persönlicher Glaube und metaphysische Absicherung

Die deutschen Spitzenmanager benennen an verschiedenen Stellen auch solche Aspekte, die das Kriterium der Kirchenmitgliedschaft um den konkreten Bereich einer spirituellen Lebensgestaltung und glaubensmäßigen Alltagserfahrung ergänzen. Glaube oder Religiosität muß nicht unmittelbar mit der institutionellen Bindung an die Kirche verknüpft sein – wie die nachstehende Graphik eindrucksvoll illustriert. Für das Erkennen der Selbstbilder der Manager ist dies, als

---

[23] Für die Ermittlung der religiösen Atmosphäre des Elternhauses wurden zu den aktuellen Kirchenmitgliedschaften die zuordenbaren Kirchenaustritte sowie die freikirchlich verankerten Glaubensbezüge hinzugerechnet.

Ergänzung zur formal konfessionellen Mitgliedschaft in einer Kirche, der zentrale Aspekt,.

Frage 14: Spielen religiöse Überzeugungen bei der Verfolgung Ihrer (Lebens-)Ziele eine Rolle?

Abbildung 13: Der persönliche Glaube der Spitzenmanager

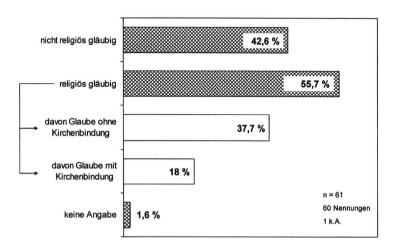

Formale Kirchenbindung oftmals ohne aktives Glaubensleben
Etwa 43 % der Manager geben an, daß sie keinen persönlichen Glauben im Sinne einer der Weltreligionen bzw. in Anlehnung an ihre eigene Konfession leben. Einige darunter bezeichnen sich explizit als Atheisten, für die es keinen größeren Sinnzusammenhang außerhalb der menschlichen Rationalität gibt. Andererseits sind über 55 % der Befragten nach eigenem Bekunden gläubig, wobei hier eine weitergehende Differenzierung vorzunehmen ist. Knapp 38 % (er-)leben ihre Religiosität ohne Verbindung zur formalen Institution Kirche. Lediglich 18 % vereinen eine persönliche Gläubigkeit mit der Identifikation zur Kirche.

Das heißt, daß viele der formal konfessionell Gebundenen innerlich entweder gar nichts mehr mit Religion zu tun haben (wollen) oder ihren Glauben ohne die Amtskirche leben. Für fast 30 % der religiösen Manager hat der Glaube nichts mit Fragen der konkreten Lebensgestaltung zu tun. Für immerhin 23 % werden die Lebensziele bzw. der Alltag in Einklang mit der Religiosität bzw. Gläubigkeit verfolgt. Die folgenden Zitate dokumentieren die unterschiedlichen Entwürfe der managerialen Religiosität.

„Klar bete ich, aber nicht regelmäßig und nicht standardisiert, sondern ich rede mit mir und meinem Umfeld." (3:10)

„Wenn ich sage, daß ich kein religiöser Mensch bin, dann ist das darauf beschränkt, daß ich nicht täglich in die Kirche marschiere. Meine Vorstellung von Gott führe ich an anderen Stellen. Man kann es auch scherzhaft sagen: Der da oben ist in Ordnung, nur das Bodenpersonal läßt zu wünschen übrig." (4:7).

„Gebet: Habe ich früher gemacht, also gerade in der Jugendzeit habe ich mich darauf zurückgezogen, aber das ging auch von einer gewissen kindlichen Vertrauensszene aus. Ich habe später davon nie wieder Gebrauch gemacht und habe auch bezüglich meines Glaubens eine sehr pragmatische Einstellung. Ich bin da eher Philosoph." (13:6)

„Ich glaube, daß der Mensch von Gott geschaffen ist, daß alles was er hat, ihm als Lehen gegeben worden ist und daß er etwas daraus zu machen hat und daß er sich rechtfertigen muß, was er daraus gemacht hat. Die Talente, die Begabungen sind etwas, das nicht in erster Linie zum Selbstgenusse und zur Selbstverwirklichung hingegeben ist, sondern daß man es in einen doch dienenden Kontext stellen muß." (17:7)

„Meine Überzeugung: Nach dem Tod ist nichts mehr. Ich persönlich glaube, daß man nach dem Tod tot ist. Es ist wie ein dunkles Loch. Die Naturwissenschaft hat bewiesen, da sind keine Engelchen." (19:20)

„Du sollst ihn nicht beschreiben, Du sollst Dir kein Bild von ihm machen. Ich bin nicht in der Lage, an einen persönlichen Gott zu glauben." (34:13)

„Ich bin kein gläubiger Christ, aber die 10 Gebote – zumindest einige davon – haben eine Menge Weisheit in sich." (48:15)

„Ich würde sehr gern nach den Regeln des Buddhismus leben, aber ich kann mir beim besten Willen nicht vorstellen, wie ich als Zen-Buddhist meine Firma führen sollte. Vor neun Monaten bin ich aus rein steuerlichen Gründen aus der Kirche ausgetreten." (59:39)

Die Ergebnisse können Staunen hervorrufen. Es war mit Sicherheit nicht zu erwarten, daß viele Repräsentanten der strategisch-rational orientierten deutschen Wirtschaft über ein solch hohes Maß an glaubensmäßiger Absicherung verfügen und daß sie bereit waren, in dieser Offenheit über dieses sehr persönliche Thema zu berichten.

Gleichzeitig zeigt sich aber auch, daß hinsichtlich der Ausgestaltung und Verbindlichkeit des Glaubens eine hohe Heterogenität und Individualität gegeben sind. Darin verkörpern die deutschen Spitzenmanager wiederum den modernen Typus eines Bürgers, der sein Lebenskonzept nach eigenem Ermessen und Ratschluß zusammenstellt, um dann nach diesen Maximen zu handeln.

4.3.9 Religiöse Prägungen

Tabelle 20 illustriert die religiösen Prägungen der deutschen Führungskräfte sowie ihre Einstellung zu den christlich-abendländischen Werten. Darin spiegelt sich eine hohe Homogenität unter den Befragten wider.

u.a. Frage 2: Gibt es über das Elternhaus hinaus Einflüsse, die für Ihre Prägung und die Entwicklung Ihrer Werte von Bedeutung waren? (z.B. Kultur, Religion, Vorbilder, Erfahrung)

Tabelle 20: Religiöse Prägungen der Spitzenmanager

Rang	Geistliche Einflüsse (Mehrfachnennungen)	(in %)
1	• Religiöse Erziehung	59 %
2	• Hohe Bedeutung der christlichen Werte und Kultur	49,2 %
3	• An der eigenen Religiosität hat sich nichts verändert	11,5 %
4	• Weniger religiös, eher realistisch, pragmatisch	9,8 %
5	• Keine religiöse Erziehung oder Prägung	6,6 %

Religiöse Erziehung verankert die Kultur des christlichen Abendlandes
Fast 60 % der Manager wurden religiös erzogen und nur knapp 7 % geben an, keine Prägung in dieser Hinsicht erfahren zu haben. Anscheinend war es für die Eltern ihrer Generation noch selbstverständlich, den Kindern die Ideen, Traditionen und Rituale des Christentums zu vermitteln. Gerade der sonntägliche Kirchgang gehörte für viele Spitzenmanager zum festen Bestandteil der familiären Wochengestaltung. Auch zählten bei einigen der Befragten Pastoren oder Priester zum Kreis der engeren Verwandten.
Dabei hat dieser Aspekt nicht unmittelbar mit der Ausprägung der jeweiligen Religiosität zu tun. Die deutschen Spitzenmanager trennen hier durchaus zwischen ihrem eigenen Glauben und der Freiheit, die sie ihrem Nachwuchs gewähren wollen. Nur bei wenigen spielen Religiosität und Gottesglaube eine hohe Bedeutung als Wert in der Erziehung ihrer Kinder.

„Wir sind sehr katholisch erzogen worden. Ein Onkel von mir war Abt und eine Tante Nonne." (6:1)

„Mein Vater kam aus einem stark religiösen Elternhaus, kleinbürgerlich pietistisch, während das Elternhaus meiner Mutter ein stark liberales war. Religiosität und Liberalität, die beiden haben in mir eine Vermengung gehabt." (8:1)

„Das war wohl eher aufgrund des Haushaltes meiner Eltern so. Heute sind religiöse Ziele oder Betätigungen bei mir nicht dominant." (13:10)

„Der Großvater war mein erstes Vorbild – er war sehr sozial, religiös (hat viel darüber geredet) – einfach ein geradliniger Mensch – war glücklich, obwohl er mit wenig auskommen mußte." (22:15)

„Wir saßen zuhause zu zwölft um den Tisch, der Großvater sprach dann das Tischgebet." (28:3)

„Der Großvater mütterlicherseits war Pfarrer, meine Mutter war sehr gläubig, aber nicht übertrieben, sondern selbstverständlich. Ich war Mitglied in einer kirchlichen Jugendgruppe, bin selbst aber nicht besonders gläubig, achte aber Gläubige besonders. Ich bin eher ein sehr rationaler Mensch, bei dem es über den Verstand geht – aber das muß sich auch nicht ausschließen." (39:4)

„Ich war St. Georgs-Pfadfinder und habe die christliche Prägung, wie sie bei dieser Gruppierung stattfindet, mitgemacht." (43:1)

„Ich wurde christlich erzogen, bin aber aus der Kirche ausgetreten – lebe vertragsloyal – keine Nibelungentreue." (45:11)

Mit diesen Feststellungen bestätigt sich auch der Eindruck, den Berger von der Veränderung der Religiosität in der rationalisierten, westlichen Moderne hat: „Die Moderne hat den steilen Niedergang der Religion im öffentlichen Leben wie auch in den Köpfen und Herzen der Menschen bewirkt." (Berger 1999:31).

Religion und Glaube sind in vielen Lebensentwürfen ein „Relikt", oftmals ohne konkreten Lebensbezug, sondern finden sich als übergreifende Wertidee, die im Sinne einer Ethik Bestand hat. Auf diese Weise formuliert auch knapp die Hälfte der deutschen Spitzenmanager, daß für sie die christliche Kultur und ihre Werte eine hohe Bedeutung haben.
Sie sind sich damit also durchaus ihrer geistlichen Wurzeln bewußt und scheinen nicht in einem globalen, wertneutralen Projekt zu agieren. Knapp 10 % bezeichnen sich darüber hinaus als pragmatisch/realistisch, was die Idee einer zunehmend rationalisierten und tendenziell „entzauberten" Welt unterstreicht. Nur gut 11 % sagen von sich, daß sie ihre Religiosität als Kontinuität von früher bis heute erleben – viele haben den kindlichen Gottesglauben gegen eine selbstorientierte Verstandesleistung zur Erklärung und Gestaltung ihres Weltbildes eingetauscht.

„Religion, nicht in dem Sinne, daß ich's nun assoziiere mit den 10 Geboten oder sonstigen speziellen religiösen Forderungen, aber die ganze Wertewelt ist natürlich sehr stark geprägt und beeinflußt von unserer Religion." (1:11)

„Arbeiten und Beten – im Sinne Calvins." (9:6)

„Religion, nicht im Sinne von transzendentalen Dingen wie das Leben nach dem Tode, aber protestantische Ethik, preußischer Hintergrund. Ich habe, was ethische Fragen angeht, zu den meisten Themen eine klare Vorstellung und Position, aber nicht im Sinne von Religiosität." (12:7)

„Religiöse Überzeugungen im Sinne einer geschichtlich geprägter Orientierung am Christentum: Ja. Kirchlich: Nein." (24:16)

„Religion, das ist egal, ob Christentum oder Buddhismus, es ist ein Stück Kultur." (37:10)

„Ich bin kein religiöser Mensch, aber die Werte, die die Kirche vermittelt, sind schon wichtig." (54:13)

Wenngleich viele der frühen Prägungen und Selbstverständlichkeiten im Laufe des Lebens und insbesondere während des beruflichen Karrierweges „entzaubert" wurden, so ist doch erstaunlich, wie bedeutend Religion und die christlich-abendländischen Werte als Grundelement der privaten wie beruflichen Selbstverständnisse erachtet werden.

4.3.10   Die Religiosität der deutschen Spitzenmanager

Neben der Eigenwahrnehmung liefert die nachstehende Auswertung ein ergänzendes Außenbild der Befragten auf ihren eigenen Kreis der Wirtschaftselite. Sie wurden gebeten, nicht nur ihre persönliche Sicht der Dinge zu beschreiben, sondern auch eine Einschätzung vorzunehmen, inwieweit die anderen Spitzenmanager religiös geerdet sind oder nicht. Tabelle 21 illustriert diese ambivalente Wahrnehmung.

Frage 15: Haben Ihrer Meinung nach Glaubensideen und Religion auf das Selbstverständnis oder Selbstbild der Wirtschaftselite generell noch einen Einfluß? Und woran zeigt sich dies?

Tabelle 21: Einschätzung der Religiosität anderer Spitzenmanager

Rang	Religiosität der deutschen Spitzenmanager (Mehrfachnennungen)	(in %)
1	• Die Spitzenmanager sind eher nicht religiös, aber die christlichen Werte sind verankert	32,8 %
2	• Die Spitzenmanager sind durchaus religiös	24,6 %
3	• Das kann ich nicht beurteilen, ambivalent	19,7 %
4	• Die Spitzenmanager sollten eine religiöse Ader haben • Religion ist unter Spitzenmanagern ein Tabuthema, gehört in die Privatsphäre	11,5 %

Unter den Spitzenmanagern verliert die Religiosität an Bedeutung

Etwa ein Drittel der Befragten ist der Meinung, daß sich die deutsche Wirtschaftselite generell eher durch eine geringe bzw. abnehmende Religiosität auszeichnet, ein knappes Viertel denkt, daß die Manager durchaus religiös sind und fast ein Fünftel kann dieses Thema so nicht direkt beurteilen oder hat eine ambivalente Haltung dazu. Immerhin bestätigt wiederum ein Drittel, daß die Werte des christlich geprägten Abendlandes nach wie vor bei den Managern verankert sind und sogar gut 11 % meinen, daß Manager eine religiöse „Ader" haben *sollten*, um ihrer Verantwortung heute gerecht zu werden.

Derselbe Prozentsatz stellt eine einleuchtende Antwort zur Verfügung, die manche Ambivalenz in dieser Hinsicht zu erklären vermag. Nach ihrer Aussage stellen Glaube und Religion ein Tabuthema unter den deutschen Spitzenmanagern dar. Es gehört dort nicht hin. Darüber wird in ihren Kreisen, speziell im Rahmen „dienstlicher" Anlässe, nicht gesprochen und insofern fällt es auch schwer, diesen Aspekt einzuschätzen. Es wird überdies eine explizite Trennung vorgenommen, die besagt, daß Religion eindeutig in die private Lebenswelt gehöre und nichts mit der Systemwelt Wirtschaft bzw. Arbeit zu tun habe.

„Glaubensideen: Sie sollten eigentlich einen Einfluß haben, denn man soll sich im Rahmen der zehn Gebote bewegen können und letztlich auch dort wissen, daß Dinge, die im Gesetzbuch unbestraft sind – einfach zu einem guten Manager gehören." (4:7)

„Es hat nur einen begrenzten Einfluß. Es gibt eine Reihe von Vereinigungen, z.B. die evangelischen Unternehmer." (8:12)

„Der religiöse Einfluß ist verschwindend gering, wobei ich das nicht werten will." (9:8)

„Implizit sicherlich, denn was dort geschrieben ist, sind ja viele Dinge, die letztendlich auch das wirtschaftliche Handeln und die Verantwortung in einem Unternehmen beschreiben. Insofern kommen aus der Religion Ansätze, die für eine Unternehmensführung durchaus wichtig sind (10:19). Es gibt viele Unternehmensführer, die davon geprägt sind, ob sie das bewußt nach außen äußern, das ist die andere Frage." (10:20)

„Kann ich schlecht beurteilen. Ich denke nein. Ich beobachte nicht sehr deutlich die Quelle Kirche bei der Umsetzung unserer industriellen Pläne." (13:10)

„Also der Einfluß ist da, wenn auch im Schwinden. Das liegt an diesem gewaltigen Wohlstandsniveau, das wir erreicht haben. Diese Spielregeln, also dieser doch nackte Materialismus, das ist keine Entwicklung zum Guten." (17:8)

„Ich kenne einige Manager, die sich sehr stark in der Kirche engagieren und tiefgründig an das Testament glauben. Ich habe meine Probleme damit." (19:19)

„Es gibt die eine Gruppe, die Golf spielt – nach dem Lustprinzip – mit wenig Glaube. Und andererseits die Gruppe, mit sehr ernsthafter Auseinandersetzung dieser Fragen." (23:13)

„Daß dort, wo der Einfluß von Religion noch zugelassen wird, die Tendenz besteht, auf das transzendente Element von Religion zu verzichten, vielleicht eine Versachlichung von Religion einsetzt. " (29:5)

„Generell schon, auch wenn Kirche nicht mehr die Wertschätzung hat, im grundsätzlichen Denken ist doch noch eine Menge vorhanden. Bei aller Diversität gibt es noch einen gewaltigen Gleichklang. Bertelsmann oder Bosch mit den „Altvätern" Mohn oder Merkle. Diese alten Werte haben offensichtlich noch einen enormen Resonanzboden in der Gesellschaft." *(30:8)*

„Glaube ist ein Thema, das im Selbstbild der Wirtschaftselite vermieden wird. Man spricht nicht darüber. (35:22). Meine Erklärung: Glaube ist Privatsache und hat nichts im Büro zu suchen. " (35:23)

Die deutschen Spitzenmanager werden mit den Fragen zur Religiosität – der eigenen und auch derer ihrer Kollegen – auf einer Ebene erreicht, die nicht Teil ihres sonstigen, gewohnten „Parketts" ist, auf dem sie sich alltäglich bewegen. Dennoch wird in nahezu allen Gesprächen deutlich, daß genug Gesprächsstoff und nicht wenige anregende Gedanken damit auszulösen sind – Gedanken, die insbesondere die Führungsverständnisse und grundlegenden Lebenskonzeptionen betreffen.

4.3.11   Das Gute Leben, eine Botschaft für die Nachwelt

Die Spitzenmanager ziehen von ihrem heutigen Standpunkt aus Bilanz und überlegen, was ihnen passieren sollte, daß sie später einmal von einem „guten Leben" berichten könnten. Dies meint auch die Rückschau auf ihr Leben im Sinne einer Botschaft für die Nachwelt.
Damit wurde eine Frage gestellt, die auch in Führungsseminaren in ähnlicher Weise gerne angewandt wird: Die Teilnehmenden dürfen bzw. sollen eine aus ihrer Sicht wünschenswerte Ansprache anläßlich ihres 60. Geburtstages formulieren.[24]
Die Ausführungen eines solchen Verfahrens vermitteln einen Einblick in die Selbstwahrnehmung der Befragten hinsichtlich ihrer momentanen Lebenszufriedenheit, aber auch hinsichtlich der Dinge, die für sie führungsrelevant, erstrebenswert oder gegenüber der nachfolgenden Generation zu vermitteln sind.

Frage 17: Wovon hängt es ab, ob Sie später einmal sagen können: "Ich habe ein Gutes Leben gelebt"? (Botschaft für die Nachwelt)

---

[24]   Vgl. dazu Donders (2001:96).

Tabelle 22: Botschaft für die Nachwelt

Rang	Was ein Gutes Leben ausmacht (Mehrfachnennungen)	(in %)
1	• Beitrag zum Gemeinwesen, etwas gestaltet haben	36,1 %
2	• Eine gesunde, harmonische Familie	29,5 %
3	• Menschen voranbringen, fördern, die eigenen Kinder auf den Weg bringen	24,6 %
4	• Seine Gaben eingesetzt, zur Entfaltung gebracht haben	18 %
5	• Mit sich selbst im Reinen sein sich im Spiegel anschauen können	16,4 %
6	• Ein guter Mensch gewesen sein, von anderen dazu Feedback, Rückmeldungen bekommen	14,8 %
7	• Etwas Bleibendes geschaffen haben, fortzuleben • Blickt schon heute auf ein erfülltes Leben zurück	13,1 %
8	• Eine Balance sowie Zufriedenheit erreicht haben	4,9 %
9	• Das Unternehmen vorangebracht haben • Materiellen Wohlstand erreicht haben • Gesellschaftlichen Aufstieg geschafft haben	3,3 %
10	• Freude mit anderen geteilt haben • eine interessantes und abwechslungsreiches Leben gelebt haben • Hat keine Idee eines guten Lebens	1,6 %

Die Spitzenmanager wollen einen Beitrag leisten, etwas nachhaltig gestalten
Die Ergebnisse der Mehrfachnennungen zeigen eine breite Vielfalt an Perspektiven und Konzeptionen eines wünschenswerten Lebens. Gut 36 % sehen ihre Sinnerfüllung darin, in ihrem Dasein etwas gestaltet, einen Beitrag zum Gemeinwesen geleistet zu haben. Dies entspricht in ähnlicher Weise auch den Ergebnissen im Rahmen der Auswertung der Verantwortungsbereiche, die über den Beruf hinaus ragen. Mit knapp 30 % ist auch hier die eigene Familie der Dreh- und Angelpunkt für die Manager. Wenn deren Mitglieder gesund sind und es gelingt, als Familie harmonische Beziehungen zu leben, sehen die Wirtschaftsführer ein zentrales Lebensziel als erfüllt an.
Ein weiteres Viertel der Wirtschaftslenker sieht seine Berufung darin, Menschen bei ihrer Entwicklung zu unterstützen, sie zu fördern, auf den Weg zu bringen. 18 % verfolgen das Ziel, einmal ihre Gaben eingesetzt und zur Entfaltung gebracht zu haben.
Gut 16 % wollen am Ende ihrer irdischen Zeit in den Spiegel blicken können und mit sich selbst im Reinen sein. Jeweils knapp 15 % würden es begrüßen,

wenn andere sie als einen guten Menschen in Erinnerung behielten und wenn
ihnen dies schon zu Lebzeiten als Feedback zurückgegeben würde. 13 % sehen
sich in ihrer Lebensaufgabe bestätigt, wenn es ihnen gelingt, etwas Bleibendes
zu schaffen, das über ihr eigenes Erleben hinaus Bestand hat. Derselbe Anteil
kann schon hier und heute von sich sagen, daß er ein gutes Leben hinter sich hat.
Je knapp 5 % wollen ihrem Leben eine Balance geben und Zufriedenheit erlangen, jeweils gut 3 % sehen das Vorankommen des Unternehmens, ihren gesellschaftlichen Aufstieg sowie den materiellen Wohlstand als Lebensziel an.
Die Aspekte „mit anderen Freude zu teilen" sowie „ein abwechslungsreiches
Leben geführt zu haben" wurde je einmal genannt. Und nur eine Person meinte,
keine Idee von einem guten Leben zu haben. Diese bunte Vielfalt an Konzeptionen des Glücks wird in den nachstehenden Zitaten nochmals faßbarer.

*„Ein Leben, in dem man seine Talente eingesetzt hat, daß man damit weiter nach oben ge-
kommen ist." (2:16)*

*„Ich glaube schon, daß man etwas weitergibt und weiter am Leben erhält. Das kann das sein,
was man beruflich aufgebaut hat, das können auch karitative Dinge sein. Und eine wirklich
gesunde Familie. Nicht physisch gemeint." (9:9)*

*„Daß möglichst viele Leute sagen, das ist ein anständiger Mann gewesen, der sich fair und
vernünftig verhalten hat." (11:12)*

*„Mein Leben ist lebenswert gewesen, wenn ich glücklich war, wenn ich andere Menschen
glücklich gemacht habe. Mir reicht es schon aus, daß ich meinen Kindern eine erfolgreiche
gute Bildung gebe." (13:12)*

*„Wenn man mich anerkennt, nicht wegen der fachlichen oder sonstigen Dinge, sondern weil
ich in der Lage bin, Menschen zu motivieren, zu integrieren, ihre Gedanken aufzunehmen, sie
zu führen, mich selbst dabei auch zu führen." (16:9)*

*„Indem ich etwas hinterlassen habe. Nicht nur jetzt meine Kinder, sondern, daß man ein Ge-
bilde geformt hat, ein Lebenswerk." (18:9)*

*„Die Familie, das miteinander Umgehen, daß man sich gegenseitig achtet, daß man eine ge-
wisse Liebe merkt – das ist mir wichtiger als in der Firma der Top-Mann oder der harte
Mann zu sein." (21:17)*

*„Wenn ich heute wüßte, ich müßte sterben, dann würde ich sagen: Ich habe ein tolles Leben
geführt. Das würde ich unumwunden sagen. Ich finde, das war super." (22:15)*

*„Gutes Leben: ob es in einer Gesamtbetrachtung gelingt, eine Balance gefunden zu haben,
einen sinnvollen Beitrag zur Gesellschaft geleistet zu haben." (30:8-9)*

*„Das liegt sehr stark an der Familiensituation: wenn die eigene Frau nach dreißig Jahren
immer noch sagt, es hat Freude gemacht, mit einem wie Dir zusammengelebt zu haben. Oder
Freunde, die sagen: Toll, daß wir den als Freund haben." (33:15)*

„Der Sinn liegt darin, die nächste Generation auf den Weg zu bringen." (45:23)

Ein gutes Leben gelebt zu haben baut in den Augen der deutschen Spitzenmanager eindeutig auf einer lebensweltlich orientierten Perspektive auf. Insgesamt kann man den Eindruck erhalten, daß die familiäre Erdung, das dortige Eingebundensein, für die deutsche Wirtschaftselite eine enorm hohe Bedeutung hat. Dies ist um so verständlicher, als sich die religiösen Bezüge – ganz im Sinne Max Webers – von einem ‚lebendigen Gottesglauben' gelöst haben und nur mehr über vereinzelte Werte und Tugenden alltäglich faßbar geworden sind (vgl. Weber 1988).

Das Bedürfnis nach Sinn und Orientierung, den Gegenpol zu den Anforderungen aus der beruflichen Sphäre, hat daher in einem viel stärkeren Maß die private Lebenswelt der Familie und Freunde zu erfüllen. Auf sie fokussieren sich Sehnsüchte, Kraftquellen und der Rückhalt, um in den Herausforderungen und Verantwortungen eines Spitzenmanagers bestehen zu können.

Zwischen Entzauberung und Wiederverzauberung
Bei aller Individualität und Heterogenität zeigt sich unter den deutschen Spitzenmanagern in ihrem heutigen Selbstverständnis, daß sie im Hinblick auf ihre Prägung durchaus homogene Elemente aufweisen. Die christliche Prägung kann dabei vielleicht sogar als der zentrale Faktor genannt werden. Schließlich spricht sich die große Mehrheit dafür aus, die grundlegende Wertidee und Ethik der abendländischen Kultur verinnerlicht zu haben und demgemäß zu handeln.

Die deutschen Spitzenmanager sind damit Repräsentanten einer Generation, deren unternehmerische Verantwortung und deren Selbstverständnis nicht nur vertragsloyal geerdet ist. Sie verbindet eine übergeordnete Identitätsidee, die – wenngleich wahrscheinlich implizit – anscheinend auch für ihre Rekrutierung in das Amt des Vorstands mit verantwortlich war. Gleichzeitig korreliert in vielen Fällen eine Abkehr von der institutionellen Religion mit einer signifikanten Aufwertung der privaten Lebensverhältnisse. Die funktionierende Familie gibt Halt und Sinn, schenkt dort Geborgenheit und ist Projektionsfläche für „Glaubensbelange", wo der einstige Gottesglaube und insbesondere dessen institutionelle Verkörperung an (Binde-) Kraft eingebüßt haben.

Mit dieser Feststellung ergibt sich wiederum eine paradoxe Situation. Einerseits verkörpert die Generation der Wirtschaftsführer in weiten Teilen das Bild der bereits von Weber beschriebenen „Entzauberung der Welt" (Weber 1988:94), in dem sie eindeutige Merkmale einer säkularen Moderne auf sich vereinen: etwa eine zunehmende Dosierung der Bindung an die Institution Kirche oder ein im Sinne einer Vertragskultur ausgeprägtes Selbstverständnis.

Andererseits widerspiegeln die Wirtschaftslenker auch eine immer noch hohe Verankerung religiöser wie kirchlicher Bindungen – um mit Dahrendorf zu sprechen – Ligaturen. Ligaturen sind Merkmale einer Tiefenkultur, die – nach eigenem Bekennen der Befragten – hilfreiche und notwendige Orientierungsmarken im Strom des Alltags liefern, die den verschiedenen Wahlmöglichkeiten des Handelns erst ihren Sinn geben (Dahrendorf 2003:45). „Religion ist nicht nur vom Wort her auch eine Form der sozialen Ligatur." (a.a.O.:46).

Das paradoxe daran ist nunmehr das empirische Auftreten gegensätzlicher, sich auf den ersten Blick *ausschließender* Epochenbilder. Berger begegnet diesem Widerspruch mit dem Hinweis auf die Tatsache, daß „der veränderte Stellenwert des Phänomens Religion in der modernen Welt ein Mehr an Erklärung verlangt, als die Säkularisierungstheorie zu leisten vermag." (Berger 1999:43). Eine hilfreiche Zusatzerklärung könnte aus seiner Sicht eine „Pluralisierungstheorie" liefern. Dies meint die Koexistenz verschiedener Gruppen bzw. Vorstellungen in einer Gesellschaft (a.a.O.). Damit geht der Effekt einher, daß die bislang für selbstverständlich erachtete Weltsicht aufgebrochen wird und eine ergänzende Perspektive hinzutritt (a.a.O.:45).

Insofern sind die Manager Vertreter einer *pluralistischen Generation*. Berger weist jedoch auch darauf hin, daß die dafür symptomatische Offenheit bzw. ‚Öffnung' mitunter so groß werden kann, „daß der pure Relativismus herrscht." (a.a.O.). Im Kapitel zum Wertewandel wurde von den Spitzenmanagern bereits darauf Bezug genommen, daß es in einer pluralistischen Gesellschaft wie der deutschen kaum noch Gewißheiten gibt. Darüber hinaus scheinen aus rückbindenden Überzeugungen zunehmend haltlose Meinungen zu werden.

Die Spitzenmanager fühlen sich auch ihren religiösen Wurzeln verpflichtet
In den Arbeiten Geigers zum Konzept der Repräsentativen Führung findet der Aspekt Religiosität eine besondere Beachtung. So sieht Geiger gerade in Religionsstiftern und ähnlich prägenden „großen Männern der Geschichte" Gestalter, die eine nachhaltige Ausstrahlung auf die Kultur ihres Wirkungskreises haben. „Männer wie Christus, Buddha, Goethe sind – [...] – als Persönlichkeiten in das gegenwärtige soziale Geistesleben verflochten. Sie sind Heroentypen – oder sagen wir [...] Verehrungstypen" (Geiger 1927:245).

Die von diesen Initiatoren ausgehenden (religiösen) Gruppierungen und die sich daran anschließend mitunter entwickelnden Institutionen sind für Geiger Paradebeispiele bzw. Idealtypen von Führung.
Dieser zentrale Funktionsaspekt ist aus heutiger Sicht eher wenig opportun, um im Kontext von Führungsfragen erwähnt bzw. als konstruktiv verstanden zu werden. Geiger weist jedoch darauf hin, daß die Nähe von Religion und Führertum insbesondere dann gilt, wenn es darum geht, mit Führung den schöpferischen Prozeß für etwas Bleibendes zu verbinden.

„Von der Persönlichkeit des Meisters bleiben nur Mythos und Legende als Niederschlag. In seiner Lehre hat der Meister (Christus) ein Werk hinterlassen, das objektiven Bestand hat und Inhalt unbegrenzt langlebiger geselliger Bindung werden kann: der religiösen Bewegung und Kirche." (Geiger 1928:71).

Er sieht denn auch bereits in seiner Zeit eine zunehmende Veränderung, die durch die Errungenschaften der Aufklärung das bis dahin legitimierte Bild von Führung in seiner Wesensart wandelt. Es handelt sich dabei um einen allmählichen Prozeß im Sinne einer Stillen Revolution, der im 20./21. Jahrhundert in manchen Ländern der abendländischen Kultur – an vorderster Stelle Deutschland – laut Berger zur Hochform aufzulaufen scheint: die Pluralisierung (Berger 1999:36).

„Je feiner die Verästelung des gesellschaftlichen Aufbaus, desto mannigfacher die Möglichkeiten verschiedener Kombination der sozialen Bindungen im einzelnen Menschen, desto größer die Zahl der Gruppen, der jeder einzelne angehört und desto geringer die Bindekraft jeder einzelnen Gruppe, desto selbständiger und eigenwilliger auch die einzelnen Menschen als Persönlichkeiten. [...] Das Moment der Aufgeklärtheit kommt noch hinzu und vermehrt die Reibungsmomente. Die Schar eigenständiger, aufgeklärter, selbstverantwortlich denkender Persönlichkeiten duldet weniger leicht, daß ein Führer für sie denkt, als eine Schar mehr nach der Seite des Gemüts hin entwickelten Menschen. Dieselben Menschen, die als aufgeklärte und selbstverantwortliche Persönlichkeiten das Recht auf Selbstbestimmung fordern, doch anderseits meist mehr zur Kritik und Bemängelung neigen, als zu positiver Mitwirkung an der Gestaltung des Gruppengeschickes." (Geiger 1928:85).

Wie stellt sich also heute, fast 80 Jahre nach Geiger, die grundlegende Interdependenz von Religiosität und Führung in einer weitgehend säkularisierten oder pluralisierten Welt dar?
Einerseits spielen Aspekte der Religiosität bzw. andersgeartete Sinnbindungen immer noch eine Rolle, auch in einer Berufsgruppe, in einer Welt, die sich über die Jahre zunehmend weiter rationalisiert hat. Insofern sind die deutschen Wirtschaftsführer von den führungsrelevanten Prototypen Geigerscher Couleur und damit auch von der spirituellen Dimension von Führung nicht gänzlich entrückt.

Sie dokumentierten aber andererseits auch einen gesellschaftlichen Status Quo und einen Trend, der heute gerade in Deutschland zwar Gültigkeit besitzt, der jedoch nicht als ein für die globale Welt universaler Zustand verstanden und vorausgesetzt werden darf.

„Absolutes Grundprinzip: daß ich immer nur Dinge tue, wo ich sowohl vor mir, was am allerwichtigsten ist, aber auch vor allen Menschen auf dieser Erde bestehen würde. (3:7)

„Max Weber hat das ja auch ausreichend dokumentiert, daß persönliche, religiöse Überzeugungen von immenser Bedeutung sind." (11:11)

„Man hat eine Verantwortung gegenüber der Region, der Politik, aber auch gegenüber der Religion, des Kulturkreises. Als Führungskraft kann ich mich nicht hinstellen und sagen: mit Religion habe ich nichts zu tun." (20:7)

„Das ist schwer zu sagen. Ich bin der Überzeugung, daß die christlichen Werte, wie wir sie kennen, weiterleben müssen." (41:13)

„Wie kann man als Mensch sein Leben selbst so beurteilen vor Gott?" (51:15)

Wenn sich die deutsche Kultur zunehmend ihrer geistlichen Wurzeln entledigt, kann dies zweierlei bedeuten:
Zum einen liegt darin die Erklärung für ein evtl. eindimensional gewordenes Führungsverständnis, das andernorts vielleicht noch ganzheitlicher und vitaler in den Selbstverständnissen der Menschen verankert ist.
Zum anderen verbirgt sich in einer solchen Bestandsaufnahme der Hinweis und gleichzeitig auch die Chance für die (Wieder-) Aufnahme einer ergänzenden Führungsdimension in den etablierten Kanon.

Die „Entzauberungsthese" läßt sich bereits in den Selbstverständnissen von Nationen mit derselben abendländischen Prägung – etwa in Nordamerika – durchaus empirisch widerlegen. In einigen Ländern ist die für uns selbstverständliche Ausblendung spiritueller Fragen in den Bereichen Führung und Wirtschaft durchaus funktional beheimatet.
Deutschland nimmt hier aus Bergers Sicht eine Sonderstellung ein und es wäre seiner Meinung nach wenig hilfreich – auch für das Verständnis von Führungsfragen – es bei der nationalen Nabelschau, die die vollständige Rationalisierung aller Lebensbereiche als erstrebenswert suggerieren möchte, zu belassen.
„Es ist keine Herabsetzung Webers, wenn ich sage, er habe es versäumt, die Möglichkeiten einer Wiederverzauberung der Welt genauer ins Auge zu fassen. Die Moderne ist sowohl Schauplatz einer massiven Säkularisierung, aber ebenso mächtiger Gegenbewegungen" (Berger 1999:35).

Daher stellt die Beachtung einer neuen Dynamik und einer alltagsrelevanten Bedeutung geistlicher Bewegungen soziologisch gesehen für die Etablierung eines Repräsentativen Führungsverständnisses eine notwendige Herausforderung dar.

Aspekte dieser Repräsentativität finden sich in Selbstverständnissen einige, wenngleich dies aus Sicht der deutschen Spitzenmanager eben nicht immer Teil einer bewußten Reflexion ist. Die meisten Wirtschaftslenker führen ihre Sicht der religiösen Dinge primär von ihrer persönlichen Warte her aus und erst in zweiter Priorität stellvertretend für das große Ganze.
Am ehesten kommt das repräsentative Führungsmoment im Zusammenhang mit den Fremdeinschätzungen bzw. in den Aussagen zur „Botschaft an die Nachwelt" zum Ausdruck: in Form von einer Rückbezogenheit zu anderen Men-

schen, zu einer Wertethik, durch das Angebundensein an die Institutionen Familie und – mit deutlichen Abstrichen – Kirche.

4.3.12 Die Komplementarität von Rationalität und Spiritualität

Die vorliegende Auswertung der „geistlichen" Dimension von Führung erfolgt im Licht einer spannungsgeladenen Fragestellung. Denn seit jeher handelt es sich bei den zugrundeliegenden Schwerpunktthemen Vernunft und Religion innerhalb der Sozialwissenschaften um zwei Brüder, die sich – weder erkenntnistheoretisch noch methodisch – an einen Tisch bitten lassen.
In der von Weber begründeten Tradition hat sich die strategisch *zweckrationale* Variante der Rationalität über die Jahre durch nahezu alle Gesellschafts- und Lebensbereiche – auch in der Wissenschaft – als die letztlich einzige *Rationalität* etabliert.
Die anderen Rationalitätsformen auf Basis von Werten, Emotionen und Traditionen sind faktisch keine mehr, sondern – da per se als *irrational* markiert – können wissenschaftlich gesehen nicht „auf Augenhöhe" mit um die Erlangung von Erkenntnis diskutieren (Weber 1956a:12).
Doch es scheint sich in den Positionen mancher Vertreter der „herrschenden Meinung" gegenwärtig ein Paradigmenwechsel abzuzeichnen.

Habermas, der nach eigenem Bekunden bislang ‚religiös unmusikalische' Vertreter einer sogenannten nachmetaphysischen Philosophie, hat in seinen jüngsten Stellungnahmen einen Perspektivenwechsel im Sinne einer Annäherung der getrennten Weltbilder erkennen lassen.
Der strenge Rationalist widerspricht etwa der schieren Wissenschaftsgläubigkeit und versucht, im Gegeneinander von säkularer Politik und Glaubensinhalten zu vermitteln (Rutz 2004:1).
Dabei betont Habermas deren wechselseitige Abhängigkeit. Beide Extreme, die etwa fundamentalistisch legitimierte Religion wie auch die sich selbst regenerierende menschliche Vernunft, ziehen in ihrem jeweiligen fehlinterpretierten Absolutheitsanspruch Pathologien nach sich.

So wird gegenwärtig einerseits Religion zur Legitimation von Terrorakten dienstbar gemacht und die reine Vernunft deformiert andererseits das Geschöpf Mensch zum beliebig reproduzierbaren Produkt.

Habermas kommt nunmehr zu der Erkenntnis, daß beide Facetten, um ihre Pathologien zu überwinden, *aufeinander bezogen bleiben müssen* (vgl. Kissler 2004). So ist die Vernunft der Aufklärung nicht ohne ihre im Christentum beheimateten Wurzeln denkbar und andersherum, die religiös motivierte Weltgestaltung nicht ohne einen verstandesorientierten Abwägungsprozeß fruchtbar.

„Religion und säkulare Vernunft müssen sich in einem unabschließbaren ‚komplementären Lernprozeß' gegenseitig ernst nehmen." (Habermas 2004:2). Dies bleibt auch für die Führungsforschung und –praxis sowie für die prinzipielle Konzeption wirtschaftlicher Funktionsweisen nicht ohne Folgen. Florierende Märkte eines kapitalistischen Wirtschaftssystems werden über kurz oder lang zugrunde gehen, wenn sie sich der eigentlichen Triebkraft und tieferliegenden Identitätsbausteine entledigen.

Führungsprozesse zwischen Menschen wie zwischen Institutionen sind auf die Repräsentationsfunktion eines Ethos, einer kulturell und glaubensmäßig verankerten Wertidee, angewiesen.

Von mangelnder Sprachfähigkeit und rettenden Übersetzungs- (Dienst-) leistungen

Habermas sieht das gegenwärtige Kernproblem der Unvereinbarkeit von Rationalität und Spiritualität in einem beschränkten ‚Grundwortschatz', in einer einseitigen ‚Sprachfähigkeit' der modernen, zunehmend rational gepolten Menschheit. In der kulturellen und gesellschaftlichen Säkularisierung und Pluralisierung sei etwas verloren gegangen, was im Glauben intakt geblieben sei und was mit dem professionellen Wissen von Experten allein nicht wiederhergestellt werden kann (Habermas 2004:2).

Er plädiert daher für eine aus Sicht von ‚religiös unmusikalischen' Bürgern, Politikern, Wissenschaftlern oder Spitzenmanagern keineswegs triviale Aufforderung, das Verhältnis von Glauben und Wissen aus der Perspektive des Weltwissens selbstkritisch zu bestimmen (a.a.O.:3).

Dazu müsse religiösen Überzeugungen auch aus Sicht des säkularen Wissens ein Status zugestanden werden, der nicht schlechthin *irrational* sei. Dies gelingt seiner Auffassung nach am ehesten in der *Rückbeziehung* der gegenwärtig etablierten Werte und moralischen Maxime auf ihre in der christlichen Religion verwurzelten Ursprünge.

„Die Übersetzung der Gottesebenbildlichkeit des Menschen in die gleiche und unbedingt zu achtende Würde des Menschen ist eine solche rettende Übersetzung. Sie erschließt den Gehalt biblischer Begriffe über die Grenzen einer Religionsgemeinschaft hinaus dem allgemeinen Publikum von Andersgläubigen und Ungläubigen." (a.a.O.).

Im übertragenen Sinne trifft die Habermas'sche Forderung nach „rettenden Übersetzungen" mitten hinein in das Zentrum einer *führungsspezifischen Verständigungsproblematik*.

Auch Führung erweist sich im Lichte dieser Arbeit als ein Phänomen, das die Zeichen der Modernisierung trägt und damit über einen reflexiv veränderten, nunmehr einseitigen Grundwortschatz verfügt. Weder den sozialwissenschaftlichen Disziplinen noch den prominenten Vertretern der deutschen Wirtschaft kann dabei die umfassende Beschreibung und annähernd ganzheitliche Formulierung des komplexen Phänomens gelingen, sind sie doch selbst Mitglieder bzw. Kinder ihrer Zeit und verfügen somit über dasselbe manifeste Instrumentarium.

Die Generation der deutschen Spitzenmanager weist jedoch eine Vielfalt an ‚übergeordneten', religiösen wie auch ethischen Identitätsquellen auf, die für ihr Führungsdenken, Führungsentscheiden und -handeln in gleicher Weise funktional sind, wie die vordergründig rational geführten ‚klassischen' Attribute unternehmerischer Sachlogiken.

Geigers Konzept der Repräsentation beinhaltet und postuliert für Führung den von Habermas aus philosophischer Sicht deklarierten *notwendigen Übersetzungsmechanismus.*
Repräsentative Führung umfaßt einerseits die Mehrdimensionalität des Phänomens und fordert andererseits die Beachtung einer rational geführten Übersetzungs- (Dienst-) leistung zwischen Führern und Folgenden.
Daraus ergibt sich die Konsequenz, daß ein umfassendes Führungsverständnis in der Summe der potentiellen Einflußgrößen – der manifesten und der latenten – erkennbar wird.
Ein hilfreicher Ansatz besteht darin, das verlorengegangene Vokabular, etwa die spirituellen Elemente der führungsrelevanten Sprache, wieder zu aktivieren und einige verschüttete Quellen freizulegen.

Führungsrelevante Übersetzungspotentiale der deutschen Wirtschaftselite
Trotz relativ hoher Kirchenzugehörigkeit ist der Anteil der „aktiv gläubigen" bzw. religiösen Manager eher gering, obwohl es immer noch einen Teil gibt, der sich zu einem bewußten Glaubensleben, das unmittelbaren Einfluß auf die berufliche und sonstige Tätigkeiten hat, bekennt. Wir haben es also quasi mit einer *‚entzauberten'* bzw. *‚säkularisierten' Elite* zu tun. Hinsichtlich der von Habermas geforderten „Sprachfähigkeit" wäre die Interpretation dergestalt, die deutschen Spitzenmanager eher als ‚religiös unmusikalisch' – also als nicht „umfassend sprachbegabt" – einzustufen.

Dies wäre nun einerseits vielleicht aus Sicht der Institution Kirche alarmierend, vor allem aber ist es andererseits vor dem Hintergrund einer Repräsentativen Führungskonzeption bedeutsam. Die deutschen Führungskräfte der ersten Ebene sind hinsichtlich ihres reflektierten Reservoirs an spirituellen Führungsquellen weitgehend auf sich selbst zurückgeworfen, da Führung von den meisten Befragten mit dem Blick durch die säkularisierte bzw. pluralisierte Brille betrachtet wird.
Daß zunehmend weniger Spitzenmanager für religiös geerdete Alltagsfragen offen sind, hat nicht zuletzt für die Präsenz eines Repräsentativen Führungsverständnisses Konsequenzen:

Wo letzte Gewißheiten zugunsten individueller Lebenskonzeptionen weichen, fehlen in zunehmendem Maße auch die für Führung konstitutiven „Leitplanken", in denen sich das Spektrum des Entscheidens und Handelns der Verantwortungsträger der deutschen Wirtschaft bewegen kann. Berger formuliert dies mit Schütz etwa folgendermaßen: „Der Pluralismus bringt eine Relativierung aller normativen Vorstellungen mit sich. Vorher lebte man in einer selbstverständlichen Welt, die nur sehr wenige Optionen offen läßt. Heute sind unterschiedliche kulturelle Blaupausen verfügbar. Überzeugungen und Werte gelten nur noch ‚bis auf weiteres'." (Berger 1999:74).

Dabei handelt es sich wohlgemerkt nicht um eine bewußte Anti-Haltung der deutschen Spitzenmanager gegenüber religiösen Fragen. Vielmehr ist in der Gesamtschau eine gewisse Indifferenz spürbar in der Weise, daß es in der persönlichen Entscheidungsfreiheit des Individuums bleibt, sich für gewisse Themen und Zusammenhänge zu interessieren oder nicht.
Auch wenn von Vertretern beider Lager gleichermaßen – von Managern mit bewußt geistlichem Profil wie von Vertretern eines allgemeinen Toleranzideals – die Bedeutung eines moralischen Mindestmaßes und die Einforderung ethischer Standards für die Gesellschaft betont wird, so bleiben sie doch bis auf wenige Nennungen einen konkreten Realisierungsvorschlag schuldig.

Ein gemeinsamer Nenner kann daher noch eher in der übergeordneten Idee *vorbildhaften Verhaltens* und der damit verbunden Prägung gesehen werden. Hier sind sich die deutschen Spitzenmanager in weiten Teilen einig, daß es sowohl für alltägliche Aufgaben wie für größere Zusammenhänge von Bedeutung ist, eine erlebbare Führungsfigur zu haben, mit der es sich auseinanderzusetzen gilt, um nach einer Abwägung innerer Kernfaktoren im Für und Wider zu einer eigenen Überzeugung zu kommen.
Dieser rationale Prozeß entspricht wiederum der Grundidee Repräsentativer Führung, die hier von den Managern *implizit* als Visionsbild projiziert wird. Allein, es fehlt die manifeste Erkenntnis und rationale Sprachfähigkeit dazu. Ein Führungsverständnis im Sinne Geigers ist in seinen Grundzügen erkennbar. *Repräsentative Führung in Latenz*, sozusagen „zwischen den Zeilen".

Insofern ist Führung aus empirischer Sicht als Phänomen dadurch gekennzeichnet, daß die für Repräsentativität relevante spirituelle Tiefenstruktur bei den Befragten zwar vorhanden, jedoch nicht immer aktiviert ist.

> *Was ein Führer benötigt, ist nicht ein Komplex von Regeln, sondern eine gute Methode zur Analyse der sozialen Situation, in der er handeln muß. [...] Wir wollen damit nicht sagen, daß ein Führer keine Grundsätze im Sinne moralischer Maßstäbe haben sollte. Im Gegenteil, er muß sogar, [...], mehr als jeder seiner Leute von der Moral der Gruppe kontrolliert werden.*
> *(Homans 1978:394).*

4.4   Die Führungskultur in Deutschland

Im Rahmen der verschiedenen Auswertungsdimensionen treten Aspekte von Führung auf die Bühne, die sowohl die Wissenschaft als auch das System Wirtschaft hinsichtlich ihrer Instrumentarien zumindest teilweise auf neues Land führt. Fast scheint es, als würden Sprachfähigkeit, bisherige Erklärungsmodelle sowie Symbolvorrat angesichts der Komplexität der formulierten Selbstverständnisse von Führung an die eine oder andere Begrenzung stoßen.

Wo einerseits eine Fülle an Erkenntnissen zur gegenwärtigen Stimmungslage in Deutschland vorliegt, wurde bislang wenig über die sich daraus ergebenden Rückwirkungen auf die Gestalter der deutschen Wirtschaft geforscht bzw. es wurde noch nicht erhoben, inwieweit deren Selbstverständnis mit den sich verändernden Rahmenbedingungen korrespondieren.

Die empirischen Daten dieser Studie ergeben im Licht des soziologischen Wert- und Trendmonitoring[25] verschiedene Ansatzpunkte, die die Bedeutung von Führung als zentrale Kategorie der Kulturen moderner Gesellschaften unterstreichen.

Zur Bedeutung des Führungsverständnisses einer deutschen Elite

Die deutschen Spitzenmanager haben aus verschiedenen Blickwinkeln und Lebensbereichen heraus eine bunte Vielfalt von Führungsdimensionen zu erkennen gegeben. So breit wie der Leitfaden angelegt war, so unterschiedlich und differenziert fallen die für Führung relevanten Sinnzusammenhänge aus.

Insofern kann zwar abschließend nicht von *einem* konkreten Führungsverständnis oder von einem *Geist der Führung* unter den deutschen Spitzenmanagern gesprochen werden.

Führung selbst kann jedoch, bei aller Heterogenität der Perspektiven, als ein sehr *umfassendes* und *ganzheitliches* Phänomen beschrieben werden. Ganzheitlich in dem Sinne, daß es nicht nur auf die sachrationale Form einer unternehmerischen Nutzenmaximierung festgelegt ist.

---

[25]   Vgl. dazu Buß (1999:166-169) und Buß/Fink-Heuberger (2000).

Führung hat Bezüge und Relevanz für die Bereiche der Arbeitswelt, des privaten Lebens, eines Ehrenamts oder auch eines religiösen Glaubenslebens. Gleichzeitig haben all jene Bereiche gleichermaßen die Chance und das Potential, für die Herausbildung eines Führungsverständnisses und den späteren Umgang damit konstitutiv zu wirken. Im Sinne Parsons' kann dies auch so formuliert werden:

Jede Gesellschaft bedarf einer normativen Ordnung, die durch Werte und Normen das kollektive soziale Leben und Handeln organisiert. Jene Werte erhalten ihre Legitimation und Sinnhaftigkeit erst durch einen kulturellen Rahmen (Parsons 1975:17-21).

Führungspersonen werden nicht erst im Rahmen einer schulischen, universitären oder betrieblichen Aus- und Weiterbildung „gemacht". Die Grundlagen für die Ausbildung eines jeden Führungsverständnisses werden bereits in den ersten Lebensjahren im Kreis der Familie, mit der vitalen Einbindung in das Erbe einer familiären, kulturellen, religiösen oder ethisch fundierten Wertidee vorbereitet und zur Entfaltung gebracht.

1. Führung im spirituellen Sinne – Selbstführung

Um Führung wahrzunehmen und auszuüben, braucht es ein gewisses Maß an persönlicher, charakterlicher Reife. Zu diesem Schluß kommen die meisten der deutschen Spitzenmanager. Nur diejenige Person, die auch in „kritischen" Situationen ruhig und überlegt handelt, kann zum einen vorbildhaft für ihre Mitmenschen (oder Mitarbeiter) sein und zum anderen den Alltag ohne „Managerkrankheiten" meistern (Linneweh/Hofmann 2003:97).

Aus Sicht der Wirtschaftsführer handelt es sich bei Führung um ein Phänomen, das nur bedingt „erlernt" werden kann, zumindest nicht im unmittelbaren Sinn des Wortes Lernen als die Mehrung sachbezogener Informationen zu einem erweiterten Wissensvorrat. Vielmehr handelt es sich um einen lebenslangen, sukzessiven Prozeß des Erweiterns des führungsrelevanten Wissensvorrates im Schützschen Sinne. Daß dabei sämtliche Lebenskreise und Relevanzsysteme betroffen sind, äußern die Befragten allenthalben.

„Ein Führer muß Selbsterkenntnis besitzen. [...] Alle, die Gruppen führen oder einmal geführt haben, kennen die meisten dieser Maximen. [...] Und doch, wie oft verletzt man sie! [...] In einer Situation, die zu beherrschen schwierig ist, muß er große Selbstbeherrschung zeigen. Wenn er daher auch seine Leute gut kennen muß, so muß er sich doch selbst noch besser kennen. [...] Denn wie können wir eine Kraft beherrschen, deren Quellen wir nicht kennen? Selbsterkenntnis ist der erste Schritt zur Selbstbeherrschung." (Homans 1978:407).

Der Begriff der *Selbstführung* bzw. Selbsterkenntnis ist dabei im soziologischen Sinne zu verstehen: *als reflektiertes Bewußtsein von Personen über die in ihnen vorhandenen bzw. die von ihnen zu repräsentierenden Werthaltungen und Wert-identitäten.* Führung gründet auf eine Selbsterkenntnis, die dem Menschen seine soziale und historische Herkunft inwendig bewußt macht und die die verschiedenen Quellen der Identität freizulegen und zum aktiven Gebrauch nutzbar zu machen in der Lage ist.

Aus Sicht der deutschen Spitzenmanager heißt dies konkret, daß es neben dem Ausschnitt Arbeitswelt – also der in erster Linie Veranstaltenden Führungsfunktion – weitere Aspekte insbesondere der Lebenswelt zu bedenken gilt, die in derselben Weise für Führung funktional sind und nicht als rein private „Belange" an die Seite gestellt werden können.
Führung verlangt eine ganzheitliche Beachtung der eigenen Lebensumstände, um darauf aufbauend andere zu führen (Linneweh/Hofmann 2003:105).
Wo sich aus Sicht einer veränderten Emotionalität der Deutschen die Anforderungen und Ansprüche hinsichtlich Personalisierung und Authentizität an Führungsverantwortliche zuspitzt, ist es umgekehrt für die Führenden von Bedeutung, sich der eigenen inneren Wertidentität nicht nur bewußt zu sein, sondern diese auch zu „pflegen" (Buß 1999:154). Nicht alle Spitzenmanager scheinen dieses Prinzip in ihrem Selbstverständnis verankert zu haben.

Führung im spirituellen Sinne umfaßt die prinzipiell denkbaren Varianten, die den Sinn des Lebens oder des Arbeitens ausmachen und die der Reflexion bedürfen. Auf der Basis des Bewußtseins einer eigenen Wertidentität kann Selbstführung erwachsen, die gleichzeitig dazu befähigt, von sich selbst wegzublicken hin zu denen, die es zu führen gilt. Repräsentative Führung ist dabei nichts anderes, als das Erspüren und Erkennen der Sinnbedeutungen und Wertkonzeptionen einer Gruppe oder Teilöffentlichkeit.
Daher ist Repräsentative Führung keine soziale Technik, sondern eine wertgebundene, soziale Haltung. Mit dieser inneren Haltung wird die Grundlage geschaffen, Führung in den verschiedenen Funktionen und Facetten nach außen hin sichtbar zu machen, zu symbolisieren.

2. Führung im funktionalen Sinne – Manifeste Personenführung

Die deutschen Wirtschaftsführer sehen sich primär in der Rolle des aktiven, gestaltenden Managers. Dabei sind sie sich ihrer symbolischen Wirkung durchaus bewußt, d.h., sie wissen um den Interpretationsprozeß, den die von ihnen zu führenden Personen zu leisten haben.
Andererseits jedoch sprechen sie selten die umgekehrte Situation an. Daß auch sie selbst ihr Handeln entlang der Gesten und Signale orientieren, die ihnen seitens ihrer Mitarbeiter oder externen Anforderungen entgegengebracht werden, ist nicht explizit Teil ihres Selbstverständnisses (Blumer 1973:88).

Aus Sicht der funktionalen Führung lassen sich sowohl Beispiele für die veranstaltende sowie für die hirtliche Dimension finden, wobei auf den ersten Blick die veranstaltende Perspektive zu dominieren scheint.

Die Spitzenmanager signalisieren ein hohes Maß an Leistungsorientierung und Zielerreichung, ganz im Sinne der Veranstaltenden Führungsdimension. Sie sehen ihre Aufgabe insbesondere darin, ihren unmittelbaren Mitarbeitern sowie der Gesamtbelegschaft hinsichtlich Engagement und Arbeitsethos mit (sehr) gutem Beispiel voranzugehen.

Gerade in der Vorbildfunktion, gepaart mit einem integeren Charakter und personaler Autorität, sehen sie die Voraussetzung gelingender Führung.

„Das ist die Wahrheit, die wir gewöhnlich mit den Worten noblesse oblige oder „Der Führer muß ein Vorbild sein" zum Ausdruck bringen. Das alte Gebot „Tue was ich sage, nicht das was ich tue" ist für alle Führerschaft verhängnisvoll." (Homans 1978:395).

Dies ist wahrscheinlich für die meisten der Spitzenmanager die spontane Assoziation, wenn sie nach ihrem Führungsverständnis gefragt werden.

In der Gesamtbetrachtung tritt mit der Hirtlichen Führungsdimension ein mindestens gleichwertig wenn nicht sogar als noch bedeutender angesehener Aspekt hinzu, ohne dessen Beachtung die zielgerichtete Führung – zumindest langfristig gesehen – nicht „erfolgversprechend" wäre.

Die Befragten signalisieren nahezu einmütig, daß in ihrer Wahrnehmung die Etablierung und Aufrechterhaltung einer Gruppenkohäsion von unschätzbarem Wert ist, geradezu die notwendige und hinreichende Bedingung für Führung darstellt.

Sie haben im Laufe ihrer (Führungs-)Erfahrungen festgestellt, daß dieser Aspekt dann von nachhaltiger Wirkung ist, wenn er nicht nur als Mittel zum Zweck – zur Einsatz- bzw. Leistungssteigerung – fungiert, sondern im Sinne einer Mentorenbeziehung die Berücksichtigung der jeweiligen Integrationsbemühungen sichtbar zum Ausdruck bringt.

3. Führung im wert-ethischen Sinne – Latente Außenführung

Die deutschen Spitzenmanager sind sich bewußt, daß sie auch von außen in erster Linie an ihrer Leistung im Sinne der unternehmerischen Zielerreichung gemessen werden.

Dieser Aspekt kennzeichnet ihr Selbstverständnis als *Manager*. Hinsichtlich Führung ergibt sich jedoch ein anderes Bild. Hier betonen die Befragten eindeutig das Denken in Respektkategorien vor dem Denken in Reputationskategorien, stehen Vertrauenswerte, atmosphärische Nähe zu Mitmenschen und Mitarbeitern vor Sachinteressen und Eigenpositionierung im Vordergrund, zielt ihre Kommunikation zunächst auf Verständigung und einen Wert-Konsens als auf Leistungsergebnisse und Erfolg ab (Buß 2003a:15).

Die Wirtschaftselite ist in ihrem Selbstverständnis um eine kulturell abgesicherte Legitimationsarbeit bemüht, wenngleich nicht alle Aspekte in der Wahrnehmung dieselbe Priorität genießen.

Gesamtbetrachtung der Auswertungsdimensionen
Die deutschen Spitzenmanager bezeugen in ihren Selbstbeschreibungen eine Bodenständigkeit und „Erdung", die in dieser Weise das eine oder andere medial vermittelte Bild nicht unwesentlich zu korrigieren weiß.
Sie bewegen sich zwar faktisch und überwiegend auch gedanklich in der Sphäre der Arbeitswelt, die ihnen – bedingt durch ihr zumeist hohes Maß an Einsatz und zeitlichem Engagement – ein vorherrschend zweckrationales Führungsverständnis abverlangt.
Die Studie zeigt jedoch, daß diese Rationalität nicht allein den Kern ihrer Selbstbeschreibungen, so unterschiedlich diese im Einzelfall auch ausgestaltet sein mögen, darstellt. Die Rückzugsorte und Quellen der Identität liegen vielmehr im Bereich der Lebenswelt beheimatet und finden dort im Rahmen der Familie und anderen weiterreichenden Sinnzusammenhängen ihre Konkretion.
Abbildung 14 illustriert die Bezugsebenen und Lebensbereiche der Spitzenmanager im Sinne einer heuristischen „Distanzanalyse".

Abbildung 14: Bezugsebenen und Lebensbereiche der Spitzenmanager

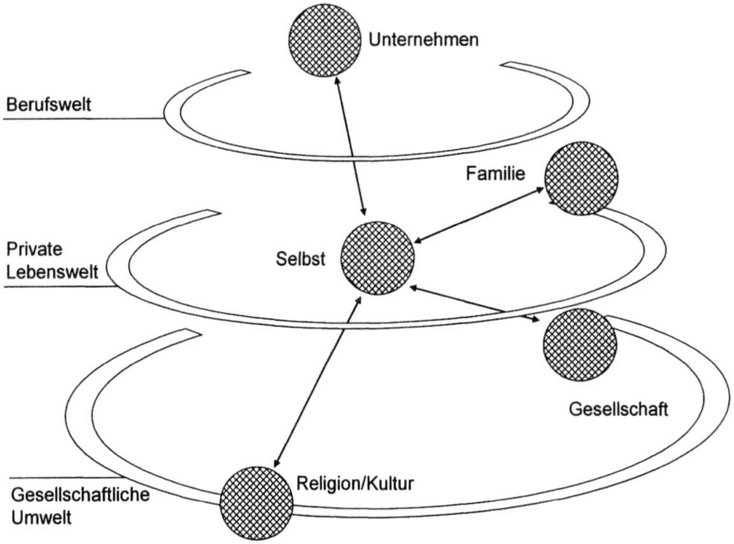

Quelle: eigene Darstellung.

Die Bedeutung von Institutionen für Führung

Führung erhält im Blick auf die Spitzenmanager den Status eines Kernthemas der modernen Gesellschaft und strahlt gleichzeitig in alle Teilbereiche und „Untersysteme" hinein. Führung betrifft gleichermaßen die deutsche Wirtschaft, die politische Landschaft, den Bereich der Wissenschaft, die wertorientierten *Institutionen* wie Kirchen und Familien etc. Erfahrbar werden gesellschaftliche Institutionen naturgemäß über die sie vertretenden Personen. Die intergenerative Tradierung und Bedeutung von Führung in den Institutionen ist allerdings keineswegs *auto-re-generativ*.

Die Kohorte der deutschen Wirtschaftselite ist ein prägnantes Beispiel dafür, daß sich das kulturelle, insbesondere das deutsche Führungsverständnis, nicht aus sich selbst heraus zu erneuern vermag. Im Gegenteil: bereits innerhalb dieser Generation von Führungskräften zeichnen sich mehrere Bruchstellen ab, die darauf hinweisen, daß der Bezugsrahmen einer legitimierten Führungskonzeption zu bröckeln beginnt. Es scheint, daß nicht nur an manchen Stellen „der Lack abblättert", sondern daß bereits substantielle Erosionen stattgefunden haben. Inwieweit die nachfolgende Kohorte noch über ausreichenden „Input" und Rückhalt verfügt, ist daher eine nicht zu vernachlässigende Frage.

Jede gesellschaftliche Tiefenkultur, sei es die ethische Fundierung sozialer Werte, die sinnstiftende Funktion einer Religion oder auch ein grundlegend verankertes Führungsverständnis ist deshalb auf einen vitalen institutionellen Rahmen angewiesen. „Nichts menschliches vermag zu überleben, es sei denn in institutioneller Form." (Berger 1999:173). Dabei ist jegliche Institution als eine Einrichtung zu begreifen, die den Menschen Denk- und Handlungsmuster als Orientierungsgröße anbietet, die in einer bestimmten Gruppe von Personen von allen geteilt werden können (a.a.O.).

Um Führung Sinn zu verleihen und ihre Wesensart, ihre Bedeutung damit auch in Erinnerung behalten zu können und in aktives Handeln umzusetzen, bedarf es eines *Bezugsrahmens*, der von verschiedenen Institutionen gespeist wird. Die deutschen Spitzenmanager zählen dazu insbesondere signifikante Prägungen, beispielsweise durch Familie, Vorbilder in Berufs- wie Privatsphäre, Sinn- und Glaubensfragen sowie gesellschaftliche Grundwerte.

Führung kann nicht im „luftleeren" Raum vermittelt, erlernt oder diskutiert werden. Führung benötigt, um wirksam und begreifbar zu werden, eine **doppelte Repräsentation**: Die Institutionen repräsentieren Führung, in dem sie sie symbolisieren. Und die Institutionen *re*-präsentieren Führung, in dem sie ein lange zurückliegendes Ereignis in die Gegenwart holen (a.a.O.:175).

Die Manager-Studie zeigt deutlich, welch prominente Bedeutung für die Karrie-
rewege ihrer Söhne den Elternhäusern zukommt oder welche grundlegende Haltung der deutschen Spitzenmanager durch die bereits früh gelegte, moralisch-
ethische Prägung zustande kam.
Heute, ein bis zwei Generationen später, zeigt sowohl die Struktur und die funktionale Befindlichkeit der Familien sowie die als allgemein verbindlich angese-
henen Wertmaßstäbe eine deutliche Veränderung im Vergleich zur damaligen
Situation der Befragten.

Führung repräsentiert die generelle Zerbrechlichkeit sozialer Strukturen
„Jeder Glaube – auch der nichtreligiöse – bedarf eines solchen sozialen Rück-
halts" (Berger 1999:176). Wo allseits anerkannt wird, daß die Religion von einem Prozeß der „Entinstitutionalisierung" gekennzeichnet ist, wird oftmals noch
übersehen, daß das Phänomen Führung eine vergleichbare Veränderung erfährt,
obwohl es im selben Sinne einen sozialen Rückhalt braucht (a.a.O.:182).
Auch Führung ist von einer Erosion ihrer Legitimationsquellen und der sie repräsentierenden Institutionen nachhaltig betroffen. Wo dies passiert, zeigt sich
die generelle sowie potentielle Zerbrechlichkeit gesellschaftlicher Ordnung, die
doch in den Köpfen und Herzen als überdauernd und stabil wahrgenommen wird
(Schütz 1971:153).

Gleichzeitig entsteht der Eindruck, daß zum umfassenden Verständnis dieses
Phänomens noch nicht alle „Übersetzungsleistungen" vollbracht wurden. Habermas ist etwa der Überzeugung, daß die im Zuge des Modernisierungsprozes-
ses notwendigen Anpassungen vormals metaphysischer Weltbilder auf die heute
rationalen Erklärungsmodelle nicht im geringsten Schritt halten konnten mit den
technisch-infrastrukturellen Veränderungen.
Wo die materialen, objektbezogenen Rationalisierungen vollzogen sind, ermangelt es in den dahinterliegenden Tiefenschichten, den *Erklärungen* der Welt,
noch einer geeigneten öffentlichen Sprache.
Dies meint, daß die gegenwärtige öffentliche Sprache und die damit zum Ausdruck gebrachten Erklärungspotentiale eine gewisse Einseitigkeit aufweisen.
Sinn wird heute primär auf der Ebene der Systemwelt, in Vertragskategorien des
wirtschaftlichen Wettbewerbs vermittelt und legitimiert.

„Das andere Zitat drückt hingegen die Überzeugung aus, daß in der religiösen
Rede unaufgebbare Bedeutungspotentiale aufbewahrt sind, die von der Philosophie noch nicht ausgeschöpft, noch nicht in die Sprache öffentlicher, [...] allgemein überzeugender Gründe übersetzt worden sind." (Habermas 2001:190).

Was Habermas mit der gegenwärtigen Bedeutung der Religion für die kommunikative Rationalität der Diskursethik meint, könnte in ähnlicher Weise auch im
Zusammenhang mit Führung Relevanz und Erklärungspotential besitzen. Das

„Übersetzungsprogramm" der Philosophie greift dort rettend ein, wo die religiöse Sprache Grenzsituationen des Ausgeliefertseins artikuliert, die einem „die Sprache verschlagen." (a.a.O.:192).
Vergleichbares ergibt sich im Hinblick auf Führungsfragen. Noch gibt es keine institutionelle sprachliche Übereinkunft, die das *Wie* von Führung angemessen in unsere Zeit transportiert.

Vor diesem Hintergrund könnte man sagen, daß im Hinblick auf Führung der für den fortwährenden Stabilisierungsprozeß sozialer Ordnung notwendige Sinn bzgl. Führung, so gegenwärtig nicht mehr vorausgesetzt werden kann. Dies wird für die bestehende soziale Wirklichkeit um so bedrohlicher, je mehr Personen einer Gruppe oder Gesellschaft diesen *sense* nicht mehr erzeugen (Fink-Heuberger 1997:161).

Nach den Auswertungen dieser Arbeit scheint es den deutschen Spitzenmanagern nur noch in begrenztem Umfang zu gelingen, die Wirtschaft und Gesellschaft hinsichtlich Führung in der beschriebenen Weise stabilisierend zu gestalten. Führung ist damit ein Phänomen, das einerseits die Zerbrechlichkeit sozialer Strukturen dokumentiert, andererseits selbst ein zerbrechliches Phänomen ist.

Repräsentative Führungskultur – Ein Thema der Zukunft

Aus den Befunden läßt sich folgende These ableiten: *Die repräsentativen Kernideen von Führung sind bei den Spitzenmanagern als Tiefenströmung erkennbar, wenngleich sie nicht im Sinne einer kollektiven Identität präsent sind.*
Sie formulieren es oftmals nicht bewußt, sondern eher zwischen den Zeilen.
Diese Führungskonzeption kommt implizit dann zur Sprache, wenn Manager ihre Sollvorstellungen vom „idealen" Führungstypus artikulieren, oder auch in der Abgrenzung von den dysfunktionalen Seiten des Führungsgeschehens, in der Kritik am moralischen Status Quo.
Die Befragten sehen darin in den eigenen Augen einen Mißstand. Gleichzeitig veranschaulichen einige der Wirtschaftsführer auch, was ihrer Meinung nach anders laufen müßte, um Führung in der modernen Gesellschaft abzusichern. Es bräuchte ein authentisches – und damit selbstverständliches – Vorleben persönlicher und institutioneller Wertidentitäten, die zuerst um die Legitimation des Führungsanspruches werben, um darauf aufbauend nach vorn gerichtete Schritte zu unternehmen.

„Es gibt doch etliche Manager, die erkennbar abgehoben sind. Das verurteile ich. Viele Manager, die meinen, ihre Entscheidungen nicht mehr begründen zu müssen, um die Richtigkeit ihrer Ideen werben zu müssen." (17:20)

„Ich habe kein Verständnis dafür, wenn die Herren Direktoren es allen predigen, aber selbst nicht machen. Die Vorbildfunktion finde ich ganz wichtig – in der Familie wie im Unternehmen." (21:14)

Die deutsche Wirtschaftselite verfügt immer noch über ein implizites Grundverständnis von Führung, das dem Idealbild der Geigerschen Konzeption sehr nahe kommt. *Allerdings hat diese Idee an aktiver Kraft verloren, wenn sie als vormals stärker ausgeprägt angenommen werden darf.* Sie ist nicht Teil der Führungsgespräche der Spitzenmanager untereinander und gerade in den unternehmerischen Situationen des Entscheidens und Handelns keine Maxime im Sinne einer goldenen Regel. Die Interpretation sei erlaubt, daß Führung als Zukunftsthema einem mehrdimensionalen Wandel unterliegt, der insbesondere im Verlauf der zurückliegenden Jahrzehnte eine besondere Dynamik erfahren hat.

Führung wird einerseits nachgefragt und eingefordert, andererseits jedoch fehlt es an grundlegenden, allgemeinen Erklärungsmodellen, die Führung eine Rahmung ermöglichen. Es scheint, als weise die deutsche Führungskultur deutliche Bruchstellen auf.

*Nicht die Menschen haben den größten Einfluß auf
uns, die uns mit ihren Worten vereinnahmen, sondern die wie die Sterne des Himmels und die Lilien
auf dem Felde sind, vollkommen, einfach und natürlich. Sie führen ein Leben, das uns formt.*

Oswald Chambers (aus MacDonald 2000:22)

5   Konzeptionen der Führung – Ein Ausblick

Die empirische Bestandsaufnahme zu den Führungsverständnissen der deutschen Spitzenmanager beinhaltet Erkenntnisse und Impulse, die zu einem Aus-
blick auf zukünftige Felder soziologischer Führungsforschung sowie praxisrelevanter Übersetzungsleistungen einladen.
Gleichzeitig erfolgt an dieser Stelle eine gesamthafte Interpretation, ein Review
der Befunde, in dessen Verlauf die folgenden Stufen vorgeschlagen werden:

• die Weiterentwicklung der Führungssoziologie Theodor Geigers zu einem kul-
  tursoziologischen Führungsmodell,
• die vertiefende Betrachtung der makrodimensionalen Bedeutung von Führung
  im Hinblick auf gesellschaftliche Institutionen, basierend auf dem Ansatz Dienender Führung – Servant Leadership (Greenleaf, Blanchard),
• der Vorschlag zur vertiefenden Betrachtung eines christlich gewendeten Führungskonzeptes als Basiskategorie religiöser Organisationen und Institutionen.

5.1   Eine Weiterentwicklung der Führungssoziologie Geigers

Repräsentation ist Führung. Dieser Satz charakterisiert die verdichtete soziologische Dimension von Führung, wie sie gerade aus Sicht der befragten Spitzenmanager immer wieder zum Ausdruck gebracht wird. Führung ist damit mehr
als eine bestimmte Sozialtechnik der Kommunikation, mehr als ein Verfahren
zur Generierung von Motivation, mehr als ein Prozeß der Transformation. Führung baut auf einer grundlegenden Haltung auf.

Repräsentation ist Führung. Es kommt der Stellung des Satzbaus eine eigene
Bedeutung zu. Anders formuliert – wie viele der gängigen sozialwissenschaftlichen Definitionen dies tun – könnte man gleichwertig meinen: Führung ist Repräsentation. Damit wird die Betonung auf den ersten Begriff gelegt, im Sinne
von: Führung *bewirkt* Repräsentation – schließlich geht es ja um die Definition
des Themas Führung.

Es ist jedoch zu vermuten, daß auch Geiger gerade die erstgenannte Fassung bevorzugen würde, die die Betonung auf *Repräsentation* legt. Denn in ihr widerspiegelt sich die Grundhaltung, die für Geigers Führungsverständnis ursächlich wichtig ist und die von den deutschen Wirtschaftsführer in ähnlicher Weise untermauert wird.
An *erster* Stelle steht die Erkenntnis und Haltung der Führungsidee. Diese mündet in zweiter Instanz hinein in den Prozeß realisierten sozialen Handelns – zu Führung – und nicht umgekehrt.

In der vielzitierten Metapher eines Sinfonieorchesters nimmt die Person des repräsentativ Führenden dabei nicht die Rolle des Dirigenten, des „Maestro" ein, sondern vielmehr die des *Konzertmeisters*. Dieser musiziert mit, spielt selbst die erste Geige und sorgt dafür, daß alle Musiker die richtige Stimmung und Intonation finden, bevor es daran geht, das komponierte Werk zur Aufführung zu bringen.
Der Konzertmeister erspürt und interpretiert gewissermaßen den Status Quo in der Gruppe. Vor diesem Beispiel wird eine demokratische Zielerreichungsfunktion relativiert, denn gerade das Gegenteil ist von Bedeutung.
Führung, die auf jedwedes Ziel hin Menschen mitnehmen oder auch eine Organisation entwickeln möchte, braucht vorab eine Grundkenntnis, eine Ahnung des Status Quo in der Gefolgschaft. Denn nur darauf aufbauend kann eine legitimierte Führung erfolgen, die ihrerseits über die Zeit Bestand haben kann, indem sie sich immer wieder neu legitimiert.

Exkurs: Die „Kehrseite" der Medaille: der Propagandistische Führer oder: die Ambivalenz von Führung
Im Sinne einer kritischen Erforschung der soziologischen Führungsperspektive erfolgen einige Gedanken zum möglichen „Mißbrauch" Repräsentativer Führung durch die „falsche" Motivlage des Führenden. Denn Führung scheint doch – wie auch die Menschheitsgeschichte immer wieder erkennen läßt – eine Gratwanderung zu sein.

Daß Führung und *Ver*-Führung enger beieinander liegen, als es Wissenschaft oder Praxis lieb sein kann, bedarf der Beachtung. Den soziologischen Gegenpol zu Führung bilden die sozialen Phänomene der Macht, Herrschaft oder Manipulation.
Sie charakterisieren Aspekte einer einseitig verschobenen Handlungsfähigkeit bzw. -souveränität zugunsten der jeweils mächtigen, herrschenden, leitenden oder manipulierenden Gruppe bzw. Person. Die dadurch potentiell bzw. faktisch entstehende Situation des Ausgeliefertseins oder des Handlungsunvermögens wird oftmals einer fehlgeleiteten Führung zugeschrieben – und damit mit den anderen Begriffen gleichgesetzt – was einen gedanklich-systematischen Fehler impliziert.

Buß wendet die Kernidee der Geigerschen Repräsentationskonzeption im Zusammenhang mit der Thematik der *Propaganda* an und zeigt dabei auf, daß Propaganda gerade *nicht* das Ergebnis einer planvollen und geschickten Manipulation von Massen sei.

Im Gegenteil: Propaganda ist gerade das Ergebnis einer zutiefst verstandenen Wesensart von Führung, nämlich die Neuformulierung und Übersetzung einer bereits vorhandenen Wertidee und das Aufgreifen nicht eingelöster Werterwartungen seitens einer Gruppe oder Masse durch eine Führerperson. So wird etwa Goebbels vor den deutschen Massen zum Idealtypus eines „propagandistischen Führers" (Buß 1997:103).

„Der Erfolg von Propaganda ist demnach abhängig von Ideen, Werteinstellungen und Affekten bestimmter korrespondierender gesellschaftlicher Gruppierungen." (a.a.O.:104). Entgegen anderslautenden Auffassungen handelt es sich bei Propaganda nicht um die Verbreitung von Ideen, sondern vielmehr um die „inszenierte Repräsentation bereits existierender Vorstellungen und Haltungen." (a.a.O.).

Daß das prominente Beispiel Propaganda einerseits das repräsentative Grundprinzip von Führung verkörpert, zugleich jedoch das abschreckendste Moment des 20. Jahrhunderts symbolisiert, verdeutlicht die Gratwanderung und erklärt vielleicht auch die generelle Reserviertheit gegenüber der Führungsthematik in Deutschland.

Denn nicht nur Propaganda, sogar Führung selbst – in seiner eigentlichen Bedeutung – ist wohl bis heute einer der diskreditiertesten Begriffe unserer Zeit.

So sind im Hinblick auf Führung anscheinend immer zwei Seiten zu beleuchten:

1. als zentraler Aspekt: *Repräsentation ist Führung* und *nicht* Herrschaft, Manipulation, oder Macht.

Das repräsentative *Prinzip* des Führens steht zunächst „jedermann" offen, ungeachtet der jeweiligen Motivlage und der dem Führungsengagement zugrundeliegenden Absicht.

Repräsentative Führung setzt nicht die Einhaltung eines moralisch-ethischen Kodex voraus. Die „Früchte" des Führungsprozesses, also die Auswirkungen der Führung auf die daran beteiligen Personen und sozialen Verbände, erweisen sich an anderer, zumeist an zeitlich „späterer" Stelle.

Die Gefahr besteht nunmehr gerade in diesem „time-lag". Das Ergebnis eines sachlichen oder organisatorischen Engagements – durch Veranstaltende Führung – aber gleichermaßen die personale und sinnorientierte Konstitution von Menschen – durch Hirtliche Führung – läßt sich als kollektiver Prozeß erst in der Gesamtbetrachtung und in der Folge verschiedener Führungsinteraktionen beurteilen.

Dann erst zeigt sich, ob die instrumentellen und integrativen Prozesse mit ihrer Zielerreichung evtl. an anderer Stelle einen „Schaden" oder „Gewinn" ausgelöst haben könnten – vergleichbar dem ökonomischen Prinzip der externen Effekte.

2. als zweiter Aspekt tritt hinzu: die *Motivlage*, der Antriebshintergrund und die ethisch-moralische Veranlagung der führenden Person oder des Kollegiums.

Für die letztendliche Beurteilung eines Führungsprozesses kann insofern die Motivlage der Führung eine Bedeutung haben, als sie es ist, die maßgeblich den Verlauf und die Auswirkungen des Prozesses bestimmt.

Im Falle Hitlers handelte es sich eindeutig um eine dysfunktionale, „negative" Vision und Wertidee, die der Führung zugrunde lag, obwohl aus Sicht der Funktionsweise die grundlegenden (Führer-) bzw. Führungsprinzipien zunächst eingelöst wurden.

Das mobilisierende Moment der Führung kann – in der bedingungs- und kompromißlosen Form der Propaganda, die keine legitimierte Absicherung vorzuweisen braucht – eine konfliktbehaftete Dynamisierung konkurrierender Gruppen bewirken.

„Sie integriert auf der einen Seite und desintegriert zugleich auf der anderen Seite." (Buß 1997:105).

Deshalb ist eine funktionale, Repräsentative Führung dahingehend zu beurteilen, in wie weit es ihr gelingt, den kontinuierlichen Legitimationsprozeß auf einer für die (potentiell) Folgenden rational zu reflektierenden Basis zu gestalten.

Führung kann hinsichtlich des Prozesses unmittelbar analysiert werden. Hinsichtlich der Effekte und der „Ergebnisse" jedoch nur mit Zeitverzögerung und im Rahmen einer mehrdimensionalen Analyse der verschiedenen Wahrnehmungsperspektiven, unter denen die zugrundeliegende Werthaltung eine zentrale Funktion einnimmt.

Vom Rollenbegriff zu einer Kulturtypologie der Führung

Die bislang von Geiger direkt übernommene Terminologie weist einen eindeutigen Rollenbezug auf, da sie immer von den führenden *Personen* spricht, die als Veranstalter oder Hirte die jeweilige Funktion Repräsentativer Führung ausüben.Aus Sicht der mikrosoziologischen, personalen Perspektive von Führung wird dies dem Gegenstand durchaus gerecht.

Wie jedoch darüber hinaus aus den Ergebnissen der Manager-Studie hervorgeht, bezieht Führung immer auch den *kulturellen* Rahmen mit ein, sind *Institutionen* unmittelbar daran beteiligt und für das individuelle Handeln wie für die Beschreibung organisatorischer Charakteristika ausschlaggebend.

„Kultur kann verstanden werden als ein besonderes Muster sozialer Interaktionen, als ein spezifischer Typus wechselseitiger Verpflichtungen. [...] Kultur ergibt sich daraus, wie Menschen in bestimmten Lebens- und Situationsumständen zueinander stehen." (Buß 2003b:13).

So ist jede gemeinsame kulturelle Orientierung gleichzeitig die Grundlage einer kollektiven Identität und als solche nicht auf der individuellen Ebene grundlegend zu gestalten, sondern vielmehr im Verlauf mehrerer Generationen wandelbar (Parsons 1975:16).

Die deutschen Spitzenmanager sind gleichzeitig Repräsentanten ihrer selbst sowie Gestalter einer Führungskultur und erzeugen dabei einen spezifischen Charakter wechselseitiger Interaktionen, die durch gemeinsame Interessen, aber auch durch spezifische Kooperationsmuster und affektive Aktivitäten gedeihen können (Buß 2003b:14).

Das Konzept der Repräsentation operiert auf der Aggregat-Ebene der Kollektivwirkung (als Kulturtypologie) und hat gleichzeitig Raum für die Analyse der unmittelbar gruppenspezifischen Interaktionen im meso- bzw. mikrosoziologischen Rahmen.

Die deutschen Spitzenmanager weisen in ihren Ausführungen an verschiedenen Stellen auf diesen Aspekt hin, wenn sie von den verschiedenen, ihnen zugewiesenen oder von ihnen besetzten „Rollen" und Führungsaufgaben berichten.

Repräsentative Führung kann demnach als ein zweiseitiges Konstrukt betrachtet werden: einerseits erfolgt eine Repräsentation der Person, ihrer jeweiligen Wertidentität und Überzeugung – die Repräsentation des Selbst. Andererseits wird das zu führende Unternehmen bzw. die „Gruppe" repräsentiert – die Repräsentation der Institution.

Abbildung 15: Dualität der Repräsentation

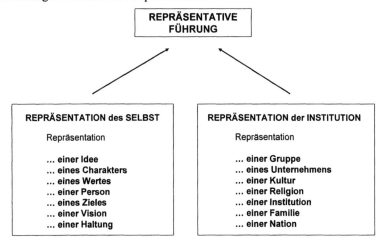

Quelle: eigene Darstellung.

Ein Modell Repräsentativer Führungskultur

Basierend auf Geigers Idee wird daher ein soziologisch handhabbares Führungsmodell entwickelt, in dem die deutschen Spitzenmanager gemäß ihrem Führungsverständnis einer Kulturdimension zugeordnet werden. Der Impuls zu dieser Konkretisierung ist inspiriert durch die Kombination der Ergebnisse der Manager-Studie in Verbindung mit der Führungskonzeption Geigers. Der Charakter des Modells liegt in der Ausarbeitung eines soziologischen Diagnose-Tools, einem Hilfsmittel für die Analyse und Beschreibung von Situationen, Kulturen, Organisationen oder Funktionen. Dieses methodische Diagnoseinstrument steht damit in der Tradition Webers im Sinne einer Idealtypensammlung zur Charakterisierung eines sozialen Phänomens. Das zweidimensionale Führungsmodell wird inhaltlich beschrieben und mögliche Anwendungsfelder werden skizziert. Dies erfolgt – sofern möglich – in einer exemplarischen Zuordnung der befragten Spitzenmanager auf die verschiedenen Felder der Matrix.

Die Veranstaltende Führungskultur

Kennzeichen der Veranstaltenden Führung nach Geiger ist die Übersetzung des latent vorhandenen Gruppenselbstverständnisses ins Rationale. Ziel ist, daß für alle Beteiligten erkenn- und nachvollziehbar wird, welchem Zweck das Engagement hinsichtlich der funktionalen Zielerreichung dient.

Hierfür stellvertretend ist typischerweise der sekundäre Gruppentypus, also sämtliche Organisationen wie Unternehmen, Verbände und andere zweckgerichtete Institutionen.

Für Führungskulturen heißt dies etwa konkret: Allein durch die Inaussichtstellung frei wählbarer Anreize lassen sich Mitarbeiter nicht beliebig auf ein strategisches Ziel oder eine meßbare „Benchmark" einschwören. Auch hinsichtlich der Unternehmensziele und operativen Notwendigkeiten muß eine Abholung der zu Führenden erfolgen, die sich der grundlegenden Befindlichkeit in der Gruppe bewußt ist und sich ihr zuwendet. Oder: Um das angestrebte Image des Unternehmens für Außenstehende zu legitimieren, müssen die kommunizierten Aspekte des Respekts, der Qualität etc. mit den Wahrnehmungen und Ansprüchen der Stakeholder in der Grundstimmung korrelieren.

Eine Veranstaltende Führungskultur muß also auf der Klaviatur der „Äußerlichkeiten" spielen, ohne diese jedoch losgelöst von der „Mannschaft", vom „Orchester", zum Einsatz zu bringen.

Wichtig ist, daß der die Grundstimmung Repräsentierende selbst zu Spielen in der Lage ist und nicht nur zum Spielen anweist. Eine erste Kulturdimension bzw. ein erster Quadrant findet sich damit in der repräsentativ-veranstaltenden Führungskultur, deren Funktion insbesondere darin liegt, gemeinsame Sachziele und formale Interessen zu erreichen.

Wo dies *nicht* repräsentativ erfolgt, sondern lediglich der Aspekt der Zielerreichung propagiert wird, tritt die von Geiger als rein organisatorisch gekennzeichnete Form des *Funktionärstums* auf den Plan.
Dieses Kulturmerkmal begreift die funktionale Zielerreichung als eine reine Aufgabe der Ausführung, Anweisung, Delegation, Kontrolle etc. und vollzieht sich quasi losgelöst von den weiter reichenden Rahmengegebenheiten der Folgenden. Da hierbei keine Rücksicht bzw. Vorarbeit hinsichtlich der Repräsentation erfolgt, ist die notwendige (Vor-) Bedingung für Führung nicht erfüllt.
Im Rahmen des Modells ist damit ein zweiter (Teil-) Quadrant identifiziert: die *Funktionärskultur.*

Die Hirtliche Führungskultur
Für die Funktion der Hirtlichen Führung sind Aspekte des Atmosphärischen, Kulturellen und der Werte von zentraler Bedeutung, da darüber die Integration des Einzelnen in die Gruppe erfolgt.
Das Kriterium der Repräsentativität fordert auch bei dieser Führungsfunktion einen Monitoringprozeß, der die Grundstimmungen und inneren Befindlichkeiten erspürt und der Führungsperson als Grundlage zur Abholung der Folgenden dient. Zu diesem Zweck ist es notwendig, Fragen des Respekts, der Heimat, von Sinn und Geborgenheit zu berücksichtigen und zu beantworten. Dieses Merkmal ist zunächst für Gruppen mit primärer Ausrichtung, wie bei Familien oder Gemeinden, charakteristisch.

Eine derart ausgeprägte Kultur muß jedoch nicht nur im Falle von wertebasierten bzw. auf Gemeinschaft beruhender Gruppen wie etwa religiösen Gemeinschaften gelten. Das hirtliche Element ist auch für die sekundäre Gruppe ein notwendiger Bestandteil, und zwar auf zwei Ebenen.
Einerseits, um Führung überhaupt in ihrer ganzheitlichen Sichtweise zu konstituieren.
Zum Zweiten, um einen ergänzenden Pol zu bilden, wenn auf der veranstaltenden Ebene „Mißerfolg" droht. Denn die Herausbildung kollektiver Identität erfolgt generell durch die permanente Abwägung und Ausbalancierung der verschiedenen Anforderungen – hier der instrumentellen und der integrativen (vgl. Fuchs-Heinritz 1995).

Wie auch im Falle der Veranstaltenden Führung gibt es die Variante, die sich zwar in der Sache um die Person des Einzelnen kümmert und sich bemüht, Erwartungen und Bedürfnisse zu befriedigen. Wenn dies jedoch einen „Eigenwert" darstellt und nicht als für die Gruppenidentität funktionales Element gesehen wird, ermangelt es dem repräsentativen Moment.
Mit Geiger gesprochen findet dann dabei nicht Führung statt, sondern eher eine Versorgerfunktion. Eine derart zu identifizierende Kultur wäre die *Versorgerkultur.*

Zusammen ergibt sich daher folgende modellhafte Darstellung der Repräsentationstheorie von Führung:
Die beiden zentralen Achsen der instrumentellen (veranstaltenden) und integrativen (hirtlichen) Dimension spannen eine Vier-Felder-Matrix auf, die fünf Kulturtypologien ermöglicht.
Jeweils in Achsenrichtung abzutragen ist der Grad der Repräsentativität. In der Stärke der Ausprägung der jeweiligen Handlungsorientierung kann die entsprechende Führungskultur beschrieben werden. Zum Ursprung hin werden diejenigen Elemente zugeordnet, die zwar die jeweils gedachte Funktion bedienen, nicht aber über das repräsentative Moment verfügen.
Den ersten Quadranten teilen sich vor diesem Hintergrund die *Funktionärs-* bzw. die *Versorgerkultur*. Somit kristallisieren sich drei weitere Quadranten heraus, die eine Repräsentative Führungskultur beinhalten: die *repräsentativ-veranstaltende Kultur*, die *repräsentativ-hirtliche Kultur*, sowie diese beiden Dimensionen in Kombination – die *repräsentativ-balancierte Führungskultur*.

Abbildung 16: Modell 1 der Repräsentativen Führungskultur

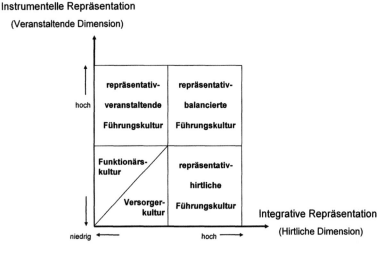

Quelle: eigene Darstellung.

Diese klassische Portfolio-Darstellung mag dazu verleiten, alleine den rechten oberen Quadranten als erstrebenswert und „best case"-Szenario zu interpretieren. Doch darin läge eine Verkürzung des Potentials der Theorie der Repräsentation.
Natürlich kommt der Gesamtschau beider Dimensionen eine zentrale Bedeutung zu, es bedarf aber insbesondere für die Praxisanwendung durchaus der separaten

Erarbeitung und Analyse – und sicherlich auch des „Trainings" – der beiden eigenständigen Formen Repräsentativer Führung.
Einerseits, um das grundlegende Prinzip und die Wirkungsweise der Veranstaltenden wie der Hirtlichen Führung voll zu erfassen.
Andererseits auch deshalb, da ja beide Dimensionen in ihrer Anwendung durchaus unterschiedlichen Gruppen bzw. Kulturen „auf den Leib geschrieben" sind.
Insofern ist der vierte Quadrant bzw. der fünfte Typ durchaus „denkbar", wenngleich nicht generell als anzustrebende Maxime vorauszusetzen.

Die Bedeutung der „repräsentativ-balancierten" Führungskultur
Obwohl vordergründig betrachtet lediglich die Kombination bzw. Integration der Veranstaltenden und der Hirtlichen Führungskultur erfolgt, ergeben sich zwei Besonderheiten, die wiederum einen Erkenntnismehrwert ergeben.
Auch wenn sich Gruppen- und Organisationsformen identifizieren lassen, die jeweils dem einen oder dem anderen Idealtyp aufgrund ihrer Wesensart naturgemäß zu entsprechen scheinen, so finden sich für beide Dimensionen exemplarische Fälle und Situationen, in denen gerade der Gegenpol von funktionalem Nutzen sein kann.
Wie bereits oben ausgeführt, bedarf etwa ein Wirtschaftsunternehmen vor dem Hintergrund einer zunehmend mit emotionalen Ansprüchen ausgestatteten Öffentlichkeit nicht nur der logisch-rationalen Zielerreichung, sondern in gewisser Weise auch einer „Seele", einer „irrationalen" – in jedem Fall sozio-emotionalen Identität. Auch ein Abteilungsleiter kann sich der für Führung notwendigen persönlichen Fürsorge seiner Mannschaft bewußt sein und diese ausüben, insbesondere, um zur Etablierung eines entsprechenden Klimas beizutragen.

Dasselbe Prinzip gilt aber auch für solche Gruppen und Organisationen, die in ihrer Grundausrichtung per se wertebasiert und folglich quasi von sich aus der Hirtlichen Führungskultur entsprechen.
Primärgruppen wie Gemeinde-Kreise, aber auch institutionelle Gebilde wie Kirchen, können auf lange Sicht nicht existieren, wenn sie nur das integrative Moment suchen und bedienen. Mit der Zeit besteht ansonsten die „Gefahr", daß sich das jeweilige Prinzip „verselbständigt", was nicht selten dazu führt, daß man „im eigenen Saft schmort" und kein „Blick über den Tellerrand" mehr gewagt wird. Die Bedürfnisse der Gruppenmitglieder werden zum Maß der Dinge, man beginnt, sich als Gruppe um sich selbst zu drehen.

Daher ist es von hoher Bedeutung, auch als integrativ veranlagte Gruppe ein gemeinsames Ziel zu haben, einen Auftrag, der wieder der inneren Seite die notwendige Balance gibt.
Eine Kirche, die kein konkretes Profil von sich und ihrem Auftrag hat, wird letztlich nicht überlebensfähig sein. Es müßten vor diesem Hintergrund beide Seiten berücksichtigt werden, um nach vorne gehen zu können. Insofern stellt

die repräsentativ-balancierte Führungskultur den Prototyp einer ausgewogenen Führungskultur dar. Vor dem Hintergrund einer Unterscheidung in repräsentative bzw. nicht-repräsentativ ausgestattete Führungskulturen ergibt sich die folgende Darstellung des Modells:

Abbildung 17: Modell 2 der Repräsentativen Führungskultur

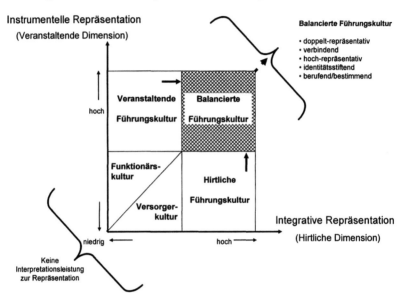

Quelle: eigene Darstellung.

Bereits im Rahmen der empirischen Studie wurde an mehreren Stellen deutlich, wie vielfältig die Führungskulturen sind, die von den Befragten mitgestaltet und –verantwortet werden.
Über einige Zitate und Indikatoren lassen sich somit Analogien und mögliche „Kulturszenarien" bilden, die stellvertretend sind für die inhaltliche Ausprägung der Führungskulturen und somit eine Illustration derselben ermöglichen. Hierzu werden einige Aussagen der Manager exemplarisch zugeordnet.

Funktionärskultur – instrumentell orientiert, nicht repräsentativ
Die Funktionärskultur ist gekennzeichnet durch eine Atmosphäre, die der reinen Zielerreichung die oberste Priorität einräumt und die von den Managern als souveränen Entscheidern die Richtungsweisung erwartet. Fragen der Integration sowie eine an der Stimmungslage der Mitarbeiterschaft orientierte Legitimation des Handelns finden keine generelle Berücksichtigung.

Solche Kulturen sind geprägt von primär ökonomisch-quantitativ aufgebauten Argumentationsketten und Beurteilungsmaßstäben. Rekrutierungskriterien sind die fachlichen Qualifikationen und Belastbarkeit. Der sozio-emotionale Aspekt kommt im betrieblichen Alltag weder in der direkten noch in symbolischer Kommunikation vor. Generell überwiegt ein hoher Formalisierungs- und Bürokratisierungsgrad sowie das Denken in Vertragskategorien.

„Daß man ständig auch als Ansprechpartner für die verschiedensten Gruppen, die nun Kommunikationsinteressen haben, da sein muß, das finde ich schon belastend." (1:21)

*„Ich bin recht ungeduldig. Ich neige dazu, möglichst zügig zur Conclusio zu kommen."
(13:17)*

„Manager sind zu beschäftigt, um Lieschen Müller zu gefallen." (35:39)

Versorgerkultur – integrativ orientiert, nicht repräsentativ
Die Versorgerkultur zeichnet sich durch eine primär hohe Mitarbeiterorientierung aus, in der die Verantwortlichen bemüht sind, das Wohl der Belegschaft durch ein umfassendes Anreizsystem zu sichern und den Erwartungen Einzelner im Sinne persönlicher Zuwendung nachzukommen.
Die Verfolgung der Sachziele wird dabei als nachrangig erachtet, ebenso wie die Gestaltung von Mentorenprozessen, die die Integration der Mitarbeiter in den Gesamtverband und eine Erreichung des „Person-Stelle-Fit" zur Aufgabe haben.

Versorgerkulturen weisen einen hohen informellen Charakter auf, ganz im Sinne einer „Wohlfühlgemeinschaft", die primär der Erfüllung individueller Ansprüche und Bedürfnisse dient. In der Summe bestimmen diese Erwartungen die – tendenziell opportunistische – „Richtung" einer gemeinsamen Entwicklung. Eine konkrete Organisationsidentität wird sich nicht institutionalisieren.
Zu dieser Variante der Führungskultur konnte in den Interviews kein idealtypisches Zitat gefunden werden, was nicht zuletzt an der befragten Personengruppe und dem Charakter der durch sie vertretenen Unternehmensform liegen wird.

Veranstaltende Führungskultur – instrumentell orientiert, repräsentativ
Ähnlich der Funktionärskultur dominiert bei der Veranstaltenden Führungskultur die Orientierung an Problemlösungen und das Erreichen der sachlich-rationalen Ziele. Der integrativen Dimension wird dabei wenig Beachtung geschenkt. Allerdings wird darauf Wert gelegt, daß die Belegschaft in ihrer allgemeinen Wertidentität hinter den Zielen und dem dafür angestrebten Ressourceneinsatz steht.

Veranstaltende Führungskulturen zeichnen sich durch ein hohes Identifikationsniveau und Engagement aus, da die Organisationsmitglieder die quantitativen und qualitativen Vereinbarungen und Vorhaben als geschlossene Gruppe tragen und dabei versuchen, den dazu erforderlichen arbeitsteiligen Prozeß untereinander zu optimieren. Dies drückt sich u.a. in geringeren Fluktuationsraten aus.

„Eine Vision zu entwickeln für das Unternehmen, ein Ziel aufzuzeigen, wo das Ganze hin soll. Das werde ich in meiner eigenen Meinung vorgeprägt haben, aber auch immer wieder durch Gespräche mit Mitarbeitern versuchen zu verifizieren." (7:11)

„Das Umfeld entscheidet über die Autorität, die man genießt oder nicht." (19:25)

„Der aus dem Team herauswachsende Respekt, das ist sicherlich ein wesentlicher Faktor." (32:17)

Im Hinblick auf die deutschen Spitzenmanager charakterisiert der Veranstaltende Führungstypus die allgemein etablierte, öffentliche Sichtweise auf die deutschen Wirtschaftslenker. Allerdings handelt es sich dabei gleichzeitig um eine eher oberflächliche, einseitig funktionale Betrachtung.
Wie aus den Befunden ersichtlich wird, verkörpern die Befragten eine durchaus weiter reichende Idee der Führung, als das kurzfristige Denken in Quartalsberichten und Shareholder-Value-Kategorien nahelegt.

Hirtliche Führungskultur – integrativ orientiert, repräsentativ
Bei der Hirtlichen Führungskultur liegt das zentrale Element in der Schaffung und Aufrechterhaltung einer gemeinsinnigen Atmosphäre, in der jedem Mitglied die Einbindung und Zugehörigkeit durch Mentorenprozesse ermöglicht wird.
So kann einerseits die zentrale Wertidentität der Organisation mit denen der einzelnen zur Übereinstimmung kommen, andererseits liegt gerade in der Förderung und Begleitung der Begabungen und Potentiale der Mitglieder eine Chance für die Organisation, charakterlich zu „wachsen" und an Facettenreichtum zu gewinnen.
Aspekte der sachlichen Zielerreichung sind dabei zwar von nachgeordneter Bedeutung, jedoch wird der wertorientierten Etablierung eines hohen Maßes an Einheit dafür um so mehr Beachtung geschenkt. Die Ausbildung eines eindeutigen Profils mit Wiedererkennungs- und gleichzeitig Differenzierungspotential ergänzt die Etablierung einer hohen Orientierungs- und Bindungsfunktion.

„Er (der Manager, Anm. d. A.) kann nur das tun, was eine Gesellschaft in ihrer Grundströmung will. Die Gesellschaft unserer Tage auf der ganzen Welt will offensichtlich immer höheren Wohlstand haben – also ist der Manager, der ja nur „Angestellter" dieser Gesellschaft ist, beauftragt, nun dafür zu sorgen." (7:7)

„Die Fähigkeit, Menschen Sicherheit zu geben, sich an etwas zu orientieren, Werte zu vermitteln und sie hoffentlich auch zu leben und Erfolgsgarant zu sein." (8:14)

„Letzten Endes ist es dieser Punkt, zuzuhören, Menschen zu integrieren, auf Leute zuzugehen. Das, was man Führung eben nennt, daß mir das zugefallen ist, ich mir erarbeitet habe und

daß andere mich über die verschiedenen Stufen im Laufe der Jahre auch gefördert haben."
(12:17)

„Pfarrer haben in ihrem Beruf so viele Verwaltungs- und Repräsentationsaufgaben, daß sie gar nicht mehr die Möglichkeit haben, in ihre Gemeinde so hinein zu horchen, die Probleme der Menschen (Glaube wie Alltag) aufzuspüren. Das kann ich als Kaufmann sicher besser."
(31:7)

Mit Blick auf die deutsche Wirtschaft kommt der Hirtlichen Führungskultur eine grundlegende Bedeutung zu. Wie die Ergebnisse erahnen lassen, ist Führung in Deutschland bei den Spitzenmanagern in dieser Weise verankert. Das hirtliche Element kann als stellvertretend für die Tiefenebene der führungsrelevanten Identitätsquellen betrachtet werden.

Balancierte Führungskultur – instrumentell und integrativ orientiert, repräsentativ
Kennzeichen der Balancierten Führungskultur ist die gleichwertige Verfolgung veranstaltender wie hirtlicher Führungsaspekte unter Berücksichtigung der repräsentativen Grundidee.
Hier geht es um die integere Verkörperung der Wertidentitäten von Führungsperson, Organisation und Gefolgschaft. Die Kombination von strategischer Zielerreichung mit innerer Verbundenheit und emotionaler Nähe verleiht der Balancierenden Führungskultur einen besonderen Reiz.
Die Chance und gleichzeitige Herausforderung liegt in der parallelen Beachtung der beiden Dimensionen, insbesondere vor der Frage, ob die Führungsaufgabe bei einer Person oder einem Kollegium zentralisiert sein sollte, oder ob dafür separate Organe – in entsprechend ausgerichteter Koordination – zu berufen wären. Daß in dieser integrierten Kulturform gleichzeitig eine nicht auf Anhieb zu lösende Spannung liegt, erfordert eine weitergehende Betrachtung. Zumindest liegt beiden Führungsdimensionen eine gemeinsame Basis zugrunde – die repräsentative Grundhaltung.

„Eine Führungskraft muß auf der einen Seite die Fähigkeit haben, eine erkannte Vision inspirierend in seine Mitarbeiter zu verpflanzen, so daß sie das Gefühl haben – mein Gott, dem folgen wir gerne. Und es muß glaubwürdig und nahvollziehbar sein. Und es muß vor allem nachhaltig sein. [...] Und die andere Seite der Medaille: loslassen, zugucken, zuhören, alles passive Dinge. [...] All das in einer Person, das zerreißt die Menschen förmlich – jemand der das kann, muß in sich selbst stabil sein. [...] Genau zwischen diesen Polen sehe ich die Führungskraft der Zukunft." *(13:7)*

„Sie sollten ein Gespür dafür haben, ob das, was sie einbringen wollen in dem menschlichen Umfeld, ob es dort Widerhall findet und auch aufgenommen wird. Eine kreativ menschliche Atmosphäre schaffen." *(26:30)*

„Es fehlt die überzeugende Führungskraft; Menschen, die das Vertrauen von Menschen erwerben, nachhaltige, zukunftsorientierte, auf die Nachkommen ausgerichtete Führung – statt dessen werden Probleme hin und hergeschoben." (36:26)

Fazit:

Vor dem Hintergrund der empirischen Studie zum Führungsverständnis der deutschen Wirtschaftselite kann das prinzipielle Analysepotential des entwickelten Modells angezeigt werden. Es besteht bei aller Mehrdimensionalität und Heterogenität der Ergebnisse die Chance, ein implizites Ethos der Spitzenmanager zu klassifizieren und auf diese Weise ein Tiefenbild deutscher Führungskultur zu zeichnen.

Anhand der Selbstbeschreibungen wird deutlich, daß in der öffentlichen Wahrnehmung weitgehend ein vordergründiges Image zu den Perspektiven und Hintergründen der Wirtschaftslenker dominiert, das nur bedingt mit deren Identitätskonzepten im Einklang steht. Die Rolle des Veranstaltenden Führers wird den deutschen Spitzenmanager vielfach abverlangt oder gar zugemutet.

Andererseits findet sich in der Hirtlichen Führungsfunktion ein Aspekt, der gewissermaßen das Sediment der deutschen Führungskultur kennzeichnet. Die Spitzenmanager haben in ihren tieferliegenden Selbstverständnissen in höherem Maße die fürsorglich-bindende Dimension verankert, als dies nach außen hin sichtbar wird.

Das Ideal der balancierten Führungskultur wird von vielen als erstrebenswert gekennzeichnet, wobei es nur von wenigen als realistisch erreichbar beschrieben wird.

Die im Zusammenhang mit der Repräsentativen Führungskonzeption fundierte Kulturtypologie ließe sich über die Manager-Studie hinaus für weitergehende Forschungsarbeiten oder auch im Rahmen einer praxisorientierten Ausarbeitung von Fallstudien zur Anwendung und Bewährung ausbauen. In einem solchen Zusammenhang könnten auch die prinzipiellen Chancen einer universellen Gültigkeit des Modells hinsichtlich Diagnose- und Gestaltungsfähigkeit allgemeiner Organisationsfragen und sozialer Interaktionsprozesse untersucht werden.

So kommt beispielsweise der Frage der *Personalrekrutierung* sowie des *Bindungsmanagements* eine bedeutende Rolle zu. Wie die deutschen Spitzenmanager u.a. zu erkennen geben, scheint unter den Mitarbeiterinnen und Mitarbeitern die prinzipielle Bereitschaft einer längerfristigen Bindung an das Unternehmen und einer loyalen Haltung ihm gegenüber tendenziell abzunehmen.

„Ich kann mir vorstellen, daß ein Unternehmen, das die Mitarbeiter nicht so bindet, wo die Bindungsenergie nicht hoch ist, daß die in Zukunft Schwierigkeiten haben werden mit der Loyalität, die Mitarbeiterwanderung, die ist leichter. Die Mitarbeiter werden leichter abwerbbar sein. Unternehmen müssen alles tun, um Mitarbeiter zu binden. Nicht nur ein Vorrat

an Werten, sondern an gelebten Werten – das ist ganz entscheidend. Darin sehe ich ein wichtiges Klebemittel." (13:28)

Bislang ist es aus Sicht von Unternehmen und Organisationen ein Ziel, Mitarbeiter zu rekrutieren, die hinsichtlich der geforderten Qualifikationen und Kompetenzen auf die zu besetzenden Stellen passen. Dafür wurden in den zurückliegenden Jahrzehnten immer ausgefeiltere Verfahren (Assessment Center) entwickelt, um gerade diesen „Person-Stelle-Fit" zu gewährleisten. Außerdem sollen damit auch ungewollte Folgekosten durch hohe Fluktuationsraten vermieden und eine längerfristige Bindung von Personen an die betreffende Organisation angestrebt werden. Mit den Erkenntnissen zum Wertewandel und den zunehmend an „soften" Variablen orientierten Anforderungen seitens der Mitarbeiter, bietet sich seit einiger Zeit jedoch eine veränderte Sichtweise an. Statt der reinen Orientierung an ausbildungsrelevanten Qualifikationen, die mittlerweile als selbstverständlich vorausgesetzt werden, kommt mehr und mehr der Aspekt des „Person-Kultur-Fit" in die Betrachtungsebene. Daß für längerfristige Arbeitsbeziehungen nicht zuletzt die „Chemie" stimmen muß, also der atmosphärische Aspekt eine zentrale Rolle spielt, ist nun keine neue Erkenntnis. In der Rekrutierungs- und Bindungspraxis wurde für diese Anforderung weitgehend auf das erworbene Erfahrungswissen der dafür Verantwortlichen zurückgegriffen.
Doch die Facetten und Wirkungsebenen des Wettbewerbs verlagern sich in immer neue Untersysteme und Teilbereiche. So kommt dem Bindungsmanagement – oder mittlerweile: *Retention* – heute eine höchst strategische Dimension zu (Rundstedt 2001). Zumindest aus soziologischer Sicht liegt jedoch bislang kein Instrumentarium vor, das diesen Bereich umfassend analytisch und gestaltend erfaßt.

Basierend auf dem Repräsentativen Kulturmodell ließen sich grundlegende Aspekte von Organisationskulturen und den damit korrespondierenden Klimata in den Gruppen sowie den personalen Wertidentitäten abgleichen. Wofür steht die Organisation bzw. das Unternehmen in seinen Grundwerten? Welche Identität verkörpert das potentielle bzw. gegenwärtige Mitglied?
Diese Fragen verlangen – gerade vor dem Hintergrund der Ergebnisse der Manager-Studie – nach einer dezidierten Analyse der wert-ethischen, spirituellen sowie funktionalen Führungsverständnisse der Interaktionspartner.

5.2   Führung von „innen" nach „außen"

Die befragten Führungskräfte betonen einerseits den Aspekt der Selbstführung und die Bedeutung der charakterlichen, inneren Wesenseigenschaften, andererseits verweisen sie auch darauf, daß ersteres nur im kontinuierlichen Austausch mit dem sozialen Umfeld, über Prägungen durch Personen und Institutionen zur Ausgestaltung kommt und demzufolge auch wieder dorthin zurückfließt. Es handelt sich um eine Wirtschaftselite, die in ihrem Selbstverständnis deutliche Merkmale einer ‚dienenden' Grundhaltung erkennen läßt.

Mit dem Servant-Leadership-Ansatz wird daher eine Führungskonzeption hinzugezogen, die vor dem Hintergrund der Managerstudie eine weitergehende Interpretationshilfe bietet.
Sie erlaubt die Verknüpfung „innerer" Führungsdispositionen der Spitzenmanager mit einer möglichen institutionellen Rahmung und integriert dabei die in dieser Arbeit hinsichtlich Führung angelegte Mikro-Makro-Verknüpfung.

Abbildung 18: Führung von „innen" nach „außen"

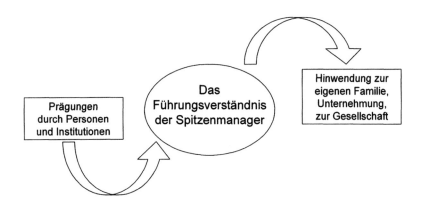

Quelle: eigene Darstellung.

Eine Betrachtung der „spirituellen Führungsdimension"

Aus soziologischer Sicht geht es bei dieser „spirituellen Dimension" um die zentrale Wertidee, um die eigentliche Bedeutungshierarchie innerhalb der Sinnprovinzen, die dem Führungsverständnis und dem Führungshandeln ihr Gepräge gibt. So gesehen ist jegliches Führen das Ergebnis einer Selbstverpflichtung, einer inneren Haltung, in die die erwähnten Bausteine ihren – zumeist unbewußten – Eingang finden.
Das Phänomen ‚Geist' umfaßt dabei nicht nur den rein kognitiven Aspekt – wie Wissen, Verstand, Kenntnisse – sondern ist umfassender als ‚Spirit' oder ‚Seele' zu verstehen (Neuberger 2002:55).
Es ist jener innere Ort des Menschen, an dem die verschiedenen Seinsbedingungen der Erkenntnis und des Handelns sowie die Herausbildung des Selbst und der Beziehungen zur ‚Welt' zusammenfinden. Damit eng verknüpft ist auch der

Begriff der ‚Weisheit'. Deutschlands Spitzenmanager betonen in diesem Zusammenhang, daß es sich dabei um ein für Führung notwendiges Merkmal handelt: Weisheit als Ergebnis eines lebenslangen Prozesses, der nicht nur das bloße Addieren von Faktenwissen erfordert, sondern vielmehr auf die Summe der sozialen Erfahrungen und ihrer Reflexion aufbaut.

Zur Ausbildung dieser grundlegenden Wertethik gehört nicht zuletzt der bewußte, reflexive Umgang mit dem eigenen Selbst – eben die Selbstführung. Wie in der vorliegenden Manager-Studie werden in verschiedenen anderen empirischen Forschungsarbeiten Glaubwürdigkeit und Authentizität als übergeordnete Merkmale der Persönlichkeit oberster Führungskräfte gekennzeichnet (Bennis/Nanus 1987:67, Schieffer 1998:134).

„Ja, dienen und Verantwortung übernehmen. Auf dieser Ebene muß jemand auch charakterlich gefestigt sein, weil er auch Vorbildfunktion übernehmen muß." (1:10)

Eine charakterliche Eigenschaft, die von einigen der deutschen Spitzenmanager gerade heute als für Führung relevant erachtet wird, bietet sich als Kristallisationspunkt an: die Tugend des *Dienens.*

Wie in der Theorie der Repräsentation liegt mit dem Konzept der Dienenden Führung – Servant Leadership – eine Führungsperspektive vor, die die Grundhaltung zur Betrachtung der Führer-Folgenden-Interaktion zum Gegenstand hat.[26]

Der Ansatz der Dienenden Führung fordert – ähnlich wie bei Geiger – zu einem Perspektivenwechsel auf, der einerseits so gar nicht in die säkulare Wahrnehmung der weitgehend zweckrational geprägten Kommunikations- und Interaktionsmodi zu passen scheint, der jedoch andererseits von den deutschen Spitzenmanagern an verschiedenen Stellen ihrer Selbstbeschreibungen als für Führung konstitutiv betont wird.

Dienende Führung kann prinzipiell in zwei Denkschulen unterschieden werden, die sich beide um die Fundierung und Operationalisierung dieses Führungsbegriffes verdient gemacht haben: einerseits die eher humanistisch und idealistisch geprägten Arbeiten von Greenleaf, zum anderen die Ansätze um Blanchard u.a., die auf einem christlichen Werteverständnis beruhen (Reinhardt 2003:192).

Zunächst folgt eine kritische Darstellung der humanistischen Herangehensweise des *Servant Leadership-Ansatzes,* um insbesondere die darin ausgeführte Funktion gesellschaftlicher Institutionen für Führung näher zu betrachten. Danach

---

[26] Die weitreichendste Verbreitung in Publikation und Rezeption des Servant-Leadership-Ansatzes schlägt sich im angelsächsischen Sprachraum nieder, insbesondere in den USA und Kanada. In Deutschland findet sich bislang lediglich eine formal wissenschaftlich konzipierte Arbeit, die der Dienenden Führung Aufmerksamkeit schenkt. Reinhardt (2003) liefert mit seinem Beitrag eine erste systematisierende Darstellung der Begrifflichkeiten unter Einbeziehung verschiedener Quellen und Herkünfte, die sich mit dem Konzept der Dienenden Führung beschäftigen.

wird die Darstellung einer explizit *christlich verstandenen Führungskonzeption* vorgenommen, die das neutestamentliche Beispiel Jesu Christi als für Führung funktional betrachtet und die daraus erwachsenden Besonderheiten für die Führung religiöser Organisationen ableitet.

Servant Leadership – Dienende Führung

Geschichte und Grundverständnis

Aus den frühen 70er Jahren datieren die Schriften von Robert K. Greenleaf zum Thema Servant Leadership. Die Ideen und Werke Greenleafs werden heute vom „Greenleaf Center for Servant Leadership" im Sinne eines praxisorientierten Beratungs- und Schulungsnetzwerks weiter vorangetrieben. Interessant ist jedoch vor allem, daß diese Arbeiten – wenngleich nicht aus der institutionalisierten Soziologie stammend – einen hohen Bezug zu soziologischen Führungsfragen haben und einen fruchtbaren Beitrag zur Führungsforschung leisten können.

Kern des Servant-Leadership-Ansatzes ist die zunächst normativ anmutende Idee, daß Führung – entgegen mancher konzeptioneller sowie praktischer Vorstellung – nicht das Festhalten und Tradieren von Positionen und Besitzansprüchen meint, sondern ein bewußtes *Hinhören, Erkennen* und *Umsetzen*, das der *Sache* bzw. den *Beteiligten* dient, verkörpert.
„Knapp ausgedrückt, geht es im Rahmen des Konzepts der Dienenden Führung um die Einnahme einer besonderen *Perspektive* von Führung – nämlich die, Führungskräfte als „Diener" bzw. sogar als „Schuldner" aufzufassen." (Reinhardt 2003:185).
Wie auch etwa im Stakeholder-Ansatz formuliert wird, sehen sich Führungspersonen dabei verschiedenen Anspruchs- bzw. *Dienstgruppen* gegenübergestellt: etwa dem Unternehmen, den Mitarbeitern, Kunden, Aktionären, etc. Die Herausforderung von Führung liegt also darin, eine *Ausbalancierung* der verschiedenen und teilweise konträren Erwartungen im Sinne eines Bezugsgruppenmanagements zu erreichen.

Greenleaf thematisiert mit diesem Divergenz-Theorem eine der ältesten Paradoxien im Feld der Führungsforschung: die Integration der zielgerichteten und sozialen Komponente des Führungsprozesses: „How can a leader be both concerned about the "task" and mindful of the "social", "concerned for production and concerned for people", "effective" in getting work done and "efficient" in not causing all kinds of human problems in the process?" (Spears 1998:10).
Greenleaf löst diesen Zielkonflikt dergestalt auf, indem er betont, daß beiden Führungsvariablen letztlich ein gemeinsamer Nenner zugrunde liegt: das *dienende* Element. Führung beinhaltet damit per se eine *Scharnierfunktion*, eine verbindende Komponente, die in ihrer Bedeutung über die einzelne Führungsfunktion hinausragt.

Dienende Führung geht allerdings über die oben genannte Güterabwägung verschiedener Erwartungen und Interessen insoweit hinaus, daß gewissermaßen von
den Menschen mit Führungsanspruch ein Mehr an – eine grundlegend andere
Art von – Beachtung verlangt wird.
Nicht das Erlernen spezifischer, situativ anzuwendender Führungstechniken sei
der Maßstab: Dienende Führung setzt bei Greenleaf einen *dienenden Charakter*
voraus, weshalb insbesondere die *personalen* Voraussetzungen von Führung be-
leuchtet werden sollten (Reinhardt 2003:186).

Damit verbunden findet sich einmal mehr die Feinheit des Formulierens und
Hörens: *Nicht der Führer wird durch geschicktes Einsetzen sozialer Kompeten-*
zen zum Diener – die dienende Grundhaltung versetzt ihn oder sie erst in die
Lage zu führen. Anders gesprochen: „Führer" festigen ihre Position – und dienen dabei in erster Linie sich selbst – wohingegen „Diener" primär der Sache
bzw. Menschen [...] dienen (a.a.O.:187).
Dem „natürlichen" Bedürfnis zu dienen, ist die rationale Entscheidung, dies auf
die eine oder andere Weise in die Tat umzusetzen, nachgeschaltet. Greenleaf
drückt dies folgendermaßen aus:
„The servant-leader is servant first. It begins with the natural feeling that one
wants to serve. Then conscious choice brings one to aspire to lead. The best test
is: do those served grow as persons; do they, while being served, become health-
ier, wiser, freer, more autonomous, more likely themselves to become servants?"
(Greenleaf 1998:1).

Dienende Führung umfaßt also eine sehr breit angelegte *Meta-Funktion*, da die
dem Konzept immanente Erwartungshaltung darin besteht, in den Lebenslagen
der „Bedienten" einen sichtbaren Veränderungsprozeß zum „Guten" zu bewirken und auf diese Weise zu führen. Das Führungsverständnis der deutschen
Spitzenmanager steht dieser Maßgabe im Konzept der Dienenden Führung in
nichts nach: es ist eine von vielen der Befragten geteilte Selbstverständlichkeit,
die nachfolgende Manager-Generation auf den Weg zu bringen sowie den eigenen Kinder in ihre Berufung zu verhelfen.

Kriterien Dienender Führung
Führung bedeutet für Greenleaf das Vorausgehen und Aufzeigen des Weges.
Zentrales Kriterium dabei ist jedoch eine ganz im Sinne Geigers verstandene
Repräsentativität. Greenleaf nennt dies das zentrale Testkriterium, um zu erkennen, ob Führung stattfindet oder nicht: Gibt es jemanden, der einer vorausge-
henden Person bewußt nachfolgt – und zwar aus freien Stücken? (a.a.O.:31).
Die Rahmenbedingung dafür liegt nun darin, daß es zunächst einmal konstruk-
tiv-kritisch orientierte Menschen geben muß, die sich mit den „Führungsangebo-
ten" auseinandersetzen.

Mit Geiger: Führung ist immer auf die soziale Gruppe Nachfolgender gerichtet. Gibt es in der momentanen Gesellschaft einen Resonanzboden, der auf etwaige Führungsangebote, auf die Übersetzungsdienstleistung reagiert?

Führung ist damit weniger das Resultat einer demokratischen Abstimmung. Vielmehr braucht es das Element der Überzeugung, einer persuasiven Kommunikation. Die dazu notwendigen Kernelemente Dienender Führung lassen sich „ [...] als von einem „reifen" Charakter getragene *soziale Kompetenzen* und *Spiritualität* auffassen." (Reinhardt 2003:194).

Dabei erfolgen die entsprechenden Verhaltensweisen aus einer *überzeugten* und somit *überzeugenden* Grundhaltung heraus – und nicht als Methodik zur besseren Zielerreichung. Auch die Spitzenmanager betonen letztlich die Voraussetzung eines stabilen inneren Kerns der Persönlichkeit, um dienend zu führen. Die Beantwortung der Frage, aus welchen *Quellen* die Führungsperson ihre dienende Überzeugung grundlegend gewinnt und an welchen *Kriterien* sie diese dauerhaft ausrichten kann, findet bei Greenleaf in der führungsfunktionalen Bedeutung von Institutionen eine Erklärung.

Ein ähnliches Votum formulieren in der Summe ihrer Aussagen auch die deutschen Wirtschaftsführer. Die Herausbildung einer führungstauglichen Persönlichkeit hängt ihrer Meinung nach in starkem Maße von der prägenden Kraft und Vitalität einstiger wie heutiger Institutionen bzw. der sie repräsentierenden Personen ab.

Führung durch Institutionen

Worin liegen nun die Besonderheiten und Herausforderungen von Institutionen im Kontext der Führung?

Als auf Dauer bestimmte, soziale Einrichtungen leisten sie eine Doppelfunktion: einerseits für den Menschen, dessen Bedürfnisstruktur sie formen, andererseits für die Gesellschaft, deren Strukturen und Bestand sie sichern (Lipp 1998:148).

Wo aus Sicht der spirituellen Führung der Aspekt des Geistes als Knotenpunkt individueller Werthaltungen charakterisiert wurde, kommt hier den Institutionen eine vergleichbare Rolle zu. Sie verkörpern quasi den *Knotenpunkt kultureller Werthaltungen* einer Gesellschaft.

Greenleaf unterscheidet dabei drei qualitative Ebenen zur Beschreibung von Institutionen (Greenleaf 1998:37):

Abbildung 19: Die Institutionenpyramide

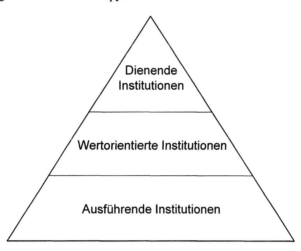

Quelle: Greenleaf 1998:37, eigene Darstellung.

Das Modell der Institutionenpyramide

Ebene 1: Hierunter fallen sogenannte „ausführende" Institutionen: Regierungen, Unternehmen, Soziale Einrichtungen, Gewerkschaften und Verbände, Familien, Gemeinden.

Ebene 2: In dieser mittleren Stufe siedelt Greenleaf Kirchen und Universitäten als wertorientierte und kulturprägende Gebilde an. Ihnen mißt er die Kompetenz bei, sowohl in Individuen wie in anderen Institutionen dienende Qualitäten zu wecken und zu fördern.

Ebene 3: Die oberste Kategorie wird von *seminaries* (Akademien) und *foundations* (Stiftungen) vertreten. Beide haben für Greenleaf eine originär dienende Funktion. Akademien oder Seminare (theologisch oder nicht-theologisch) sind vitale Quellen für die Kirchen; Stiftungen üben einen ähnlichen Dienst für Hochschulen und Universitäten aus. Beide Gebilde verfügen über die notwendige Freiheit und Distanz, um sich einen gesellschaftlichen Überblick von höherer Stelle aus zu verschaffen. Gerade hierin liegt ansonsten der wunde Punkt (in der Natur) der anderen Institutionsformen. Die Tendenz zur Verkrustung und zur Verselbständigung des eigentlichen Auftrags sorgt dafür, daß manche Institution ihrer eigentlichen Berufung nicht mehr nachkommen kann. *Seminaries* und *Foundations* dagegen verkörpern gerade das Gegenteil. Sie sind kleine, flexible Gebilde, die durch einen hohen Grad an Dynamik und insbesondere missionarischem Selbstverständnis gekennzeichnet sind.

Quasi aus der Vogelperspektive kann somit eine Einschätzung hinsichtlich der gelingenden oder eher mühsamen Elemente der anderen Institutionen und ihrer Mitglieder – und damit eine Vorbereitung zum Dienst – erfolgen.
Daher sollte es gerade Akademien und Stiftungen gelingen, „prophetische" Impulse weiterzugeben, Vision und Hoffnung zu vermitteln. Diese reifsten „Institutionen" selbst haben demnach keine weitere dienende Ebene über sich – ihnen steht keine ressourcenstiftende Institutionenform bei (Greenleaf 1998:38).
Aus diesem Grund sind sie auf führende, dienend verwaltende Gremien angewiesen, in denen Personen berufen sind, die über jene hohen charakterlichen Qualitäten und Selbstverpflichtungen verfügen, die das geforderte Maß an Hingabe und Fürsorge erbringen.

Jedoch sieht Greenleaf gerade in dieser Herausforderung einen Mangel der heutigen Zeit. Es fehlt seiner Meinung nach an Antriebskräften – institutioneller wie personaler Art – die den gesellschaftlichen Wandel nicht aus opportunistischer Nutzenmaximierung, sondern aus einem ursächlich dienenden Selbstverständnis heraus gestalten wollen.
Die deutschen Spitzenmanager machen in ihrer Einschätzung zur gegenwärtigen Lage der Nation dieselbe Beobachtung: sie vermissen vielfach sowohl unter Vertretern der Eliten als auch in der breiten Öffentlichkeit eine für Führung konstitutive, ethisch-moralische Haltung.

Den Institutionen selbst, die ja ihrerseits wiederum die verschiedenen Lebensbereiche der Menschen prägen, fehle es zudem an adäquaten Visionen, an bildhaften Konzepten und zukunftsorientierten Ideen, um eine nachhaltige „Schulung" oder Veränderung der Charaktere zu bewirken (a.a.O.:78).
Aus Sicht der deutschen Wirtschaftsführer beginnt dieser Prozeß bereits auf der untersten der drei Hierarchieebenen im Modell Greenleafs. Sie erklären sich eine zunehmend dosierte Bindungsbereitschaft unter den Bürgerinnen und Bürgern mit einem qualitativen Verlust von Bindungsangeboten und -kräften seitens der gesellschaftlichen Institutionen, allen voran Ehe und Familie.

Die Zusammenschau der empirisch erhobenen Führungskonzeptionen mit dem Servant-Leadership-Ansatz ergibt einen weiteren Hinweis auf die vielfältige und breit angelegte Konzeption von Führung.
Personale und institutionale Führungserfahrungen gehen quasi Hand in Hand.
Im positiv erlebten Vorbild eines Elternteils wird gleichzeitig die Institution Familie repräsentiert. Die Prägung durch den Pastor oder die Mentorenschaft des eigenen Vorgesetzten wird verknüpft mit der Institution Kirche bzw. Wirtschaft. Was die deutschen Spitzenmanager derart auf implizite Weise zum Ausdruck bringen, formuliert Greenleaf im Modell explizit: Er begreift die Instituti-

on als eine soziale Größe, die persönliche Horizonte und Sinngrenzen erweitert, die freizusetzen vermag (Greenleaf 1998:155).

In Institutionen versammeln sich Menschen, die sich über ein gemeinsames Ziel und einen gemeinsamen Weg, um dieses Ziel zu erreichen, verständigt haben. Letztendlich können Führungspersonen darin eine Sinnerfüllung finden, daß sie im institutionellen Eingebundensein anderen dienen, ihnen selbst gedient wird und sie somit eine höhere Stufe charakterlicher Reife erlangen, als wenn sie primär auf sich selbst zurückgeworfen wären (a.a.O.). Insofern liegt es geradezu in der Natur von Institutionen, den Menschen in einer ihnen speziellen Weise zu *dienen* und sie dadurch zur Führung zu befähigen.

Die religiöse Komponente Dienender Führung

Eines der verblüffenden Ergebnisse aus der Managerstudie liegt in der grundlegend hohen Bedeutung religiöser Prägungen für das jeweilige Selbstkonzept. Sei es durch das Elternhaus oder im Zusammenhang mit Erfahrungen aus der Jugendarbeit; die Mehrheit der deutschen Spitzenmanager verknüpft in den tieferliegenden Identitätsquellen grundlegende Überzeugungen mit den Werten und Traditionen des christlich-abendländischen Glaubens.

Auch Greenleaf verweist im Zusammenhang mit Führung auf eine *neu* zu begreifende Bedeutung und Einsicht in religiöse Zusammenhänge.[27] Dies kann insofern funktional sein, um die wechselseitige Abhängigkeit der gesellschaftlichen Institutionen zueinander sowie die grundlegenden Wirkungsmechanismen von Führung in ihrer Tiefe zu erfassen.

Religiosität bedeutet hier die Rückbindung an ein größeres Sinnkonzept, das Eingebundensein in einen ethisch-moralischen Werterahmen. Religiosität geht also hinsichtlich ihrer Reichweite über das Element der Spiritualität hinaus. Während die spirituelle Dimension primär die inwendig gedachte und reflektierte Seite einer Identität beschreibt, so repräsentiert die religiöse Dimension die soziale Integration in einen größeren Verbund ähnlich „Gläubiger".

Die Dienende Führung beinhaltet damit, wie oben bereits angedeutet, eine *geistliche* Dimension, eine Facette, die der rein rationalen Idee einer per se zielorientierten, gestaltenden Einflußnahme eine auf den ersten Blick eher irrational anmutende Einheit an die Seite stellt.

Der Schlüssel zu dieser Einzigartigkeit liege in der Qualität der Vision oder des Traumes, die das letzte Maß einer jeglichen Institutionenform darstelle und zu der sich alle Beteiligten hinzustellten.

Es geht also um die (Selbst-) Verpflichtung auf ein übergeordnetes Ziel, eine Wertidee, die ihrerseits wiederum zur Integration und Einbindung der Beteiligten führt. Wo ein solcher „Glaube" fehlt, gerät aus Greenleafs Sicht Führung in

---

[27] Greenleaf selbst war Angehöriger der Quäker, einer christlich-freikirchlichen Glaubensgemeinschaft in Nordamerika.

eine Krise. Denn es ist die kommunizierte Überzeugung des inneren Zusammenhalts, des Wesenskerns der Gruppe, die Führung ausmacht. An dieser *Vorleistung* des Dienenden Führers orientieren die Folgenden ihre Interpretation und Entscheidung (Greenleaf 1998:87).

Die deutschen Spitzenmanager beschreiben dieses Dilemma in ähnlicher Weise, wenngleich aus einer ambivalenten Perspektive. Sie lassen einerseits erkennen, daß Deutschland ihrer Ansicht nach eine „glaubensmäßige" Anbindung in Führungsfragen fehlt und sogar Anzeichen einer Führungskrise erkennbar sind. Gleichzeitig bewegen sie sich selbst im zeitgeistigen Strom einer weitgehend rationalisierten, auf Offenheit und Toleranz angelegten Gesellschaft, die mit einer fundamentalen Bindung an nicht zu hinterfragende Leitwerte eine gewisse Mühe hat.

Damit einher geht der von den Wirtschaftslenkern diagnostizierte Legitimationsverlust vieler gesellschaftlicher Institutionen, die die ihnen obliegende Integrationsleistung nicht mehr in vollem Umfang zu bedienen in der Lage sind.

In diesem Zusammenhang ergibt sich eine interessante Betrachtung: Verschiedene Ansätze der Führung operieren mit dem Begriff der *charismatischen Führung* genau in jenen Fällen, in denen das rationale Element anscheinend außer Kraft gesetzt wird bzw. zu setzen sei.

Sowohl Greenleaf wie auch Geiger lassen diese Facette des Irrationalen in ihren Betrachtungen jedoch eindeutig in den Bereich des „Faßbaren" und operational zu beschreibenden Tatbestandes der Führung hineinragen. Vielleicht ist es an der Zeit, eine über viele Jahre einseitig interpretierte Seite von Führung in ein neues Licht zu rücken.

Festzuhalten wäre somit, daß Führung als Phänomen in seiner Bedeutung dann umfassend erklärt werden könnte, wenn eine, in der hier präsentierten Form verstandene, „religiöse" Komponente Beachtung fände. Mit dieser ergänzenden Facette würde es den Beteiligten auch sprachlich-verbal gelingen, sich über Führung (neu) zu verständigen. Denn bisweilen fehlen einem geradezu die Worte. Man hat tendenziell verlernt, jene Sprache, die so alt ist wie die Menschheit selbst, zu sprechen und im täglichen Miteinander bzw. im Diskurs über Führung einzuüben.

Dementsprechend fremd klingt die aus Sicht der Dienender Führung formulierte Maxime: „Selbstlose Hingabe, Dienst am Nächsten, sei es der nächste Mensch oder die nächste Organisation, mit dem Ziel, Wachstum und positive Spuren zu hinterlassen, Personen und Institutionen ihrer Berufung näher zu bringen." (Greenleaf 1998:184).

Solche Aussagen als Ausgangsvoraussetzung für gelingende Führung zu setzen, ist in sozialwissenschaftlichen Arbeiten aufgrund der normativen Implikation bislang wenig akzeptiert. Der Charakter einer religiösen Ideologie scheint darin viel eher beheimatet zu sein. Nun ist es aber eine der zentralen Fragen soziologischer Forschung, diejenigen Bindungskräfte zu identifizieren, auf die sich die Mitglieder einer Gesellschaft, einer Kultur oder anders gearteten Gemeinschaftsform „berufen". Allein aus diesem Grund kann die religiöse Dimension, können die verschiedenen Formen von Bindungs- und Integrationsangeboten per se funktional für die Wirkungsweise menschlicher Gesellung sein.

Für das Phänomen Führung gilt dies in besonderer Weise, wie nicht zuletzt die von den deutschen Wirtschaftlenkern skizzierte Perspektive vermuten läßt: Führung umfaßt einen auf Vertrauen und Glaubwürdigkeit basierenden Prozeß, in dem die Beteiligten einander „glauben" und sich gegenseitig eines gewissen Schutzraumes vergewissern.

„Wir wissen doch, daß Glaubensbereitschaft, die vertrauensvolle Hinwendung zum anderen, auch zum anderen Menschen, eine Basis braucht, auf der sie ruht. Es ist dies keine Wissensbasis und nicht zu erwerben in Jahren intellektueller Schulung, die wir in Verkennung unserer Möglichkeiten immer wieder ausdehnen. [...] Die Maxime, daß nur das Meßbare Wahrheitsgehalt habe, macht den Menschen arm und hilflos." (Schlemmer 1980:136).

Diese prinzipielle Chance des Glaubens entspringt einer Fähigkeit, die dem Menschen eingeboren ist wie andere Fähigkeiten auch, etwa die Fähigkeit, eine Sprache zu erwerben. „Diese Fähigkeit des Menschen, Ordnungs- und Wertstrukturen anzuerkennen, schließt sein Bedürfnis ein, solche Strukturen mit konkreten Inhalten zu füllen. [...] Es gibt Dinge, die für die Erfüllung des menschlichen Lebens wichtiger sind als das, was in einem intellektuellen Lernprozeß vermittelt werden kann, Dinge, die nur erfahren werden können." (a.a.O.:138).

Insofern läßt sich Führung nur bedingt erlernen, sondern setzt sowohl persönliche wie kulturelle Bereitschaft und Befähigung des Glaubens bzw. des Dienens voraus.

Wie die befragten Manager ausführen, hängt die individuelle Wahlentscheidung hinsichtlich solcher „Lebenschancen" nicht unerheblich davon ab, ob es im eigenen Wahrnehmungskreis konkret erlebbare Personen gab und gibt, die zu einem entsprechenden Lebensstil, zu ethisch-moralischem Handeln wie zu Fragen der Religiosität, durch ihr *Vorbild* und ihre dienende Haltung einladen.

Dabei wird der Authentizität und Glaubwürdigkeit der potentiell Prägenden eine besondere Bedeutung geschenkt. Denn nur dann, so die deutschen Wirtschaftsführer, habe ein solch idealtypisches Lebenskonzept eine Chance, nachhaltig zu gewinnen und zu überzeugen.

Sprenger formuliert diesen Sachverhalt etwas gewagter: „Vorbilder produzieren Kopien, also Imitate. Selbstverantwortung aber ist nur möglich, wenn sich Menschen in ihrer Einzigartigkeit, in ihrer Individualität begreifen. [...] Jeder könnte an irgendeinem Punkt selbst Vorbild sein – indem er aufhört, sich permanent mit dem anderen zu vergleichen." (Sprenger 1995:210).

„Sie schauen auf den Vorstand, der dann die Follow-Me-Nummer machen soll.
[...] In vielen Führungslehren wird ja eine aktive Vorbildrolle eingeklagt: Die
Leute sollen sich als Vorbild inszenieren. Und was heißt das? Na ja, ich muß
länger arbeiten. Ich beute mich selbst aus und will damit die anderen zum Nacheifern anleiten." (a.a.O.:213).
Gerade eine solche Führungshaltung wird von den befragten Wirtschaftsführern
nahezu einstimmig abgelehnt. Sie wird aber im Lichte der hier dargestellten Untersuchung insofern bedeutsam, als es nicht selbstverständlich zu sein scheint,
auf ein Reservoir an Sinnfragen zurückzugreifen, das über das Vorbild anderer
Personen hinausreicht.

*„Berechenbarkeit, Zuverlässigkeit, Geradlinigkeit und Ehrlichkeit sind die fundamentalen
Begriffe, die in die Topetage führen. Dazu gehört noch der Bereich der Bescheidenheit – ein
Stück Demut. Das öffnet unglaublich viele Türen. Auch ein Schuß Dankbarkeit." (60:13)*

*„Vorstandsvorsitzende und Professoren haben geprägt – haben Vorbildliches geleistet und
haben nebenbei auch noch ein soziales Engagement zu Wege gebracht." (56:10)*

*„Ich empfehle langfristiges Denken, keinen „Monatsmoden" folgen, sondern nach einer soli-
den Basis sehen – das gilt heute noch mehr als früher. (30:9) Das Auseinandersetzen mit
Werten und geistigen Dingen hilft im Alltag." (30:10)*

Anhand dieser Feststellungen der deutschen Spitzenmanager kann die folgende
Frage formuliert werden:
Wie kann ein Mensch andere führen, zur Nachfolge einladen, wenn er – außer
anderen Menschen – keine Bezugsgröße weiß, entlang derer er sein Denken und
Handeln gestalten kann?

Wo für größere Ideen, weitergreifende Lebenspläne kein Raum ist, werden Vorbilder tatsächlich „beim Wort" genommen und auf eine Kopie ihrer selbst reduziert. Wo jedoch andererseits letzte Wahrheiten und Sinnquellen jenseits der
menschlichen Unmittelbarkeit liegen, besteht vielleicht weniger die Gefahr, andere Menschen zu kopieren, sondern sie in ihrer Fragmenthaftigkeit zu erkennen.
Vor diesem Hintergrund kann es einmal mehr als funktional angesehen werden,
der spirituellen, irrationalen Dimension von Führung Beachtung zu schenken.
Glaube, Religiosität oder Gottesbezug können helfen, sich selbst zu führen,
Selbstverantwortung zu übernehmen und damit Grundlagen zu legen, anderen zu
dienen, andere zu führen.
Denn auch die Ausrichtung des individuellen oder kollektiven Handelns an rationalen Zielen, das Sich-Identifizieren mit einer Idee oder Überzeugung, stellt
letztlich einen Akt des Glaubens, ein Werturteil dar.

Die Bindungsleistung von Führung

Führung ist ein soziales Phänomen, das wie kaum ein anderes Bindungsfunktion ermöglicht bzw. ausübt. Dies muß nicht immer einen lebensumspannenden Zeitraum mit „Ewigkeitscharakter" betreffen, sondern kann durchaus einen befristeten Zeithorizont haben.

Es ist geradezu die Kernaufgabe von Führung, Menschen miteinander zu verbinden, sie zu integrieren, um so eine Dynamik und Bewegung zu ermöglichen. Führung hat nichts mit Statik oder Stillstand zu tun. Führung holt ab, nimmt mit, „versetzt", bringt vorwärts. Und zu diesem Zweck erfolgt im ersten Schritt die „Sammlung", die Zusammenführung der Gruppe.

Greenleaf ist der Meinung, daß jegliche Überzeugungsarbeit und Handlung, die Menschen dient, religiöser Natur sei, da dies nicht ohne Bindung passieren könne (Greenleaf 1998:119).

Führer bieten Bindungsmöglichkeiten an, die die jeweilige wertmäßige Verfaßtheit der zu führenden Gruppe repräsentieren. (Nach-)Folgende Menschen greifen solche Bindungsangebote von der führenden Person oder Institution auf, die ihnen vor dem Hintergrund ihrer inneren, nicht zuletzt geistlichen Identität Sinn versprechend erscheinen.

Interessanterweise legen gerade die Befunde der Manager-Studie nahe, sich mit dem Konzept der Dienenden Führung zu befassen. So sind es immer wieder *dienende* Personen, die von den Wirtschaftslenkern als zentrale Stationen der Prägung und des Beitrags zur Gewinnung eines Führungsverständnisses genannt werden.

„Letzten Endes ist es dieser Punkt, zuzuhören, Menschen zu integrieren, auf Leute zuzugehen. Das, was man Führung eben nennt, daß mir das zugefallen ist, das ich mir erarbeitet habe. Und daß andere mich über die verschiedenen Stufen im Laufe der Jahre auch gefördert haben." (12:17)

„Ich glaube, daß der Mensch von Gott geschaffen ist, daß alles was er hat, ihm als Lehen gegeben worden ist und daß er etwas daraus zu machen hat und daß er sich rechtfertigen muß, was er daraus gemacht hat. Die Talente, die Begabungen sind etwas, das nicht in erster Linie zum Selbstgenusse und zur Selbstverwirklichung hingegeben ist, sondern daß man es in einen doch dienenden Kontext stellen muß." (17:7)

Die Rolle von Vorbildern oder vorbildhaften Erfahrungen ist doch ein zentrales Merkmal der Identitätsquellen, die wiederum als Impuls für den eigenen Einsatz und das persönliche Engagement formuliert werden.

So berichten viele der Führungskräfte von der sie beeindruckenden Haltung ihrer Eltern, die in Zeiten existentieller Nöte und materiellen Mangels es immer wieder geschafft haben, für ihre Kinder die Welt ein wenig besser zu machen und zu hinterlassen, als sie objektiv betrachtet war oder angetroffen wurde.

Obwohl es in nahezu allen Lebensbereichen eine faktische Begrenzung der Möglichkeiten gab, konnte in kleinen Dingen immer wieder der Horizont geweitet werden. Die Spitzenmanager erklären dies mit der Hoffnung, der inneren Haltung und der Wertorientierung ihrer Elternteile, Greenleaf nennt dies die geistliche Kraft, die spirituelle Triebfeder und das eigentliche Modell wahren Dienens (a.a.O.:264). In jedem Fall repräsentieren die deutschen Wirtschaftsführer eine Kohorte, die in weiten Teilen ihres Lebens eine dienende Haltung – im besten Sinne des Wortes – *am eigenen Leib* erfahren hat.

Insofern schließt sich mit der geistlichen Komponente, der Bedeutung von Institutionen für die Dienende Führung sowie der religiösen Verortung derselben der zur Diskussion vorgeschlagene „Kreis" in der Weise, daß sich aus der vorgenommenen Sichtweise einer Dienenden Führung die fruchtbare Ergänzung soziologischer Erklärungsansätze ableiten läßt.

> *Bei euch soll es anders sein:*
> *Wer von euch etwas Besonderes sein will,*
> *soll den anderen dienen, und wer von*
> *euch an der Spitze stehen will, soll sich*
> *allen unterordnen.*
> *(Markus 10, 42-43)*

5.3   Repräsentative Führung als Konzept religiöser Organisationen

Kriterien einer christlich orientierten Führungskonzeption

Die Elemente Repräsentativer Führung werden von den deutschen Spitzenmanagern in zweifacher Weise veranschaulicht. Einerseits haben die meisten von ihnen diese Art der Führung persönlich erfahren, zum anderen bekunden viele von ihnen, daß sie darin auch den eigenen Anspruch an ihr jeweiliges Führungsverhalten sehen.

Relativ eindeutig zu verorten ist zudem die Quelle der zugrunde liegenden Wertethik: die Führungskräfte der deutschen Wirtschaft repräsentieren in ihrem Selbstverständnis – unabhängig von der individuellen Religiosität – immer noch die Werte der christlich-abendländischen Kultur. Wenn sie dies auch überwiegend als Selbstverständlichkeit formulieren, so kann gerade darin ein Hinweis auf die ganz generelle Bedeutung der religiösen Dimension, konkret, einer christlich orientierten Führungskonzeption gesehen werden.

Reinhardt etwa betrachtet ein *christlich geprägtes Führungsverständnis* als einen konzeptionell funktionalen Vorteil gegenüber einer relativen, letztlich nur an individuellen Maßstäben auszurichtenden Grundlage von Führung. Er argumentiert im Sinne einer *absoluten* Wertethik, konkret für den „absoluten Anspruch der Gültigkeit des Evangeliums." (Reinhardt 2003:196).

Wenn der charakterlichen Kompetenz einer Führungsperson ein für Führung so maßgeblicher Stellenwert zugesprochen werde, wie dies auch von den Spitzenmanagern angedeutet wird, könne dessen Bewertung nicht im Ermessensspielraum des jeweils Einzelnen bleiben, sondern benötige einen eindeutigeren, person-unabhängigen Rahmen.

Bildhaft gesprochen: Dienende Führung setzt einen externen – gleichzeitig verinnerlichten – Werterahmen, ein solides, nachvollziehbares Fundament voraus. Dies gelte insbesondere für die gegebenenfalls notwendige „charakterliche Neuorientierung", um die Voraussetzungen der Dienenden Führung zu verinnerlichen. Betrachtet man Reinhardts Ausführungen in dieser Richtung, dann kann festgehalten werden, daß eine derart grundlegende Sichtweise in der gegenwärtigen Diskussion eher die Mindermeinung repräsentiert.

Der gegenwärtige Status Quo der auf Wertefreiheit bedachten Sozialwissenschaften stellt für Reinhardt jedoch keine hilfreiche Ausgangsposition einer tiefergehend verstandenen, Dienenden Führung dar: Die „postmoderne Beliebigkeit eignet sich nicht zur Herausbildung eines verantwortungsvollen Charakters." (a.a.O.).

Während nun die Lehre des Humanismus auf den Glauben an die „Selbsterlösung" verweist und Charakterveränderung (hin zum dienenden Herzen) als Ergebnis einer bewußten Willensentscheidung versteht (a.a.O.:211), kann dagegen im Christentum Sinn menschlichen Lebens nachhaltig nur durch den Glauben an Jesus Christus gefüllt werden.

Insofern ist ein „echtes dienendes Herz letztlich ein Nebenprodukt eines Lebens, das in Dankbarkeit vor der verändernden Macht von Gottes bedingungsloser Liebe und Vergebung kapituliert." (Blanchard 1999:171) und nicht das Resultat eines Prozesses im Stile einer strategisch-rationalen Willensentscheidung. Eine christlich abgeleitete Führungsperspektive baut auf einen Meta-Bezug, eine a-personale Hilfestellung im Sinne eines übergeordneten Reflexionsmaßes, anhand dessen sowohl die Einstellung zu Führung wie auch das konkrete Führungshandeln selbst eine kontinuierliche Überprüfung erfahren können. Einen solchen Anspruch verbucht die Botschaft des Christentums – wie in der Bibel formuliert – für sich.

Aus Sicht des Phänomens Führung kann gerade der zentrale Ursprung der abendländischen Kultur, ihre Philosophie und Wirtschaftsethik, im Christentum angesiedelt werden.

Vor diesem Hintergrund wird Dienende Führung zur *Berufung*. Dienende Führer erleben ihre Funktion als etwas, das sie verwalten, nicht als etwas, das sie besitzen. Die dazu notwendige Charakterentwicklung stützt sich auf absolute Werte und schützt dadurch vor Opportunismus (Reinhardt 2003:211).

Der Gedanke der *Berufung* betont auf besondere Weise, daß es sich bei Führungsfragen, insbesondere mit dem Anspruch des Dienens, nicht um eine belie-

big austauschbare, situativ zu gestaltende Aufgabe, um einen „Job" handelt.
Auch einige der Spitzenmanager formulieren dies in ihren Worten.

*„Der Herzenswunsch, Theologie zu studieren, war sicher durch Persönlichkeiten geprägt,
denen man begegnet ist (31:6). [...] Später dann, Personalleiter eines Unternehmens zu werden – da fand ich dann diese beiden Dimensionen im Arbeitsalltag. Den Kontakt zu Menschen
zu haben und dieses – etwas fürsorglicher für den einen oder anderen da sein können – ideal
verbunden." (31:8)*

*„Seid bereit, jeden Tag von den Menschen zu lernen, die ihr eigentlich führen sollt! Seid aber
auch jeden Tag bereit, durch klares Führen ihnen innere Sicherheit zu geben, haltet Ängste
von ihnen fern (34:20). Sagt nicht was wünschenswert ist, sondern was aufgrund der Erfahrung ausschlaggebend ist – die charismatische Fähigkeit zum Führen. Die Sehnsucht der
Menschen geführt zu werden ist unglaublich groß." (34:21)*

Hinterhuber bezeichnet Führung als *Lebensstil*, als eine grundlegende Haltung
und ein Bewußtsein in erster Instanz sich selbst gegenüber – also Selbstführung.
Auch hier werden die Kernergebnisse der Managerstudie deutlich: Führung ist
das Ergebnis der Arbeit an sich selbst, um dann etwa Visionär oder Vorbild zu
sein. Es geht um die Kombination von Herz und Verstand, die sich auf die gol-
dene Regel zurückführen läßt: „Führe andere so, wie du selbst gerne geführt
werden möchtest." (Hinterhuber u.a. 2001:33).
Der Benediktinerpater Anselm Grün formuliert in diesem Zusammenhang, daß
es die *Intensität* der Auseinandersetzung mit sich selbst ist, die dem Menschen
Reife und Erfahrung schenkt. Nur wer die eigenen Höhen und Tiefen erkannt
und verstanden hat, kann auch Mitarbeiter (besser) verstehen und führen (Grün
2002:115). Kaufmann u.a. haben in ihrer Studie zum Ethos deutscher Manager
herausgefunden, daß eine *opportunistische Grundhaltung* um so weniger häufig
auftritt, je stärker die christlich-religiöse bzw. kirchliche Bindung der Führungskräfte ausfällt. Demgegenüber konnte jedoch kein „humanistisches Ethos" herausgearbeitet werden (Kaufmann u.a. 1986:82 bzw. 280 ff.).

Jesus Christus als Repräsentant – ein Vorbild Dienender Führung
Als wichtigste Vertreter der nach rationalen Gesichtspunkten geführten Wirtschaft in Deutschland reflektieren die Spitzenmanager einen zentralen Aspekt,
der für die Verankerung eines christlich abgeleiteten, Dienenden Führungsverständnisses konstitutiv ist: die separate Betrachtung der *religiösen Idee* bzw. ihrer *Repräsentanten*.
Die Botschaft der christlichen Religion und ihre institutionelle Abbildung, vor-
nehmlich in Gestalt der Kirchen, werden vielfach in „Personalunion" wahrgenommen und bewertet. Dabei erfolgt nicht selten eine Kritik an den im Namen
der Institution begangenen menschlichen Fehlleistungen, die in Geschichte wie
Gegenwart von Kirchen und ihren Vertretern gemacht wurden und werden. Gerade das Auseinanderklaffen von institutioneller Lehre und personalem Handeln

paßt anscheinend so wenig zum Anspruch der verkündeten Botschaft des Christentums.
Diese Verknüpfung ist jedoch für den funktionalen Beitrag der Dienenden Führung nicht hilfreich. Es geht nämlich nicht per se darum, die Kirchen und ihre Amtsträger als Vorbilder Dienender Führung zu betrachten, sondern vielmehr die von Jesus Christus in der Bibel offenbarten Handlungen zum Maßstab zu nehmen (Reinhardt 2003:196). Ganz im Sinne einer „goldenen Regel" der Philosophie läßt sich so, losgelöst von religiösem *Glauben* und institutioneller *Mitgliedschaft*, aus geistlicher Sicht über die führungsrelevanten Aspekte nachdenken.

Die Konsequenz leuchtet ein: „Ein dienender Führungsstil setzt nicht voraus, daß Sie als Führungskraft Christ sein bzw. werden müssen. Vielmehr geht es darum, daß das Verhalten von Jesus Christus als Vorbild für einen dienenden Führungsstil herangezogen wird." (a.a.O.). Die christlich abgeleitete Idee Dienender Führung blickt auf die Person und das Leben des Jesus von Nazareth. Anhand der von ihm vorgelebten Grundhaltung und der zentralen Maximen lassen sich führungsrelevante Aspekte einer Dienenskultur ableiten.
Als Religionsstifter wirkt die von Jesus in den Schriften der Bibel verankerte Lehre bis heute. In dieser Funktion ist es nicht mehr die historische Person Jesus von Nazareth, sondern die geronnene und verdichtete Essenz des „Sohnes Gottes". „'Folge mir nach' ist vielleicht die schlichteste Beschreibung christlicher Spiritualität, die es je gab, aber die Schlichtheit täuscht. Diese einfache Anweisung setzt eine komplexe Beziehung voraus." (Anderson/Reese 2000:15). Jesus Christus verkörpert in beispielloser Weise die Idee der Repräsentation – und zwar in zweifacher Hinsicht.

Einerseits repräsentiert die Person *Jesus* eine ganz und gar menschliche Perspektive und die daraus entspringenden Anliegen, irdisches Leben sinnvoll zu gestalten. Diese Unmittelbarkeit lädt zur Nachfolge ein. Menschen sehen sich in ihren Identitätsfragen verstanden und integriert in eine Gemeinschaft ähnlich Denkender.
Gleichzeitig repräsentiert *Christus* die göttliche, nicht menschliche, irrationale Perspektive, die nicht den Unzulänglichkeiten des Alltags, dem Wechselbad von Höhen und Tiefen unterliegt, sondern die über Zeit und Raum hinweg Bestand und Gültigkeit hat. Auf diese Weise bringt Christus die Menschen und Gott einander näher. Christus selbst repräsentiert die Menschen gegenüber Gott, tritt für ihre Sache beim Schöpfer ein, der die Geschicke der Welt in Händen hält. Die abstrakte, jenseitige Idee einer Metaphysik erhält auf diesem Weg eine konkrete, diesseitige Erfahrungsebene.

In dieser *doppelten Repräsentation* verkörpert sich die charakterliche Einstellung des Dienens, die einer Herzenshaltung entspringt und eine „geistliche Relevanz" als Motiv trägt (Reinhardt 2003:198). Mit einer Orientierung an der Person Jesu als Vorbild in Führungsfragen wird eine Sichtweise vorgeschlagen, die sowohl für „Nicht-Christen" wie nicht religiöse Menschen dennoch die tieferen Zusammenhänge des Phänomens Führung erschließen kann. Auch wenn in den modernen Zeiten Deutschlands die Bibel nicht mehr als die zentrale lebensnahe Richtschnur für ethisch-moralisches Handeln angesehen ist, so bietet deren Botschaft eine Fülle an Navigations- und Orientierungsmarken, die revitalisiert werden können.

Die Bedeutung von Führung für religiöse Organisationen

War es zu vormodernen Zeiten die Aufgabe der Religion, den mythischen Bereich zu bedienen – etwa die Götter zu besänftigen oder Handlungsrahmen für den Menschen auszuhandeln – so kommt heutzutage der Religion eher die Aufgabe zu, der rational-nüchternen Realität Sinn zu verleihen. Im Falle des Christentums beinhalten Führungsprozesse, neben der persönlichen „Glaubensentscheidung", immer auch kulturprägende und zeitüberdauernde Effekte. Religiöse Führung wirkt einerseits in der Interaktion zwischen Angehörigen einer Glaubensgemeinschaft, andererseits auch durch die institutionelle Prägung und person-übergreifende Gestaltung von Nationen und Kulturen.

Geiger selbst, obwohl nach eigenem Bekunden nicht religiös gläubig, widmete seine vertiefenden Studien zur Soziologie der Führung dem Phänomen der Religion und leitete daraus Erkenntnisse ab, die gleichzeitig für Führung ganz generell Gültigkeit besitzen. Insofern erklärt sich u.a. auch die Verwendung des Terminus des Hirtlichen Führers. Geiger nimmt in seiner ausführlichsten Veröffentlichung zur Führung (Führung und Folgen, 1928) insbesondere eine Analyse der führungsspezifischen Leistungen und Besonderheiten bekannter Religionsstifter bzw. deren Propheten und Reformatoren vor.

Dazu gehören etwa Jesus, Luther, Gandhi, die Päpste, u.a. Sie sind gewissermaßen als Personen anzusehen, die im Sinne von „Prototypen" die Kernelemente eines soziologischen Führungsmodells herauszuarbeiten in der Lage waren. Die daraus entstandenen Glaubensbewegungen und religiöse Institutionen haben nicht zuletzt Auswirkungen globalen Ausmaßes nach sich gezogen.

Auch religiöse Organisationen befinden sich in der herausfordernden Situation, Führungskulturen zu etablieren und Personen mit Führungskompetenzen „auszustatten". Dabei gelten die Merkmale Repräsentativer Führung in gleichem Maße für geistlich-orientierte Organisationen wie für erwerbswirtschaftliche Unternehmen. Führungskulturen, die sowohl interne wie externe Stakeholder zu binden verstehen, haben mitunter nicht allein den Charakter einer „corporate culture", sondern viel eher den einer „corporate religion" (Kunde 2000:3).

Allerdings kann von einer dezidierten Besonderheit ausgegangen werden. Wo sich die Führungskultur eines Unternehmens der deutschen Wirtschaft zunächst nicht unmittelbar mit dem Gedanken einer spirituellen oder gar religiösen Dimension „anfreunden" mag, müßte die Institution Kirche an den Kernideen Repräsentativer Führung quasi naturgemäß „näher dran" sein. Die Legitimationsbasis der Führung könnte innerhalb der Kultur einer religiösen Organisation auf fruchtbaren Boden fallen und weniger Überzeugungsarbeit kosten, als dies etwa für wirtschaftliche, wissenschaftliche oder politische Gebilde der Fall ist. Insofern liegt die Vermutung nahe, daß sich zur genaueren Analyse und gegebenenfalls auch Überprüfung des Führungskulturmodells der Kontext religiöser Bewegungen oder vergleichbar verfaßter Nicht-Profit-Organisationen in besonderer Weise eignen sollte. Ob dies tatsächlich der Fall ist oder ob sich in der Umsetzung von Führungsprozessen auch dort repräsentative Selbstverständnisse nicht von selbst einstellen wollen, wäre von soziologischem Interesse. Dies nicht zuletzt deshalb, da sich gerade die etablierten Großkirchen während der zurückliegenden Jahrzehnte u.a. mit abnehmenden Mitgliederzahlen und anderen Formen von Legitimationsproblemen konfrontiert sehen.

5.4 Schlußbetrachtung

Dem sozialen Phänomen Führung wohnt eine Bedeutungsebene inne, die einen übergeordneten Ethik- und Werterahmen umfaßt. Dieser „externe" Maßstab grundsätzlichen Führungsdenkens und -handelns ist dabei gleichzeitig zutiefst menschlich bzw. der sozialen Interaktion und Integration dienlich, indem er repräsentativ verstanden wird.

Repräsentative Führung wirbt dafür, nicht in jeglicher Hinsicht die zweckrationale Trennung von gesellschaftlichen Funktionsbereichen und Zuständigkeiten zu erzielen. Führung ist eines jener Phänomene, in dem die Bedeutung von Ganzheit, von ausbalancierter Gestaltung sozialer Ordnung sichtbar wird.

Für die Disziplinen der Sozialwissenschaften – im konkreten Fall für die Soziologie – kann dies bedeuten, daß es sich lohnt, den Blick über ein herrschendes Paradigma hinaus zu wagen und dadurch der eigenen wissenschaftlichen Identität wieder ein Stück näher zu kommen. Somit ließen sich Bedeutungsinhalte sozialen Geschehens identifizieren und zur Beantwortung sozialer Fragen und Phänomene aufbereiten. Verstand und Vernunft, Rationalität und Irrationalität liegen aus Sicht der Alltagswelt sehr nahe beieinander, aus wissenschaftlicher Perspektive ergibt sich zwischen beiden ein *Spannungsfeld kultureller Erkenntnisprozesse*.

Die deutschen Spitzenmanager agieren dann verstandesmäßig rational, wenn sie in ihrem Auftreten den externen, funktionalen Rollenerwartungen genügen. Entsprechend positionierten sich in der Vergangenheit die theoretischen und empirischen Ansätze. Gleichzeitig erleben es die Wirtschaftsführer selbst als emotional vernünftig, sich primär um persönliche Belange zu kümmern oder auch die private Lebenswelt als Refugium und Sinnquelle zu küren.

Führung im Sinne der Repräsentation ergibt nunmehr eine Schnittstelle, mit deren Hilfe sich die zunächst unvereinbaren Dimensionen menschlicher Sinnkonstruktion verbinden lassen. Auch aus Sicht der deutschen Spitzenmanager ist es zunächst verstandesmäßig rational, die von ihnen geführten Unternehmen hinsichtlich der wirtschaftlichen Ziele, der spezifischen Kompetenzen und Leistungen aufzustellen. Damit leben sie die Idee der Veranstaltenden Führung, die ihnen im Rahmen ihrer Ausbildung, in den explizit wie implizit adressierten Anforderungen zu eigen wird und die von Seiten der breiten Öffentlichkeit an sie adressiert wird.

Gleichzeitig geben die Wirtschaftslenker jedoch zu erkennen, daß ihr inneres Führungsverständnis auf einem andersgearteten Fundament basiert, einem Fundament, das die wert-ethische Dimension zum zentralen Bestandteil hat. Während die externen Belange und die Erwartungshaltung an Führung überwiegend auf der Ebene der Zweckrationalität liegen, sind die internen Voraussetzungen und Integrationsmodi eher der Wertrationalität beizumessen.
Wollte man also ein gemeinsames Ethos im Selbstverständnis der deutschen Wirtschaftselite benennen, so findet sich dieses am ehesten in Gestalt der Hirtlichen Führungskultur.

Abbildung 20: Repräsentation als Scharnierfunktion

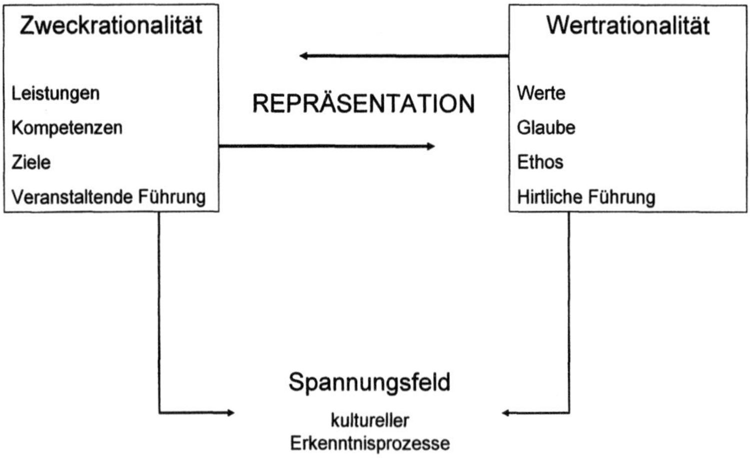

Quelle: in Anlehnung an Buß/Fink-Heuberger (2000:79).

Repräsentative Führung fungiert damit – sowohl aus theoretischer wie empirischer Sicht – als *Scharnierfunktion* zwischen den verschiedenen Formen kultureller Erkenntnis, als Bindeglied zwischen Verstand und Vernunft.

Perspektiven für Forschung und Praxis

Die empirischen Befunde zum Führungsverständnis deutscher Spitzenmanager und ihre Einordnung in einen führungssoziologischen Rahmen sind primär das Ergebnis einer Momentaufnahme, in der die befragten Wirtschaftsvertreter über ihr Selbstverständnis, ihre Identitätsquellen Auskunft geben. Eine umfassende, vergangenheitsorientierte Analyse sowie eine in die Zukunft gerichtete Perspektive lassen sich auf dieser Basis noch nicht hinreichend ableiten. Insofern besteht in verschiedenerlei Hinsicht Potential für weitergehende Forschungsarbeit im Bereich der Führungssoziologie sowie in der Erarbeitung und Überprüfung praxisrelevanter Führungskonzeptionen.

Um eine vergleichende Bewertung der managerialen Selbstbilder vorzunehmen, bedarf es etwa der Erhebung und Gegenüberstellung von Außenbildern, beispielsweise von Mitarbeitern oder anderen Stakeholdern. Dies würde eine eventuelle Übereinstimmung oder das Auseinanderfallen der Perspektiven dokumentieren.

Welches Bild erzeugen die Spitzenmanager aus Sicht einer spezifischen Teilöffentlichkeit, sei es im Licht der Medien, der Anteilseigner oder der breiten Bevölkerung? Wie werden – wenn überhaupt – die inneren Motivationskräfte und die Selbstwahrnehmung der deutschen Wirtschaftselite nach außen kommuniziert bzw. von den Adressaten rezipiert?

Auch Fragestellungen nach der konstruktiven Verwertbarkeit der hier erhobenen Befunde bieten sich an.

Welche potentiellen Auswirkungen hat der hier skizzierte „Geist der Führung" auf die Arbeitnehmerinnen und Arbeitnehmer der deutschen Wirtschaft, auf die deutsche Wirtschaft im globalen Wettbewerb insgesamt oder auch im Hinblick auf die Identifizierung einer grundlegenden deutschen Identität? Könnte etwa die proaktive Kommunikation einer spezifisch für Deutschland zu identifizierenden Führungskultur auf mehreren Ebenen und für verschiedene Gesellschaftsbereiche funktional sein? Welche Chancen lassen sich beschreiben, um die aus Sicht einer deutschen Elite formulierte Führungsperspektive auf eine interkulturelle Basis zu stellen?

Für das zukünftige Forschungs- und Wirkungsfeld der Führungssoziologie bedeuten die Erkenntnisse und Fragestellungen nicht zuletzt, bisherige Konzepte der Führung zu rekonstruieren, neu zu denken und auf ihre Vereinbarkeit mit den mehrdimensionalen, kulturellen Rationalitätsbegriffen hin zu überprüfen. Mit der im Modell Repräsentativer Führung vorgestellten Verknüpfung der sich zu einer balancierten Gesamtperspektive ergänzenden Führungskulturen wird zudem ein Instrumentarium vorgeschlagen, dessen praxisnahe Überprüfung sowohl für Unternehmen der Wirtschaft wie für nicht-profitorientierte Organisationen dienlich sein kann.

Insofern kann ein repräsentativ gewendetes Führungsverständnis einen Beitrag dazu leisten, die in vielerlei Hinsicht erforderlichen Übersetzungsleistungen moderner Gesellschaften faßbar zu machen.

IDENTITIY ≡ FOUNDATION
Gemeinnützige Stiftung

Quellen der Identität

Eine Studie der Identity ≡ Foundation
zum Selbstverständnis deutscher Top-Manager der Wirtschaft

Leitfaden zur Befragung von Führungskräften
der ersten Ebene

PSEPHOS
**Institut für Wahlforschung und
Sozialwissenschaft GmbH, Hamburg**

**Universität Hohenheim
Institut für Sozialwissenschaften
Lehrstuhl für Soziologie**

Prof. Dr. E. Buß

Biographischer Hintergrund

Das Thema Identität kann man nicht losgelöst von der **persönlichen Entwicklung** betrachten.

1. Wenn Sie zurückblicken, wie würden Sie Ihr **Elternhaus** bzw. das Ihrer Großeltern beschreiben?
   - Atmosphäre
   - Materielle Verhältnisse
   - Schichtzugehörigkeit
   - Leitideen, die Ihnen mit auf den Weg gegeben wurden
   - Prägende Einflüsse
   - Stellenwert der Familie

2. Gibt es über das Elternhaus hinaus **Einflüsse**, die für Ihre **Prägung** und die **Entwicklung Ihrer Werte** von Bedeutung waren? (z.B. Kultur, Religion, Vorbilder, Erfahrung)

3. Gab es in Ihrem Leben **Phasen des Orientierens**, des Suchens und des Experimentierens?

4. Gab es Schlüsselerlebnisse und Grenzsituationen, die in Ihrem Leben – im Beruf oder im Privatleben – eine Zäsur markiert haben?

   4a. Ging es soweit, daß Sie erwogen haben, etwas ganz anderes zu machen?

Werte, Tabus und Rituale

5. In seiner Veröffentlichung „Ethik für Manager" (1996) schreibt Rupert Lay: „Gegenwärtig scheint kaum etwas ohnmächtiger in der Wirtschaft zu sein als die Moral."

   Spielen **Fragen der Moral wirtschaftlichen Handelns** derzeit unter deutschen Führungskräften eine Rolle? In welcher Hinsicht, unter welchem Aspekt?

6. Gibt es eine Art **„roten Faden"**, der sich durch Ihr gesamtes Leben zieht? (Präferenzen/Ziele/Vorgehensweisen, um Ziele zu erreichen)

7. An welchen absoluten Werten orientieren Sie Ihr Handeln und Ihre Ent-
    scheidungen?

    7a. Welche Grundsätze im Sinne von Lebensheiligtümern spielen für Sie
    eine Rolle?

8. Haben sich bestimmte **Grundsätze** im Laufe Ihres Lebens **geändert**?
    Und wie ist das geschehen? Gab es ein besonderes Ereignis, oder ist das
    allmählich geschehen?

9. Haben **Tugenden** für Ihr Handeln (privat/beruflich) eine Bedeutung?

    9a. Wenn JA: Welche sind für Sie wichtig?

10. Welche Rolle spielen die sog. **traditionellen Werte** wie Selbstdisziplin,
    Korrektheit, Fairneß, Pflichtethos bei Ihrer Tätigkeit als Manager?

11. Welche **Mentalitäts- bzw. Führungseigenschaften** werden angesichts
    des gesellschaftlichen Wertewandels in Zukunft stärker gefordert sein?

12. Gibt es für Sie **Tabus**?
    (räumliche, zeitliche, Nahrungs-, soziale, verbale Tabus)

13. Pflegen Sie in Ihrem Alltag **rituelle Kleinigkeiten**, Dinge, die Sie tun-
    lichst einhalten möchten?

    13a. Wenn JA: Könnten Sie Beispiele nennen?

Religion und Sinnorientierung

14. Spielen **religiöse Überzeugungen** bei der Verfolgung Ihrer (Lebens-)
    Ziele eine Rolle?

15. Haben Ihrer Meinung nach **Glaubensideen und Religion** auf das Selbst-
    verständnis oder Selbstbild der Wirtschaftselite generell noch einen **Ein-
    fluß**? Und woran zeigt sich dies?

16. Mann kann in seinem Leben beruflich und privat viel erreicht haben –
    trotzdem bleibt oft manches unerfüllt. Gibt es etwas, wonach Sie sich
    sehnen?

17. Wovon hängt es ab, ob Sie später einmal sagen können:
"Ich habe ein **Gutes Leben** gelebt"? (Botschaft für die Nachwelt)

Vorbilder und Autoritäten

18. Wenn Sie sich gedanklich in die Rolle eines Mentors hineinversetzen:
Was würden Sie vor dem Hintergrund Ihrer eigenen Erfahrung **angehenden Führungskräften** an Grundsätzen/Werten mit auf den Weg geben?

19. In welcher Hinsicht sehen Sie sich im Beruf und im sonstigen Leben als **vorbild**gebend?

20. Gab es für Sie selbst **Mentoren, Autoritäten**, die Sie geprägt haben?
(Die Ihnen Vorbild waren, denen Sie nacheifern wollten?)

20a. Worin lag das Vorbildhafte?

21. Es gibt verschiedene Meinungen darüber, welche Voraussetzungen gegeben sein müssen, um die **Autorität von Verantwortlichen** zu sichern.
Welche der folgenden Voraussetzungen akzeptieren Sie für sich?
• Sachautorität
• Autorität der Person
• Autorität als Mandat einer Mannschaft, die freiwillig zusammenarbeitet

Verantwortung, Gestaltungschancen und Rollenverhalten

22. Auch über den Beruf hinaus tragen Menschen **Verantwortung**. Gegenüber wem und was fühlen Sie sich verantwortlich?
• Gesellschaft/Gemeinwohl
• Berufsstand
• Natur/Umwelt
• Politik
• Zukunft/Jugend

23. Stellen Sie auch **ehrenamtlich** dafür Ihre Zeit zur Verfügung?
• karitativ
• sozial
• kulturell
• gesellschaftlich/politisch

24.   Wie schätzen Sie Ihre **Gestaltungsmöglichkeiten** in Politik und Gesell-
       schaft ein? Wie sehen Sie Ihren Einfluß auf gesellschaftliche, politische
       Prozesse?

       24a.   Wie groß sind für Sie als Manager die **Gestaltungsspielräume**, wie
              groß die **Sachzwänge**?

25.   Nehmen generell die Gestaltungsmöglichkeiten auf der Top-Management-
       Ebene **eher zu** oder **eher ab**? Ist man ein Akteur in einem Feld wachsen-
       der oder zurückgehender Sachzwänge?

26.   Drängen Sie im allgemeinen auf **rasche Entscheidungen**, auch wenn Sie
       den Eindruck haben, daß es gegenteilige Auffassungen gibt **oder** arbeiten
       Sie vor einer Entscheidung lieber weiter am **Konsens**?

27.   Welche Bedeutung haben die **Denkweisen Ihrer** angestammten **Be-
       rufsausbildung** in Ihrem heutigen Selbstverständnis? Wie stark ist da in
       der Führungsperson noch der Ingenieur, Jurist, Germanist, Ökonom etc.
       gegenwärtig?

28.   Sehen Sie sich eher (vor allem) in der Rolle des **angestellten Managers**
       oder eher in der des **Unternehmers**?

29.   In Ihrer Position sind Sie gleichermaßen eine herausgehobene **öffentliche
       Person**, ein **Manager** und eine **Privatperson**. Wie gehen Sie damit um?
       Führt das manchmal zu inneren Konflikten und Schwierigkeiten, die ei-
       gene Identität in diesen verschiedenen Rollen zu wahren?

30.   Ist es schwierig für Sie, sich **in der Öffentlichkeit** so darzustellen, wie
       Sie sich selbst sehen?

31.   Haben Sie den Eindruck, daß die **Sachanforderungen**, die ihre Position
       mit sich bringt, manchmal mit ihren eigenen **Überzeugungen** kollidieren?

Quellen für Motivation und Erfolg

32.   Woraus schöpfen Sie die **Kraft** für Ihre Arbeit?

33.   Welche Rolle spielen **private Beziehungen** wie Freundschaften und
       Nachbarschaften in Ihrer Vorstellung von einem guten, erfüllten Leben?

34.   Und was würden Sie als die zentralen Quellen Ihres Erfolgs ansehen?

Elite-Identität, fremde Kulturen und Netzwerke

35. Verstehen Sie sich selbst als Angehöriger einer **Elite**?

36. Welches **Bild** besteht Ihrer Meinung nach über die **deutschen Manager in der Öffentlichkeit**?

37. Worin sehen die deutschen Top-Manager Ihrer Meinung nach den **Motor des gesellschaftlichen Fortschritts**?

    37a. Wird die gesellschaftliche Entwicklung eher angetrieben durch die Wirtschaft, durch die Politik, oder kommen die Impulse aus der Gesellschaft selbst?

38. Gibt es unter den deutschen Führungskräften einen gemeinsamen **ethischen Grundkonsens** bzw. einen gemeinsamen **Wertekonsens**? Worin besteht dieser Grundkonsens?
    (Ähnlich dem sog. „Fürstenspiegel" im Mittelalter, der den Zweck hatte, den damaligen Herrschern Ihre spezifischen Pflichten vor Augen zu führen und ins Gewissen zu rufen – eine Art Standesethik).

39. Gibt es ein gemeinsames **Selbstverständnis** unter den deutschen Top-Managern?

40. Welche Rolle spielen **internationale Netzwerke** in Ihrem Berufsalltag? Welche Leitideen und welche Leitbilder aus diesen internationalen Netzwerken strahlen auch auf Ihr persönliches Selbstverständnis aus?

41. Welche **kulturellen Elemente** oder Eigenarten unterscheiden Sie als deutschen Manager von den Führungskräften anderer Länder (Nationalitäten)?

42. Finden **Werte anderer Kulturen** Eingang in Ihre Entscheidungen?

43. Wie kann man das **Netzwerk der deutschen Wirtschaftselite** beschreiben? (Beruflicher, öffentlicher und Privatbereich, Kultur etc.)

    43a. Wo sind Sie persönlich engagiert (aktiv)?

44. Gibt es im sozialen Netzwerk der Wirtschaftsführer Vorgehensweisen, Rituale oder die Verwendung von **Symbolen**, die einen gemeinsamen Verhaltenskodex bewirken? Welche Aspekte sind Ihnen da besonders wichtig? Welcher Symbole und Rituale bedienen Sie sich?

45. Gibt es **Verhaltensweisen**, die Sie an einem Manager **verurteilen**?

46. Was **schätzen** Sie am **Führungsnachwuchs** besonders, was **fehlt** Ihnen manchmal?

Schluß

47. Möchten Sie **noch ein Thema** ansprechen, das für die Frage Ihrer eigenen Identität wichtig ist und über das wir noch nicht gesprochen haben?

48. Können Sie für sich Schwächen benennen?

Literaturverzeichnis

Allmendinger, Jutta und Thomas Hinz (2002) (Hrsg.): Organisationssoziologie, Sonderheft 42, KZfSS, Wiesbaden.

Anderson, Keith R. und Randy D. Reese (2000): Geistliches Mentoring. Geistliche Patenschaften entwickeln, die persönliches Wachstum fördern, Asslar.

Bachmann, Siegfried (1995): Theodor Geiger. Soziologie in einer Zeit „zwischen Pathos und Nüchternheit", Berlin.

Beirer, Georg (1995): Wert, Tugend und Identität: zur Gestaltung und Vermittlung sittlicher Kompetenz. Ein Beitrag zur Revitalisierung einer Tugendethik, in: Eid, Volker, Elsässer, Antonellus und Gerfried W. Hunold (Hrsg.): Moralische Kompetenz. Chancen der Moralpädagogik in einer pluralen Lebenswelt, Mainz, S. 76-116.

Bennis, Warren und Bert Nanus (1985): Führungskräfte: Die vier Schlüsselstrategien erfolgreichen Führens, Frankfurt.

Berger, Peter L. (1999): Sehnsucht nach Sinn. Glauben in einer Zeit der Leichtgläubigkeit, Frankfurt/New York.

Biedermann, Christof (1989): Subjektive Führungstheorien. Die Bedeutung guter Führung für Schweizer Führungskräfte, Bern.

Blanchard, Ken, Hybels, Bill and Phil Hodges (1999): Leadership by the Book. Tools to Transform Your Workplace, New York.

Blumer, Herbert (1973): Der methodologische Standort des symbolischen Interaktionismus, in: AG Bielefelder Soziologen (Hrsg.): Alltagswissen, Interaktion und gesellschaftliche Wirklichkeit, Bd. 1, Symbolischer Interaktionismus und Ethnomethodologie, Hamburg, S. 80-146.

Bohnsack, Ralf (1999): Rekonstruktive Sozialforschung. Einführung in Methodologie und Praxis qualitativer Forschung, 3. Aufl., Opladen.

Bosetzky, Horst (1972): Theodor Geiger – ein moderner Betriebssoziologe, in: Soziale Welt, Nr. 23, 319-330.

Bourdieu, Pierre (1997): Die verborgenen Mechanismen der Macht, Hamburg.

Bucher, Anton A. (1995): Die Moraltheorie von Lawrence Kohlberg als Paradigma für Moraltheologie und religiös-sittliche Erziehung, in: Eid, Volker, Elsässer, Antonellus und Gerfried W. Hunold (Hrsg.): Moralische Kompetenz. Chancen der Moralpädagogik in einer pluralen Lebenswelt, Mainz, S. 37-75.

Buß, Eugen (1983): Markt und Gesellschaft. Eine soziologische Untersuchung zum Strukturwandel der Wirtschaft, Berlin.

Buß, Eugen, Fink, Ulrike und Martina Schöps (1994): Kompendium für das wissenschaftliche Arbeiten in der Soziologie, 4. Aufl., Wiesbaden.

Buß, Eugen (1996): Lehrbuch der Wirtschaftssoziologie, 2. Aufl., Berlin, New York.

Buß, Eugen (1997): Propaganda. Anmerkungen zu einem diskreditieren Begriff, in: Piwinger, Manfred (Hrsg.): Stimmungen, Skandale, Vorurteile: Formen symbolischer und emotionaler Kommunikation; wie PR-Praktiker sie verstehen und steuern können, Frankfurt, S. 90-114.

Buß, Eugen (1999): Das emotionale Profil der Deutschen, Frankfurt.

Buß, Eugen und Ulrike Fink-Heuberger (2000): Image Management. Wie Sie Ihr Image-Kapital erhöhen! Erfolgsregeln für das öffentliche Ansehen von Unternehmen, Parteien und Organisationen, Frankfurt.

Buß, Eugen (2001): Vorwort, in: Identity ≡ Foundation: „Quellen der Identität". Das Selbstverständnis deutscher Top-Manager der Wirtschaft, Düsseldorf, S. 6-7.

Buß, Eugen (2003a): Führung in der modernen Gesellschaft, unveröffentlichtes Vortragsmanuskript, Lehrstuhl für Soziologie und empirische Sozialforschung, Universität Hohenheim.

Buß, Eugen (2003b): Eventkultur und Nachhaltigkeit, unveröffentlichtes Diskussionspapier, Lehrstuhl für Soziologie und empirische Sozialforschung, Universität Hohenheim.

Bürklin, Wilhelm, Rebenstorf, Hilke u.a. (1997) (Hrsg.): Eliten in Deutschland. Rekrutierung und Integration, Opladen.

Cicourel, Aaron V. (1974) [[1]1964]: Methode und Messung in der Soziologie, Frankfurt/M.

Cunis, Reinmar (1963): Theodor Geiger, Arbeiten zur Soziologie, in: Kölner Zeitschrift für Soziologie und Sozialpsychologie, Nr. 15, S. 714-716.

Dahrendorf, Ralf (2003): Auf der Suche nach einer neuen Ordnung. Eine Politik der Freiheit für das 21. Jahrhundert, München.

Donders, Paul Ch. (2001): Kreative Lebensplanung. Entdecke Deine Berufung. Entwickle Dein Potential, Asslar.

Eberwein, Wilhelm und Jochen Tholen (1990): Managermentalität, Frankfurt.

Erzberger, Christian (1998): Zahlen und Wörter. Die Verbindung quantitativer und qualitativer Daten und Methoden im Forschungsprozeß, Weinheim.

Farkas, Charles M. und Philippe De Backer (1996): Spitzenmanager und ihre Führungsstrategien. 160 Interviews mit internationalen Führungskräften, Frankfurt.

Fazis, Urs und Jachen C. Nett (Hrsg.) (1993): Gesellschaftstheorie und Normentheorie. Symposium zum Gedenken an Theodor Geiger, Basel.

Fink-Heuberger, Ulrike (1997): Die Zerbrechlichkeit sozialer Strukturen: von einer Soziologie des Alltags zu einer interpretativen Wirtschaftssoziologie, Wiesbaden.

Fink-Heuberger, Ulrike (2000): Image zwischen Darstellungsstil und Deutungsprozeß – Imagepflege als Alltagsaufgabe, in: Buß, Eugen und Ulrike Fink-Heuberger: Image Management. Wie Sie Ihr Image-Kapital erhöhen! Erfolgsregeln für das öffentliche Ansehen von Unternehmen, Parteien und Organisationen, Frankfurt, S. 177-247.

Friedrichs, Nellie (1973): Erinnerungen an Theodor Geiger, in: KZfSS, Jg. 25, Nr. 3, S. 530-531.

Fuchs-Heinritz, Werner (1995) (Hrsg.): Lexikon zur Soziologie, 3. Aufl., Opladen.

Gabler Wirtschaftslexikon (1988): Führung, 12. Aufl., Wiesbaden, S. 1927.

Geiger, Theodor (1926): Die Masse und ihre Aktion. Ein Beitrag zur Soziologie der Revolutionen, Berlin.

Geiger, Theodor (1927): Führer und Genie, in: Kölner Vierteljahreshefte für Soziologie, VI, S. 232-247.

Geiger, Theodor (1928): Führen und Folgen, Berlin.

Geiger, Theodor (1959) [¹1931]: Führung, in: Vierkandt, Alfred (Hrsg.): Handwörterbuch der Soziologie, Stuttgart, S. 136-141.

Geiger, Theodor (1964) [¹1950]: Demokratie ohne Dogma. Die Gesellschaft zwischen Pathos und Nüchternheit, 2. Aufl., München.

Geißler, Rainer (1985): Die Schichtungssoziologie von Theodor Geiger, in: KZfSS, Jg. 37, Nr. 2, S. 387-410.

Geißler, Rainer und Horst Pöttker (1987): Anmerkungen zu Theodor Geigers „Kritik der Reklame", in: Soziale Welt, Nr. 38, S. 493-497.

Glatzer, Wolfgang (1995): Deutsche Gesellschaft für Soziologie (DGS) – die akademische soziologische Vereinigung seit 1909, in: Schäfers, Bernhard (Hrsg.): Soziologie in Deutschland. Entwicklung, Institutionalisierung und Berufsfelder, Theoretische Kontroversen, Opladen, S. 11-34.

Goldmann, Heinz (2004): Verblaßte Glorie. Kommunikationsexperte Heinz Goldmann über den Mannesmann-Prozeß, das Image der Manager und den Mut, Fehler einzugestehen, in: Wirtschaftswoche, Nr. 30, v. 15.05.2004, Düsseldorf, S. 66-67.

Grabenstein, Andreas (1998): Wachsende Freiheiten oder wachsende Zwänge? Zur kritischen Wahrnehmung der wachsenden Wirtschaft aus theologisch-sozialethischer Sicht, Bern.

Greenleaf, Robert K. (1998): The Power of Servant Leadership, San Francisco.

Greenleaf, Robert K. (2002): Servant Leadership. A Journey into the Nature of Legitimate Power and Greatness, New Jersey.

Grün, Anselm (2002): Führen heißt Leben wecken, in: Capital, Nr. 8, 2002, S. 115.

Gukenbiehl, Hermann L. (1998): Autorität (und Führung), in: Schäfers, Bernhard (Hrsg.): Grundbegriffe der Soziologie, 5. Aufl., Opladen, S. 29-31.

Habermas, Jürgen (2001): Zeit der Übergänge. Kleine politische Schriften IX, Frankfurt/M.

Habermas, Jürgen (2004): Religion braucht neue Übersetzer, in: Rheinischer Merkur, Nr. 4, v. 22.01.2004. Zur Debatte von Habermas und Ratzinger. S. 1-4.

Hartmann, Michael (2001), zitiert von: Trauner, Sabine: Soziale Herkunft wichtiger als Zeugnis, in: Esslinger Zeitung v. 18.01.01, Jg. 134, Nr. 14, Wo. 3, Esslingen, S. 19.

Hartmann, Michael (2002): Der Mythos von den Leistungseliten. Spitzenkarrieren und soziale Herkunft in Wirtschaft, Politik, Justiz und Wissenschaft, Frankfurt.

Hein, Marion Ruth (1990): Organisationskommunikation und Organisationskultur. Führungskräfte – Kommunikatoren und Kulturmanager, Bonn.

Helle, Horst Jürgen (2001): Theorie der symbolischen Interaktion. Ein Beitrag zum verstehenden Ansatz in Soziologie und Sozialpsychologie, 3. Aufl., Wiesbaden.

Hinterhuber, Hans H., Friedrich, Stephan A. und Eric Krauthammer (2001): Leadership als Lebensstil. Zur Lebenseinstellung der Führenden, in: F.A.Z., Nr. 30, v. 05.02.2001, S. 33.

Hitzler, Ronald und Anne Honer (1997) (Hrsg.): Sozialwissenschaftliche Hermeneutik. Eine Einführung, Opladen.

Homans, George C. (1978): Theorie der sozialen Gruppe, 7. Aufl., Köln.

Identity ≡ Foundation (2001): „Quellen der Identität". Das Selbstverständnis deutscher Top-Manager der Wirtschaft, Düsseldorf.

Inglehart, Ronald (1998): Modernisierung und Postmodernisierung. Kultureller, wirtschaft-licher und politischer Wandel in 43 Gesellschaften, Frankfurt/New York.

Jonas, Friedrich (1976): Geschichte der Soziologie 2. Von der Jahrhundertwende bis zur Gegenwart, Reinbek bei Hamburg.

Käsler, Dirk (1997): Spilt Milk, oder: Wenn das Wörtchen Wenn nicht wär ... (Essay über: Theodor Geiger. Soziologie in einer Zeit „zwischen Pathos und Nüchternheit"), in: Soziologische Revue, Nr. 20, S. 27-33.

Kaufmann, Franz-Xaver (1986): Bewußtseins-Struktur: Empirische Vermessung religiöser und ethischer Einstellungen, in: Kaufmann, Franz-Xaver, Walter Kerber und Paul M. Zulehner: Ethos und Religion bei Führungskräften. Eine Studie im Auftrag des Arbeitskreises für Führungskräfte in der Wirtschaft, München.

Kehr, Hugo Martin (2000): Die Legitimation von Führung, Berlin.

Kennedy, Carol (1998): Management Gurus: 40 Vordenker und ihre Ideen, Wiesbaden.

Kerber, Walter (1986): Bewußtseins-Orientierung: Zur Begründung ethischer Normen in einer säkularisierten Gesellschaft, in: Kaufmann, Franz-Xaver, Walter Kerber und Paul M. Zulehner: Ethos und Religion bei Führungskräften. Eine Studie im Auftrag des Arbeitskreises für Führungskräfte in der Wirtschaft, München, München.

Kieser, Alfred (1995) (Hrsg.): Handwörterbuch der Führung, 2. Aufl., Stuttgart.

Kieser, Alfred (1999) (Hrsg.): Organisationstheorien, 3. Aufl., Stuttgart.

Kissler, Alexander (2004): Die Entgleisungen der Moderne. Wie Habermas und Ratzinger den Glauben rechtfertigen, in: Süddeutsche Zeitung, 21.01.2004.

König, René (1961): Zwei ungleiche Bücher, in: Kölner Zeitschrift für Soziologie und Sozialpsychologie, Nr. 8, S. 500-507.

König, René (1981): Die Situation der emigrierten deutschen Soziologen in Europa, in: Lepenies, Wolf (Hrsg.): Geschichte der Soziologie, Frankfurt, S. 115-158.

König, René (1984): Über das vermeintliche Ende der deutschen Soziologie vor der Machtergreifung des Nationalsozialismus, in: Kölner Zeitschrift für Soziologie und Sozialpsychologie, 36, S. 1-42.

Krause-Burger, Sibylle (1995): Die neue Elite. Topmanager und Spitzenpolitiker aus der Nähe gesehen, Düsseldorf.

Kunde, Jesper (2000): Corporate Religion. Bindung schaffen durch starke Marken, Wiesbaden.

Lamnek, Siegfried (1989): Qualitative Sozialforschung, 2. Aufl., Weinheim.

Linneweh, Klaus und Laila Maija Hofmann (2003): Führung der eigenen Person, in: Rosenstiel von, Lutz, Erika Regnet und Michel Domsch (Hrsg.): Führung von Mitarbeitern. Handbuch für erfolgreiches Personalmanagement, 5. Aufl., Stuttgart, S. 97-109.

Lipp, Wolfgang (1998): Institution, in: Schäfers, Bernhard (Hrsg.): Grundbegriffe der Soziologie, 5. Aufl., Opladen, S. 148-151.

Lohmann, K.R. und Schmidt, T. (Hrsg.) (1996): Werte und Entscheidungen im Management, Marburg.

Luhmann, Niklas (1988): Die Wirtschaft der Gesellschaft, Frankfurt.

Lüschen, Günther (1995): 25 Jahre Nachkriegssoziologie – Institutionalisierung und Theorie, in: Schäfers, Bernhard (Hrsg.): Soziologie in Deutschland. Entwicklung, Institutionalisierung und Berufsfelder, Theoretische Kontroversen, Opladen, S. 11-34.

Mayring, Philipp (1997): Qualitative Inhaltsanalyse. Grundlagen und Techniken, 6. Aufl., Weinheim.

MacDonald, Gordon (2000): Getragen vom Segen Gottes, Wuppertal.

Malik, Fredmund (2002): Die neue corporate governance, Frankfurt.

Malik, Fredmund (2004): Sinn statt Identifikation. Mitarbeiter müssen das Unternehmen, seine Tätigkeit, seine Produkte akzeptieren und sich dafür engagieren – nur darauf kommt es an, in: Die Welt, v. 28.02.2004, S. B1.

Medien Tenor (2004): Forschungsbericht Nr. 140, 1/2004, Bonn.

Meier, Bernd (2003): Thema: Wirtschaft und Soziales, in: Wirtschaft und Unterricht. Informationen für Pädagogen in Schule und Betrieb, Institut der deutschen Wirtschaft Köln (IW), Jg. 29, Nr. 5, Köln, S. 1-4.

Merkle, Hans L. (2001): Dienen und Führen. Erkenntnisse eines Unternehmers, Stuttgart.

Meyer, Thomas (2001): Die Soziologie Theodor Geigers. Emanzipation von der Ideologie, Wiesbaden.

Michels, Robert (1925): Zur Soziologie des Parteiwesens, Leipzig.

Mikl-Horke, Getraude (1994): Soziologie. Historischer Kontext und soziologische Theorie-Entwürfe, 3. Aufl., München.

Morel, Julius; Meleghy, Tamas und Max Preglau (1980) (Hrsg.): Führungsforschung. Kritische Beiträge, Göttingen.

Neuberger, Oswald (2002): Führen und führen lassen. Ansätze, Ergebnisse und Kritik der Führungsforschung, 6. Aufl., Stuttgart.

Olson, Mancur (1991): Aufstieg und Niedergang der Nationen, 2. Aufl., Tübingen.

Ott, J. Steven (1996) (Hrsg.): Classic Readings in Organizational Behavior, 2. Aufl., Belmont, London, Bonn.

Parsons, Talcott (1975): Gesellschaften. Evolutionäre und komparative Perspektiven, Frankfurt.

Pöttker, Horst (1989): Klassiker neu gelesen, in: Soziologische Revue, Nr. 12, S. 286-290.

Priddat, Birger P. (1996): Statt einer Einleitung. Essay über Unternehmensphilosophie – und darüber, was sie nicht ist, in: Lohmann, K.R. und Schmidt, T. (Hrsg.): Werte und Entscheidungen im Management, Marburg, S. 11-18.

Pross, Helge und Eugen Buß (1984) (Hrsg.): Soziologie der Masse, Heidelberg.

Regnet, Erika (2003): Der Weg in die Zukunft – Anforderungen an die Führungskraft, in: Rosenstiel von, Lutz, Erika Regnet und Michel Domsch (Hrsg.): Führung von Mitarbeitern. Handbuch für erfolgreiches Personalmanagement, 5. Aufl., Stuttgart, S. 51-66.

Reinhardt, Rüdiger (2003): Dienende Führung: Charakterliche und methodische Voraussetzungen organisationaler Ausbalancierung, in: Geißler, Harald (Hrsg.): Balanced Organization. Die Kunst ausgleichend zu führen, Neuwied.

Reinhold, Beate (2004): Kann der Glaube Berge versetzen?, in: Impulse: Jahresbericht der Volkswagen Stiftung, Hannover, S. 46-49.

Reinhold, Gerd (1988) (Hrsg.): Wirtschaftssoziologie, München.

Rosenstiel von, Lutz (2000): Geleitwort, in: Kehr, Hugo Martin: Die Legitimation von Führung, Berlin, S. 1-3.

Rosenstiel von, Lutz (2002): Führung in Organisationen, in: Allmendinger, Jutta und Thomas Hinz (Hrsg.): Organisationssoziologie, Sonderheft 42, KZfSS, Wiesbaden, S. 203-244.

Rosenstiel von, Lutz (2003): Grundlagen der Führung, in: Rosenstiel von, Lutz, Erika Regnet und Michel Domsch (Hrsg.): Führung von Mitarbeitern. Handbuch für erfolgreiches Personalmanagement, 5. Aufl., Stuttgart, S. 3-25.

Rundstedt von, Eberhard (2001): Retention beginnt bei der Einstellung, in: Financial Times Deutschland, November 2001.

Rutz, Michael (2004): Woher kommt die Moral, in: Rheinischer Merkur, Nr. 4, 22.02.2004.

Sauder, Günter (1999): Menschen führen – Leben wecken, in: Knoblauch, Jörg und Horst Marquardt (Hrsg.): Fit für die Zukunft. Konzepte christlicher Führungskräfte, Gießen, S. 218-228.

Schanz, Günther (1995): Wissenschaftstheoretische Grundfragen der Führungsforschung, in: Kieser, Alfred (Hrsg.): Handwörterbuch Führung, S. 2189-2197.

Schauenberg, Bernd und Silvia Föhr (1995): Wissenschaftstheoretische Grundfragen der Führungsforschung – Phänomenologie und Konstruktivismus, in: Kieser, Alfred (Hrsg.): Handwörterbuch Führung, S. 2206-2214.

Scheuch, Erwin (2001): Vorwort, in: Helle, Horst Jürgen: Theorie der symbolischen Interaktion. Ein Beitrag zum verstehenden Ansatz in Soziologie und Sozialpsychologie, 3. Aufl., Wiesbaden, S. 4.

Schieffer, Alexander (1998): Führungspersönlichkeit. Struktur, Wirkung und Entwicklung erfolgreicher Top-Führungskräfte, Wiesbaden.

Schirrmacher, Thomas (2002): Führen in ethischer Verantwortung. Die drei Seiten jeder Entscheidung, Gießen.

Schlemmer, Johannes (1980): Glauben als Bedürfnis – Zusammenfassung der wichtigsten Thesen, in: Schlemmer, Johannes (Hrsg.): Glauben als Bedürfnis. Beiträge zum menschlichen Selbstverständnis, Frankfurt/Main, S. 135-143.

Schnabel, Ulrich (2003): Wie man in Deutschland glaubt. Was Pastoren zu sagen haben, berührt viele Christen nicht mehr. Gotteshäuser machen zu. Doch geglaubt wird nach wie vor – an was auch immer, in: Die Zeit, vom 22.12.2003, S. 34-35.

Schneider, Wolfgang Ludwig (2002): Grundlagen der soziologischen Theorie, Bd. 1, Wiesbaden.

Schütz, Alfred (1971): Strukturen der Lebenswelt, in: Schütz, Ilse (Hrsg.): Alfred Schütz. Gesammelte Aufsätze, Bd. 3, Studien zur phänomenologischen Philosophie, Den Haag, S. 153-170.

Shafritz, Jay M. und J. Steven Ott (1996) (Hrsg.): Classics of Organization Theory, 4. Aufl., Harcourt Brace.

Sharp Paine, Lynn (1994): Managing for Organizational Integrity, in: Harvard Business Review, S. 106-117.

Simon, Walter (2002): Mangel an Moral im Miteinander. Ethische Verhaltensweisen gehören ins Anforderungsprofil von Führungskräften, in: Die Welt, 7.12.2002, S. B1.

Spears, Larry C. (1998): Servant: Retrospect and Prospect, Vorwort in: Geenleaf, Robert K.: The power of servant leadership.

Sprenger, Reinhard (1995): Wider das Jammern, in: Manager Magazin, 1995, Nr. 3, S. 208-213.

Steyrer, Johannes (1991): Transformationale Führung. Ein neuer Approach in der Leadership-Forschung, in: Die Unternehmung, 45, 5, S. 334-348.

Stölting, Erhard (1984): Kontinuitäten und Brüche in der deutschen Soziologie 1933/34, in: Soziale Welt, Nr. 35, S. 48-59.

Trappe, Paul (1962) (Hrsg.): Theodor Geiger. Arbeiten zur Soziologie, Neuwied/Berlin.

Trappe, Paul (1978): Theodor Geiger, in: Dirk Käsler (Hrsg.): Klassiker des soziologischen Denkens, Bd. 2, München, S. 254-285.

Türk, Klaus (1981): Personalführung und soziale Kontrolle, Stuttgart.

Türk, Klaus (1990): Von "Personalführung" zu "Politischer Arena"? Überlegungen angesichts neuer Entwicklungen in der Organisationsforschung, in: Wiendieck, Gerd und Günter Wiswede (Hrsg.): Führung im Wandel. Neue Perspektiven für Führungsforschung und Führungspraxis, Stuttgart, S. 54-87.

Ulrich, Peter (1995): Wissenschaftstheoretische Grundfragen der Führungsforschung – Kritische Theorie, in: Kieser, Alfred (Hrsg.): Handwörterbuch Führung, S. 2198-2206.

Ulrich, Peter (1998): Integrative Wirtschaftsethik. Grundlagen einer lebensdienlichen Ökonomie, 2. Aufl., Bern.

Watzlawick, Paul (1993): Wie wirklich ist die Wirklichkeit. Wahn, Täuschung, Verstehen, München.

Weber, Hartwig (2001): Lexikon Religion, Reinbek.

Weber, Max (1956a): Wirtschaft und Gesellschaft. Grundriß der verstehenden Soziologie, 1. Halbband, 4. Aufl., Tübingen, S. 1-385.

Weber, Max (1956b): Wirtschaft und Gesellschaft. Grundriß der verstehenden Soziologie, 2. Halbband, 4. Aufl., Tübingen, S. 387-928.

Weber, Max (1988): Die protestantische Ethik und der Geist des Kapitalismus, in: ders.: Gesammelte Aufsätze zur Religionssoziologie, Bd. 1, Tübingen, S. 17-206.

Wegner, Marion (1996): Werte im Management: Eine empirische Untersuchung, in: Lohmann, K.R. und Schmidt, T. (Hrsg.): Werte und Entscheidungen im Management, Marburg, S. 83-135.

Wiendieck, Gerd und Günter Wiswede (1990) (Hrsg.): Führung im Wandel. Neue Perspektiven für Führungsforschung und Führungspraxis, Stuttgart.

Wiswede, Günter (1988): Führung in wirtschaftlichen Organisationen, in: Reinhold, Gerd (Hrsg.): Wirtschaftssoziologie, München, S. 106-120.

Wiswede, Günter (1990): Führungsforschung im Wandel, in: Wiendieck, Gerd und Günter Wiswede (Hrsg.): Führung im Wandel. Neue Perspektiven für Führungsforschung und Führungspraxis, Stuttgart, S. 1-38.

Wunderer, Rolf (1985): Betriebswirtschaftslehre und Führung – Entwicklungslinien, Besonderheiten, Funktionen, Stuttgart.

Wunderer, Rolf (1992): Managing the boss. 'Führung von unten', in: Zeitschrift für Personalforschung, Nr. 3, S. 287-311.

Wunderer, Rolf (1995): Führung von unten, in: Kieser, Alfred (Hrsg.): Handwörterbuch der Führung, 2. Aufl., Stuttgart, S. 501-512.

Wunderer, Rolf (2003): Führung des Chefs, in: Rosenstiel von, Lutz, Erika Regnet und Michel Domsch (Hrsg.): Führung von Mitarbeitern. Handbuch für erfolgreiches Personalmanagement, 5. Aufl., Stuttgart, S. 293-314.

Zulehner, Paul M. (1986): Bewußtseins-Politik: Zum Schicksal der Religion im Kontext der Wirtschaft, in: Kaufmann, Franz-Xaver, Walter Kerber und Paul M. Zulehner: Ethos und Religion bei Führungskräften. Eine Studie im Auftrag des Arbeitskreises für Führungskräfte in der Wirtschaft, München.

Peter Lang · Europäischer Verlag der Wissenschaften

Karin A. Jenuwein

Entscheidungsorientiertes Teammanagement bei mehrwertigen Erwartungen unter Berücksichtigung von Medieneinsatz

Frankfurt am Main, Berlin, Bern, Bruxelles, New York, Oxford, Wien, 2005.
XCV, 203 S., zahlr. Abb. und Tab.
Regensburger Beiträge zur betriebswirtschaftlichen Forschung.
Verantwortlicher Herausgeber: Hans Jürgen Drumm. Bd. 42
ISBN 3-631-52253-3   br. € 51.50*

Die Bildung von Teams und die Lösung von Teamaufgaben unterliegen der Existenz mehrwertiger Erwartungen. Mehrwertige Erwartungen umfassen die Qualifikationen der Teammitglieder sowie schlecht strukturierte Teamaufgaben, die einer effektiven und effizienten Bearbeitung durch das Team entgegenstehen. Ein weiteres Teilproblem ist der Medieneinsatz in Teams selbst, wenn die Teammitglieder raum- und zeitverteilt zusammenarbeiten. Die Arbeit kombiniert diese Teilprobleme. Die Autorin untersucht, welche Risiken bzw. Ungewissheiten sich entwickeln und wie diese durch das Teammanagement gehandhabt werden können, wenn der Medieneinsatz bei der Teamarbeit unter mehrwertiger Erwartung steht.

Aus dem Inhalt: Theoretische Grundlagen des Teammanagements · Teammanagement als Ansatz zur langfristigen Steuerung von Entscheidungen in Teams bei mehrwertigen Erwartungen ohne Medieneinsatz · Teammanagement als Ansatz zur langfristigen Steuerung von Entscheidungen in Teams bei mehrwertigen Erwartungen mit Medieneinsatz

Frankfurt am Main · Berlin · Bern · Bruxelles · New York · Oxford · Wien
Auslieferung: Verlag Peter Lang AG
Moosstr. 1, CH-2542 Pieterlen
Telefax 00 41 (0) 32 / 376 17 27

*inklusive der in Deutschland gültigen Mehrwertsteuer
Preisänderungen vorbehalten
Homepage http://www.peterlang.de